Mathe Kreativ

W0352060

Mathe Kreativ

200 Kunst-Ideen zum Entdecken von Mathematik für Kinder von drei bis acht Jahren

MaryAnn F. Kohl und Cindy Gainer
Illustrationen von Cindy Gainer

Die Deutsche Bibliothek - CIP-Einheitsaufnahme
Ein Titeldatensatz für diese Publikation ist bei der Deutschen Bibliothek erhältlich

Impressum

MaryAnn F. Kohl/Cindy Gainer:
Mathe kreativ – 200 Kunstideen zum Entdecken von Mathematik für Kinder von drei bis acht Jahren.
Zeichnungen von Cindy Gainer.
Lizenzausgabe für die deutschsprachigen Länder (verändert und gekürzt) nach der amerikanischen Originalausgabe „MathArts – Exploring Math through Art for 3 to 6 Year Olds". Published by Gryphon House, Inc., ISBN 0-87659-177-2

Übersetzung: Marie Rahn
Deutsche Bearbeitung: Dora Kersten, Michael Boer
Gestaltung: Gabriele Köbbemann, Friedrich Medien-Gestaltung
Titelfotos: Olaf M. Teßmer
Druck: Print Design, Minden Printed in Germany
ISBN 3-7800-5234-2

Liebe Leserin, lieber Leser!

Als wir über die faszinierende Idee nachdachten, kleinen Kindern Mathematik durch künstlerische Aktivitäten näher zu bringen, sahen wir uns ihre Welt genauer an und entdeckten, dass Mathematik und damit verbundene Fähigkeiten ganz natürlich in das tägliche Leben der Kinder integriert sind.
Zum Beispiel

- entdecken sie ein Farbenmuster in einer Perlenkette;
- sehen sie einen reifen, saftigen Apfel, der halbiert wurde und nun auf den beiden Hälften zwei spiegelbildliche Muster aufweist;
- mischen sie zwei Tassen Mehl und zwei Tassen Salz, um Modelliermasse herzustellen;
- errichten sie ein Gebäude aus Bauklötzen, die sie vorher nach bestimmten Eigenschaften sortiert haben, z. B. dicke Bauklötze für die Mauern und flache für das Dach;
- spielen sie mit einem schweren Stein und einem leichten Kiesel;
- drucken sie mit schmutzigen Fingern ein Muster auf ihre Hose;
- entdecken sie das Stoffmuster auf ihrem T-Shirt.

Mathe kreativ ist eine Sammlung einfacher und abwechslungsreicher Aktivitäten, bei denen sich die Kinder durch die künstlerische Tätigkeit auch mathematischer Sachverhalte und Denkweisen bewusst werden können. Mit den Aktivitäten in diesem Buch können schon ganz kleine Kinder mathematische Konzepte aus ihrem alltäglichen Leben erproben, z. B.

- Gleiches zusammenfügen
- Sortieren
- Muster, Abfolgen und Anordnungen
- Eins-zu-Eins-Zuordnungen
- räumliche Beziehungen wie Richtung und Begrenzung
- das Ganze und seine Teile
- die Werte von Zahlen und das Erkennen von Ziffern
- Zählen
- Messen.

Mit Papier, Farbe, Modelliermasse, Klebstoff, Bauklötzen und vielen anderen leicht erhältlichen Materialien können die Kinder hinsichtlich dieser mathematischen Konzepte Lernerfahrungen machen, die ihrem Entwicklungsstand angemessen sind.

Als wir die Ideen, die in diesem Buch vorgestellt werden, entwickelt, ausprobiert und aufgeschrieben haben, entdeckten wir, dass Kinder kreative Matheaktivitäten LIEBEN! Da sie mit Kunst vertraut sind und auch täglich – zu Hause, im Kindergarten und in der Schule – mit mathematischen Konzepten in Berührung kommen, macht es ihnen wirklich Spaß, das eine mit dem anderen bewusst zu verbinden. Dabei gibt es auch für Erwachsene eine Menge Alltägliches neu zu entdecken!

Also fangen wir doch einfach an! Die Kinder warten schon auf uns!

Ihre

MaryAnn Kohl
Cindy Gainer

Inhalt

Teil 2: Auf dem besten Weg … räumliche Beziehungen erkunden

Die Symbole

Jede Aktivität ist mit bis zu vier Symbolen gekennzeichnet, die Ihnen zu einem schnellen Überblick über den möglichen Einsatzbereich verhelfen sollen.

Alter

Die Altersangaben beziehen sich auf das Alter, ab dem die Kinder die betreffende Aktivität selbstständig, das heißt ohne viel Hilfe von Erwachsenen, durchführen können. Das „+“ weist darauf hin, dass die Aktivitäten auch noch für ältere Kinder geeignet sind. An vielen Aktivitäten können auch jüngere Kinder teilnehmen, wenn ein Erwachsener ein bisschen hilft. Da Kinder natürlich nicht immer den angenommenen Entwicklungsstandards ihrer Altersgruppe entsprechen, können Sie entscheiden, welche Projekte für Ihre ganz spezielle Gruppe mit ihren Bedürfnissen und Fähigkeiten angemessen sind.

Planung und Vorbereitung

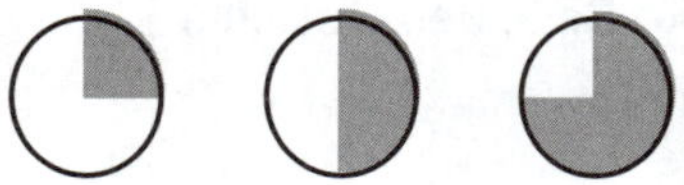

wenig mittel viel

Diese Symbole zeigen an, wie groß der Aufwand ist, um die Aktivität zu planen und vorzubereiten, die Materialien zu beschaffen und die Aktivität zu betreuen.

Vorsicht

Dieses Symbol erscheint bei allen Aktivitäten, bei denen scharfe, heiße oder elektrische Gegenstände oder Geräte benutzt werden. Zwar sollten alle Aktivitäten beaufsichtigt werden, doch die mit diesem Symbol gekennzeichneten Aktivitäten erfordern besondere Vorsicht.

Hilfe

Dieses Symbol zeigt an, dass die Kinder während der Aktivität zusätzliche Hilfe von anderen Kindern oder einem Erwachsenen brauchen.

Einleitung

Mathematik ist ein Teil unseres täglichen Lebens – wenn wir die Form von Holzklötzen wahrnehmen, den Tisch mit der korrekten Anzahl von Gedecken versehen, die Zutaten für ein Rezept abmessen oder uns daran erinnern, was in einer Geschichte als nächstes geschieht. Dieses Buch nutzt alltägliche Erfahrungen und Materialien, um mathematische Konzepte durch praktische künstlerische Aktivitäten zu erkunden. Die Kinder können auf aktive Art und Weise die Grundlagen für komplexere mathematische Fähigkeiten erwerben. Das Buch enthält eine Fülle von leicht durchzuführenden, kreativen Aktivitäten, die die Kinder in der natürlichen Entwicklung ihrer mathematischen Fähigkeiten fördern.

In diesem Buch wird eine Vielzahl an mathematischen Konzepten vorgestellt, die durch vielfältige künstlerische Aktivitäten erkundet werden können. Beispiele sind:

Muster
selbst gemachte Perlen in einer bestimmten Reihenfolge auf eine Kette aufziehen

Zusammenfügen von gleichen Dingen
Holzklötze auf die passenden Umrisszeichnungen legen

Formen
ein Rubbelbild aus Pappformen anfertigen

Sortieren
Papierreste zu einer Collage nach Farben zusammenstellen

Ordnen
eine Skulptur bauen, bei der der kleinste Holzklotz zuerst und der größte zuletzt aufgeklebt wird

Abfolge
eine Folge von Ereignissen fotografisch darstellen

Räumliche Beziehungen
eine glitzernde Collage anfertigen, bei der Streifen aus Alufolie ganz unterschiedlich zueinander liegen

Richtung
die rechte und die linke Seite des Gesichts unterschiedlich bemalen

Symmetrie
mit Luftblasenfolie symmetrische Drucke anfertigen

Rahmen
einen Bilderrahmen aus Pappmaschee basteln

Das Ganze und seine Teile
Einzelstücke aus Knetmasse zu einem Relief zusammenstellen

Zählen
aus Modelliermasse Spielsteine und Knöpfe zum Zählen basteln

Der Wert von Zahlen
die richtige Anzahl von Wattebäuschen in einer Zahlenskulptur verstecken

Das Schreiben von Ziffern
Ziffern aus Brotteig formen

Grafische Darstellung
Bilder aus den Lieblingsfarben zu einer grafischen Darstellung anordnen

Messen
eigene Messgeräte entwerfen

Wiegen
eine einfache Waage basteln

Zeit
lustige „Zeitzähl-Bilder“ malen

Geld
eigene Münzen aus Modelliermasse entwerfen

Jedes Kind hat seinen eigenen individuellen Weg, von sich aus mathematische Fähigkeiten und ein Verständnis für Mathematik zu entwickeln. Wenn Sie den Kindern anregende Materialien zur Verfügung stellen und dadurch vielfältige praktische Erfahrungen ermöglichen, wie sie in diesem Buch vorgestellt werden, dann unterstützen Sie die Kinder dabei, auf ihre eigene Art und in ihrem eigenen Tempo Fortschritte zu machen. Praktische Untersuchungen und damit verbundene Entdeckungen helfen den Kindern, mathematische Konzepte umfassender zu begreifen. Bei den Aktivitäten in diesem Buch werden die einzelnen Konzepte in immer wieder neuen Zusammenhängen – künstlerischen Techniken und Materialien – aufgegriffen, um den Kindern die Möglichkeit zu geben, sie zu vertiefen und ihre Fähigkeiten zu vervollkommnen.

In diesem Buch

- sind die Kinder aktive Teilnehmer am Lern- sowie am kreativen Prozess;
- wird Mathematik in interessanten und leicht durchzuführenden künstlerischen Aktivitäten präsentiert, bei denen die Kinder mathematische Konzepte ohne fremde Hilfe entdecken können;
- werden Mathematik und kreative Tätigkeit miteinander verbunden;
- werden Kinder dazu ermutigt, auf kreative Art Untersuchungen anzustellen und Entdeckungen zu machen.

Bei den Aktivitäten können die Kinder

- künstlerisch mit einer Vielfalt an leicht erhältlichen und vertrauten Materialien arbeiten;
- Mathematik und Kunst miteinander verbinden;
- einzeln, mit einem Partner oder in kleinen und großen Gruppen arbeiten;
- wesentliche Erkenntnisse schon während des künstlerischen Entstehungsprozesses und nicht erst mit dem fertigen Produkt gewinnen;
- ihre Vorstellungen erweitern und verfeinern, da die mathematischen Konzepte bei immer neuen künstlerischen Tätigkeiten und mit immer neuen Materialien wiederholt werden;
- aktiv am künstlerischen Geschehen und an ihrem Lernprozess teilnehmen;
- auf der Grundlage ihrer individuellen Bedürfnisse, Vorkenntnisse und Erfahrungen selbstständig entscheiden, wie sie während der Aktivität vorgehen.

Alle Anregungen in diesem Buch sind lediglich Vorschläge, die sich leicht entsprechend Ihrer persönlichen Bedürfnisse und auf der Grundlage Ihrer Erfahrungen variieren lassen. Sie können mit den Materialien experimentieren, die vorgeschlagenen Methoden abändern und die Aktivitäten nach den Interessen und Fähigkeiten der Kinder und Erwachsenen modifizieren. Das kreative Verändern kann sogar eine Menge zusätzlichen Spaß mit sich bringen.

In diesem Buch werden vorwiegend solche Materialien benutzt, die im Haushalt oder Kindergarten vorhanden oder zumindest leicht erhältlich sind. Mit ein bisschen Übung werden Sie bald den richtigen „Suchblick“ entwickeln und Ihre Materialsammlung wird zu einer wahren Fundgrube werden. Einige Materialien aus diesem Buch bekommen Sie kostenlos, wenn Sie bei bestimmten Geschäften und anderen Bezugsquellen nachfragen – insbesondere, wenn Sie erzählen, dass Sie sie für Kinder benötigen. Das gilt bei folgenden, von uns häufig benutzten Materialien:

Fotokarton
Erhältlich in einer Auswahl verschiedener Größen, Formen, Farben und Strukturen in Bastel- und Hobbyläden sowie kleinen Galerien. Nehmen Sie eine Schachtel mit und fragen Sie an, ob man die Reste für Sie aufheben kann. Möglicherweise lässt man Sie auch ab und zu selbst Reste aussuchen. Fotokartonreste werden in diesem Buch häufig benutzt.

Papier
Erhältlich in Druckereien in einer Vielzahl unterschiedlicher Farben, Strukturen und Größen. Einige Reste sind geschreddert, andere noch am Stück erhältlich. Nehmen Sie einen Karton mit und bitten Sie die Angestellten der Druckerei, die Reste für Sie aufzuheben. Möglicherweise können Sie sich die Reste auch selbst aussuchen. Wir verwenden in diesem Buch auch Packpapier, Fotokopierpapier und Wachspapier.

Papprollen
Bitten Sie Nachbarn, Verwandte und Freunde, die Papprollen von Toiletten- und Küchenpapier für Sie aufzubewahren.

Schachteln
Diese sind in vielen Größen und Formen erhältlich. Es gibt Strumpfschachteln, Schuhkartons, Geschenkschachteln und Verpackungen von Nahrungsmitteln und anderen Dingen. Bitten Sie Bekannte und Freunde, diese Schachteln für Sie aufzuheben. Fragen Sie in Geschäften nach, ob man alte Schachteln für Sie aufbewahren kann. Nehmen Sie einen großen Karton oder eine große Mülltüte mit, damit Sie Ihre Schätze transportieren können.

Knöpfe und Perlen
Diese gibt es in Trödelläden, auf Flohmärkten, in Hobbyläden, bei Wohnungsauflösungen und bei Freunden.

Collagematerialien
Hinter diesem Begriff verbergen sich die unterschiedlichsten Materialien von Flaschenverschlüssen bis zu Schrauben, von Pailletten bis zu Tannenzapfen (siehe die folgenden Seiten). Dies wird Ihre wertvollste Sammlung sein und ihre Zusammenstellung wird Ihnen den meisten Spaß machen. Bitten Sie auch Freunde und Verwandte, Collagematerialien für Sie zu sammeln.

Teil 1

So fängt es an …
erste mathematische Schritte

Eins ist Eins

Kapitel 1

Die mathematischen Konzepte, die in diesem Kapitel erkundet werden, sind

- **die Eins-zu-Eins-Zuordnung,**
- **das Messen von nicht-abzählbaren Materialien**
- **das Erkennen von Formen und**
- **das Zusammenfügen von zueinander passenden Dingen.**

Eines der ersten mathematischen Konzepte, dem ein Kind begegnet, bevor es zu einem höheren Niveau mathematischen Denkens gelangt, ist das Konzept der Eins-zu-Eins-Zuordnung. Diese Zuordnung lässt sich leicht mit Hilfe von künstlerischen Aktivitäten erkunden. Wenn ein Kind z. B. einen Wattebausch in einen roten Kreis klebt, dann hat es nach dem Konzept der Eins-zu-Eins-Zuordnung gehandelt. Wenn ein Kind die Idee, dass ein Gegenstand zu einem anderen gehört, erfasst hat und umsetzt, dann ist eine wichtige Grundlage für die Fähigkeit zum Zählen und für das Wissen um den Wert von Zahlen gelegt.

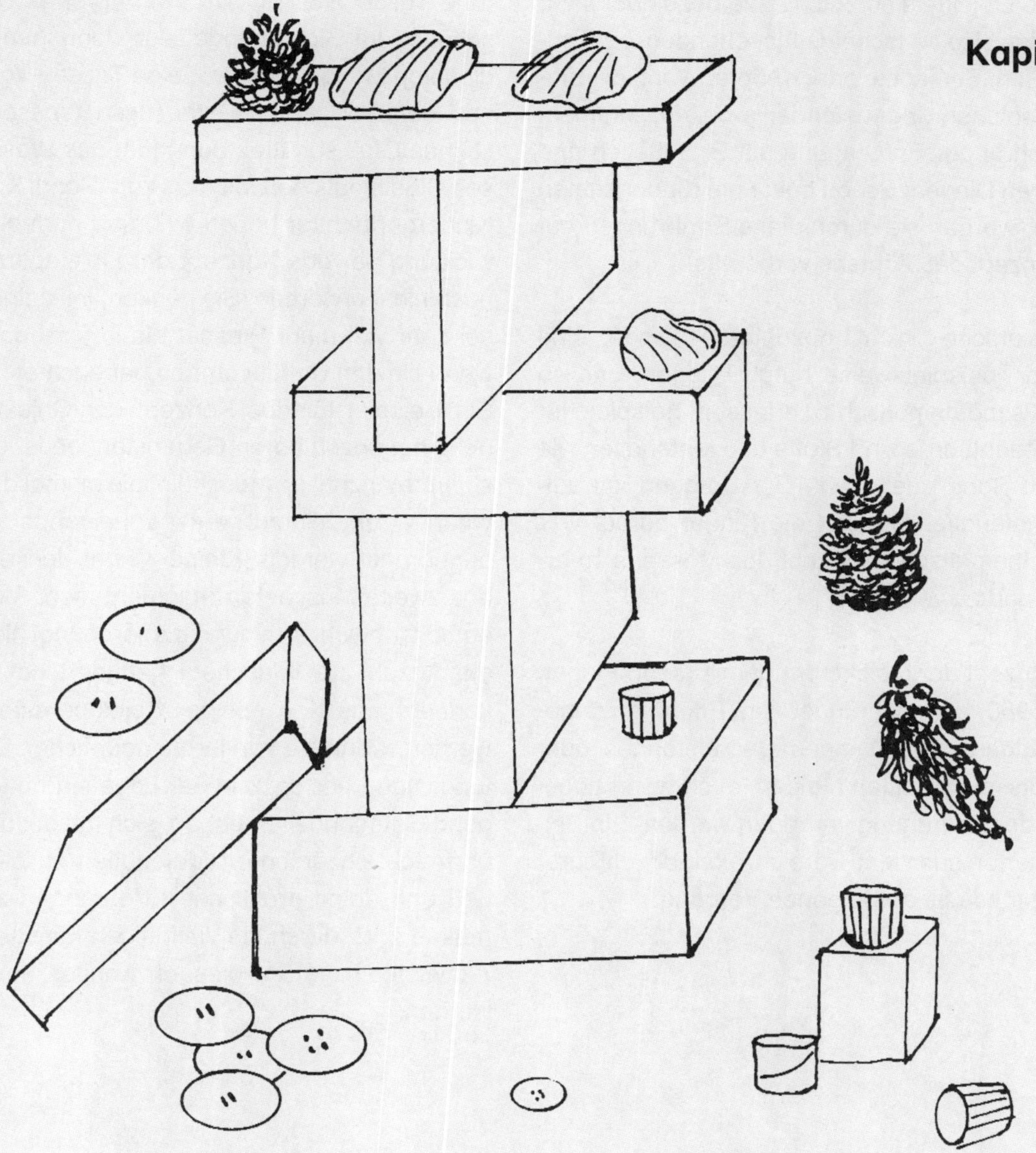

Diskrete Objekte sind solche, die abzählbar sind, beispielsweise Muscheln, Flaschendeckel, Tannenzapfen, Bauklötze oder Knöpfe. Wenn die Kinder mit solchen Gegenständen arbeiten, sammeln sie Erfahrungen im Umgang mit Einzelteilen und zählbaren Dingen. Schon bevor die Kinder zählen können, werden sie durch diese Erfahrungen auf das Konzept des Zählens vorbereitet.

Kontinuierliche, nicht abzählbare Dinge sind messbar, beispielsweise durch Wiegen, und so ebenfalls mathematisch zu erfassen. Beispiele für nicht Abzählbares sind Stoffe und Materialien wie Wasser, Sand oder Mehl. Der Umgang mit solchen Materialien bereitet die Kinder darauf vor, das mathematische Konzept des Messens zu erfassen und zu verstehen.

Das Konzept der Objektpermanenz (Jean Piaget, 1896–1980) befähigt Kinder zum Erkennen derjenigen Eigenschaften eines Gegenstandes oder Materials, die erhalten bleiben, auch wenn Lage, Form oder Anordnung verändert werden. Ein Beispiel hierfür aus dem Bereich nicht-abzählbarer Gegenstände ist der folgende Vorgang:

Eine Tasse Wasser wird in ein großes Glas geschüttet. Im Glas befindet sich dann immer noch dieselbe Menge Wasser – eine Tasse. Wenn man nun daneben eine zweite Tasse Wasser in ein kleines Glas schüttet, dann füllt das Wasser dieses Glas möglicherweise bis zum Rand. Kinder im Kindergartenalter haben während normalen Entwicklung her das Konzept der Objektpermanenz noch nicht erworben. Sie denken, im kleinen Glas sei sehr viel mehr Wasser als im großen, selbst wenn sie den Umfüllvorgang beobachtet haben.
Ein Beispiel für das Konzept der Objektpermanenz bei abzählbaren Gegenständen ist eine bestimmte Anzahl an Muscheln, die einmal dicht beieinander und einmal weiter voneinander entfernt angeordnet werden. Kleine Kinder denken, dass das zweite Muschelarrangement mehr Muscheln enthält, obwohl sich nur die Anordnung, nicht aber die Anzahl der Muscheln geändert hat. Kinder können das Konzept der Objektpermanenz erwerben, wenn sie von ihrem natürlichen Entwicklungsstand her dazu in der Lage sind und genügend Gelegenheiten haben, sich mit abzählbaren und nicht-abzählbaren Materialien zu beschäftigen und damit praktische Erfahrungen zu sammeln – z. B. durch die vielfältigen künstlerischen Aktivitäten, die in diesem Kapitel vorgestellt werden.

Ein anderer grundlegender Bereich der Mathematik, der sich sehr gut für kreative Aktivitäten eignet, ist die Beschäftigung mit Formen. Formen können in nahezu allen mathematischen Bereichen, die für kleine Kinder interessant sind, eine Rolle spielen: beim Bilden von Paaren, Gruppen, Mustern, Abfolgen und Anordnungen.

Das passende Zusammenfügen von Formen, Gegenständen und Farben, z. B. das Bilden von Paaren, ist eine Fähigkeit, die Voraussetzung für das Sortieren und Einordnen ist. Einige Begriffe, die dabei immer wieder fallen, sind passend, ähnlich, genauso aussehen und gleich. Praktische mathematische Erfahrungen, die die Kinder so sammeln, bereiten sie auf weitergehende Fähigkeiten im Bereich der Mathematik vor.

Der Schatz im Flaschendeckel

Die Kinder kleben in Deckel und Verschlüsse je einen Gegenstand.
So können sie Erfahrungen mit dem Konzept der Eins-zu-Eins-Zuordnung sammeln.

Eins-zu-Eins-Zuordnung
Collage

Material

- Deckel und Verschlüsse von Milchflaschen, Saftflaschen, Tablettendöschen, Marmeladengläser, Gewürzdosen, Filmdöschen, …
- Klebstoff
- Pappe als Unterlage für die Collage
- kleine „Schätze" für die Deckel, z. B. Aufkleber, kleine Zeichnungen, Bilder aus Zeitschriften, Murmeln, farbige Spielsteine, gepresste Blumen, Perlen, Fotos

Anleitung

1. Die Kinder kleben die Deckel oder Verschlüsse so auf die Pappe, dass sie wie kleine Schüsseln nach oben hin offen sind. Die Verschlüsse sollten eng aneinander geklebt werden, sodass sie die ganze Pappe bedecken.
2. Nun wählen die Kinder die kleinen „Schätze" aus, die sie in die Deckel kleben wollen. In jeden Verschluss kommt ein Schatz.
3. Lassen Sie die Deckelschatzcollage über Nacht trocknen.

Variationen

- Die Kinder bekleben die Pappe mit Geschenkpapier, bevor sie Deckel und Schätze hinzufügen.
- Die Kinder bemalen die Pappe, lassen sie trocknen und kleben dann die Verschlüsse mit den Schätzen darauf.

Knopfcollage

Eins-zu-Eins-Zuordnung
Collage

Die Kinder nähen je einen Knopf auf ein Stoffviereck und können dabei auf kreative Weise Erfahrungen mit der Eins-zu-Eins-Zuordnung sammeln. So werden Grundlagen für das Zählen geschaffen.

Material

- Stoff, in Vierecke geschnitten
- Knöpfe mit großen Löchern, je einen für ein Stoffviereck (wenn Sie keine Knöpfe mit großen Löchern bekommen, dann fertigen Sie sie selbst aus farbigem, dickem Papier an oder schneiden Sie andere Formen mit zwei Löchern aus)
- 30 cm Garn für jeden Knopf
- Stopfnadeln aus Plastik
- Pappe oder Tonkarton
- Klebstoff oder Teppichklebeband
- Passepartout (nicht unbedingt notwendig)

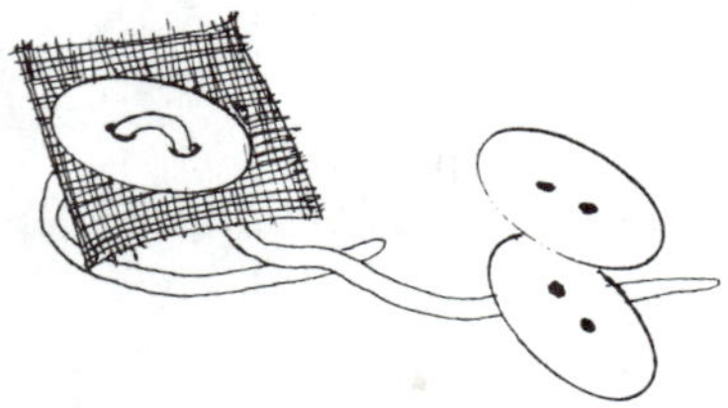

Anleitung

1. Fädeln Sie ein Stück Garn in die Plastikstopfnadel (für sehr kleine Kinder sollten Sie das Garn doppelt nehmen und die Enden verknoten).
2. Die Kinder nähen nun wie folgt je einen Knopf auf ein Stoffviereck: Die Nadel wird durch den Stoff und dann durch ein Knopfloch gestochen, der Faden wird hindurchgezogen. Anschließend werden Nadel und Garn durch das zweite Knopfloch und zurück durch den Stoff geführt. Das Garn wird auf der Stoffrückseite festgenäht oder verknotet.
3. Machen Sie so viele Stoffvierecke mit je einem Knopf, wie die Kinder möchten.
4. Nachdem die Knöpfe aufgenäht worden sind, werden die Knopfvierecke nebeneinander auf den Tonkarton geklebt.
5. Lassen Sie den Klebstoff trocknen.
6. Wenn Sie möchten, können Sie auch noch ein Passepartout auf den Tonkarton kleben.

Variationen

- Die Kinder nähen andere Gegenstände mit Löchern auf die Stoffvierecke, z. B. zu Schlaufen gedrehte Pfeifenreiniger, Unterlegscheiben, Muttern, Perlen, kleine Pappvierecke, Schlaufen aus Telefonkabel, selbst gemachte Tonknöpfe.
- Nehmen Sie einen Stoff mit klar umrissenen Vierecken oder Kreisen und lassen Sie die Kinder in jedes Viereck oder jeden Kreis einen Knopf nähen.

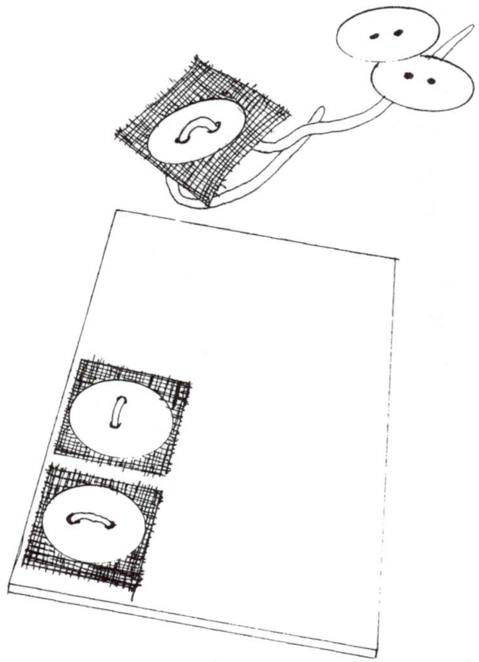

Fantastische Tierpension

Die Kinder basteln eine „Tierpension“ mit einem Zimmer für jedes Tier und setzen sich dabei mit Eins-zu-Eins-Zuordnungen auseinander.

Eins-zu-Eins-Zuordnung
Collage

Material

- eine lange Bahn Packpapier oder feste Tapete, die man am Boden festklebt
- Bastelpapierreste
- kleine bis mittelgroße leichte Schachteln
- Klebstoff und Tesafilm
- Scheren
- Bastelpapier, Modelliermasse oder Aufkleber mit Tieren
- Collagematerialien, z. B. Gras aus dem Osternest, Stoffreste, Nähmaterialien, Wattebäusche, gefärbten Sand, Glitter, getrocknete Gräser, Blumen, Papierreste, Deckel von Gläsern, Blumen aus Plastik oder Seide, Perlen, Schmuck, kleine Spielzeugteile
- Buntstifte, Farben und Pinsel
- Klebeband, einen Hefter oder eine Wäscheleine (nicht unbedingt notwendig)

Anleitung

1. Kleben Sie die Schachteln nebeneinander auf die Papierbahn. Nehmen Sie so viele Schachteln, wie Tiere für die Tierpension vorgesehen sind; jede Schachtel ist ein Schlafzimmer für ein Haustier. Lassen Sie den Klebstoff trocknen.
2. Anschließend verwandeln die Kinder die Schachteln mit Klebstoff, Tesafilm, Stiften, Farben und den anderen Materialien in verschiedene „Haustierschlafzimmer“. Hier einige Möglichkeiten:
   - gemütliche Stoffe für das Bett, Bilder an den Wände, Gefäßdeckel als Näpfe
   - glitzerndes Dekor aus Schmuck, Spielzeug für die Tiere, Papierbäume vor der Pension
   - Wattekissen, Seiden- oder Plastikblumen
3. Wenn die Tierpension gebaut und dekoriert ist, können die Tiere einziehen, je eines in ein Pensionszimmer. Die Tiere können aus Bastelpapier oder Modelliermasse selbst hergestellt werden oder man kann Tieraufkleber nehmen.
4. Wenn alles fertig ist, dann heben Sie die Papierbahn an und befestigen sie an einer Wäscheleine, einer Wand oder einem Brett. Benutzen Sie dazu Klebeband mit großer Klebekraft oder einen Hefter.

Nagelbrett

Eins-zu-Eins-Zuordnung Basteln

Die Kinder basteln ein Nagelbrett und schmücken jeden Nagel mit einem Gegenstand. So kann das Konzept der Eins-zu-Eins-Zuordnungen vertieft werden.

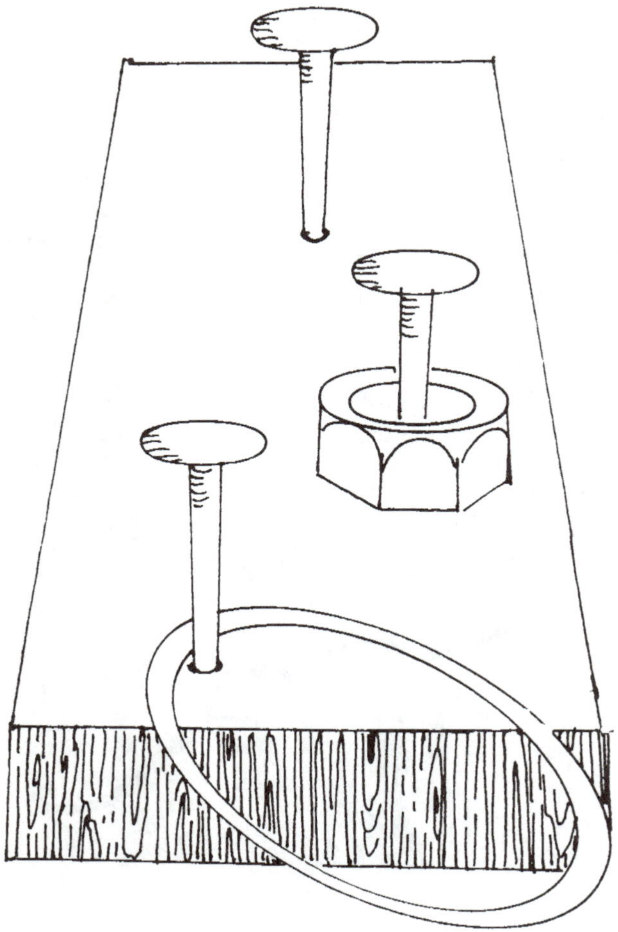

Material

- ein Sperrholzbrett
- Nägel
- Hämmer
- dekorative Gegenstände wie Muttern, Unterlegscheiben oder andere Gegenstände mit Löchern, Bänder, Garn, farbige Gummis, Stücke von Styroporverpackungen, Korken, Kugeln aus Knetmasse, Blumen aus Plastik oder Seide, Blätter, Nähmaterialien
- eine Arbeitsfläche zum Werken, z. B. eine Werkbank

Anleitung

1. Mit Hilfe eines Erwachsenen hämmern die Kinder Nägel in beliebiger Anordnung in ein Brett. Achten Sie darauf, dass die Nägel nicht durch das Holz in den Tisch oder Boden gehämmert werden.
2. Wenn die Nägel fest stecken, schmücken die Kinder jeden Nagel mit einem Gegenstand, den sie daranhängen, ankleben oder anbinden.
3. Nachdem das Kunstwerk lange genug bewundert wurde, können die Gegenstände wieder entfernt und das Nagelbrett neu geschmückt werden.

Variationen

- Die Kinder können auch Perlen oder Pailletten auf jeden Nagel oder den Holzuntergrund kleben, dann bekommen sie ein Glitzerbild.
- Die Kinder stecken Zahnstocher oder Holzspieße in einen Styroporblock und schmücken diese mit dekorativen Materialien.
- Die Kinder stecken Nahrungsmittel auf die Zahnstocher und machen ein Essbild zum baldigen Verzehr. Leckere Beispiele sind Käsewürfel, Ananasstücke, Erdbeeren, Weintrauben und Bananenscheiben.

Farbenfrohe Sandmalerei

3+

Messen
Basteln

Bei dieser Aktivität schütten die Kinder ein Bild aus buntem Sand und entwickeln dabei ein Gefühl für nicht-abzählbare Materialien.

Material

- sauberen, weißen Sand
- Behälter und Tassen in vielen Größen
- eine große Schale oder ein Tablett
- Zeitungspapier
- Pigmente
- Plastiklöffel, Rührstöckchen
- Plastikflaschen (z. B. von Ketschup oder Senf)
- eine Fläche für die Sandmalereien, z. B. ein glatter Untergrund drinnen oder draußen
- weißes Papier, DIN A3 oder DIN A2

Anleitung

Den Sand umschütten und messen.

Füllen Sie die große Schale oder das Tablett mit sauberem, weißem Sand. Die Kinder können den Sand dann in die Behälter füllen, immer wieder umschütten und dabei Mengen vergleichen.

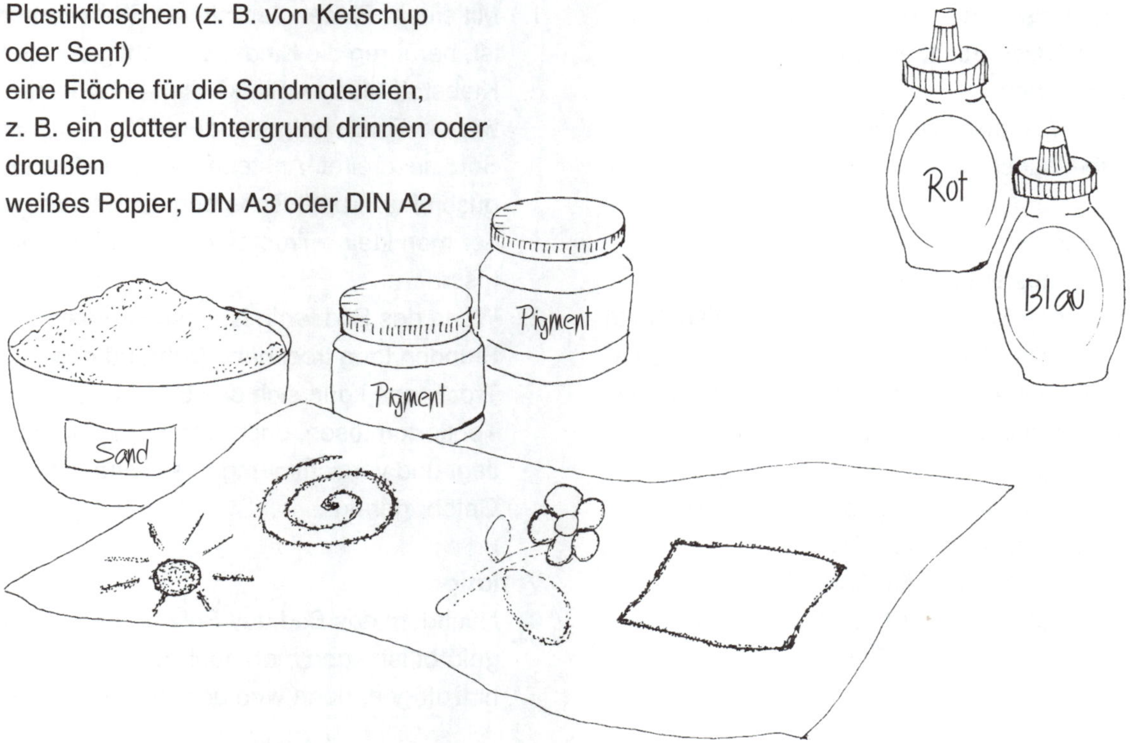

Die Sandmalerei anfertigen

1. Wenn die Kinder genug gemessen haben, füllen Sie einige Behälter zur Hälfte mit Sand. Lassen Sie genug Platz, um die Farbpigmente unterzumischen.
2. Geben Sie ungefähr einen Teelöffel Pigmentpulver zu einer Tasse Sand. Für jeden Sandbehälter nehmen Sie eine andere Farbe.
3. Vermischen Sie den Sand und die Farbe gründlich. Füllen Sie die Flaschen mit dem farbigen Sand, jede Flasche mit einer anderen Farbe.
4. Suchen Sie den Untergrund für die Sandmalerei je nach Wetter, Anzahl der Kinder und Menge des gefärbten Sandes aus und decken Sie ihn mit einem Papierbogen ab.
5. Die Kinder schütten nun den Farbsand aus den Flaschen (zusammendrücken!) in unterschiedlichen Mustern auf das weiße Papier. Die verschiedenen Farben können sich auch vermischen, die Muster sich übereinander legen.
6. Das fertige Bild kann einige Zeit auf dem Papier liegen bleiben und bewundert werden.

3+

Salzmalerei

Messen
Basteln

Die Kinder lassen Salz durch ihre Faust auf ein Muster mit Klebstoff rinnen und färben dieses Bild anschließend. So sammeln sie erste Erfahrungen im Umgang mit nicht-abzählbaren Stoffen.

Material

- Salz in einem Plastikbehälter (Tafel- oder Steinsalz; Zucker kann auch verwendet werden, ist aber zu verlockend für die Kinder)
- Klebstoff (am besten in Flaschen)
- kräftige, leuchtende, in Wasser aufgelöste Lebensmittelfarbe
- Pinsel für jede Tasse mit Lebensmittelfarbe
- Tropfflaschen, z. B. von Augentropfen, für jede Tasse (nicht unbedingt notwendig)
- Fotokarton
- Zeitungspapier zum Abdecken der Arbeitsfläche

Anleitung

Das Salzmuster anfertigen

1. Schütten Sie das Salz in den Plastikbehälter.
2. Bevor die Kinder mit der Salzmalerei beginnen, können sie in dem Salz herumwühlen, es durch ihre Finger rieseln lassen, es fühlen …
   Wenn sie das Salz untersucht haben, beginnen sie mit der Salzmalerei.
3. Zunächst ziehen die Kinder mit dem Klebstoff Muster auf den Fotokarton, z. B. Linien, Kreise, Spiralen oder Fantasiegebilde.
4. Bevor der Klebstoff getrocknet ist, schaufeln die Kinder nun mit den Händen Salz über das Klebstoffmuster, bis es vollständig bedeckt ist. Dann heben sie das Bild an und lassen das überschüssige Salz zurück in den Salzbehälter rieseln.

Das Salzbild färben

1. Mit einem Pinsel, der mit viel Farbe getränkt ist, berühren die Kinder vorsichtig das Salz-Klebstoff-Muster. Sie können beobachten, wie die Farbe aufgesaugt wird und sich im Salz ausbreitet. Anstelle des Pinsels kann auch eine Tropfflasche benutzt werden, mit der man kleine Tropfen auf das Muster fallen lässt.
2. Wenn das Bild fertig ist, lassen Sie es einige Stunden lang trocknen. Während des Trocknens kann sich das Bild eventuell vom Tonkarton lösen, doch wenn das Bild flach liegt und vorsichtig angefasst wird, ist die Gefahr gering.

Variation

- Nachdem das Bild aus Salz und Klebstoff gefärbt ist, kann man noch Salzschichten hinzufügen, dann wird das Bild zum Relief.

Salzhügel

3+

Messen
Basteln

Die Kinder kleben ein Bild aus Salz und sammeln dabei Erfahrungen im Umgang mit nicht-abzählbaren Mengen.

Material

- Salz
- Pigmente (Erdpigmente)
- Rührstöckchen
- leere Plastikgefäße mit Deckeln
- Becher und Gefäße in verschiedenen Formen und Größen
- Pappe oder Fotokarton
- Klebstoff in einer Flasche
- einen ebenen Untergrund mit einem großen Blatt Papier

Anleitung

Das Salz färben und messen

1. Wenn das Salz feucht ist, muss es zuerst getrocknet werden. Um das Salz zu färben, schütten Sie es in die Plastikgefäße. Jedes Gefäß ist für eine andere Farbe bestimmt.
2. Fügen Sie eine kleine Menge Farbpigment zum Salz hinzu. Rühren Sie mit dem Rührstock um.
3. Schütten Sie das Salz nach Farben getrennt auf eine ebene Fläche, die mit einem großen Blatt Papier bedeckt ist.
4. Lassen Sie die Kinder das Salz aufhäufen, mit den Tassen und Bechern umfüllen und dabei die Mengen vergleichen.

Das Salzbild anfertigen

1. Wenn die Kinder genügend mit dem Salz hantiert haben, tropfen sie ein Muster aus Klebstoff auf die Pappe.
2. Anschließend streuen die Kinder das gefärbte Salz auf den Klebstoff.
3. Schütten Sie das nicht benutzte oder übrig gebliebene Salz zum Aufbewahren in die Plastikgefäße und lassen Sie die Bilder über Nacht trocknen.

Variation

- Die Kinder schaufeln das Salz auf Pappteller und wiegen die Salzhügel auf einer einfachen Waage.

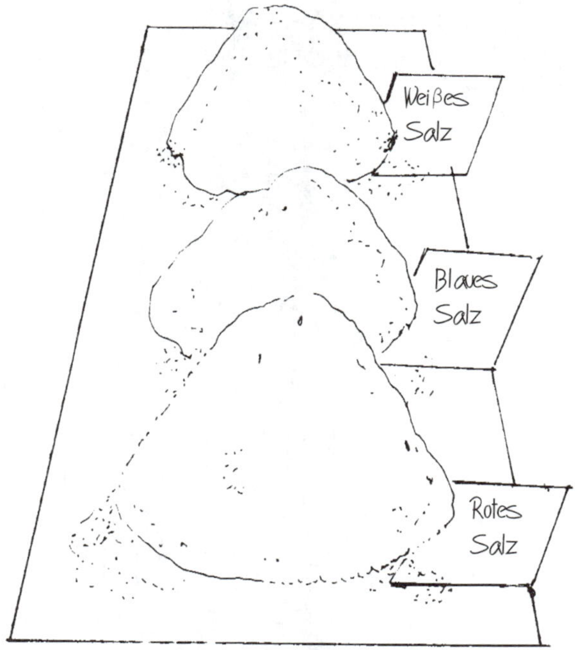

3+

Messen
Basteln

Bunte Wassergefäße

Kinder lieben es, mit Wasser zu spielen und es immer wieder umzufüllen – besonders, wenn es anschließend bunt gefärbt wird. Dabei können sie wichtige Erfahrungen im Umgang mit nicht-abzählbaren Materialien sammeln.

Material

- ein Spülbecken oder Plastikschüsseln auf einem Tisch – am besten draußen oder im Bad, sonst sollte man den Tisch mit Zeitungspapier abdecken
- Wasser
- Lebensmittelfarbe
- Becher und Gefäße zum Schütten und Messen
- große, durchsichtige Gefäße, z. B. Saftflaschen oder Glaskannen
- kleinere Gläser in verschiedenen Größen mit fest verschließbarem Deckel
- Glitter, Metallkonfetti o. Ä.
- Isolierband

Anleitung

Das Wasser färben und messen

1. Füllen Sie die großen Gefäße mit Wasser.
2. Färben Sie das Wasser in jedem Gefäß mit einer anderen Farbe.
3. Lassen Sie die Kinder das Wasser in verschiedene Gefäße schütten und immer wieder umgießen.

Die bunten Wassergefäße herstellen

1. Wenn die Kinder den Gießvorgang lange genug untersucht haben, füllen sie einige kleine Gläser mit einer gewünschten Farbe Wasser und fügen Glitter u. Ä. hinzu.
2. Drehen Sie dann die Deckel der Gläser fest zu. Als zusätzliche Schutzmaßnahme sollten Sie den Rand des Deckels mit Isolierband umkleben.

Variation

- Lassen Sie die Kinder ihr buntes Glas schütteln, rollen und auf den Kopf stellen, dies ist ein hübscher Anblick!

Dekorative Getreidegläser

3+

Messen
Basteln

Die Kinder untersuchen verschiedene Getreidesorten und schütten das Getreide in Gläser. Beim Umgang mit diesen kaum zählbaren Materialien können sie auch einiges über wichtige Nahrungsmittel lernen.

Material

- Zeitungspapier
- verschiedene Getreidesorten und getrocknete Linsen, Erbsen, Hirse, Sonnenblumenkerne
- stabile Behälter in verschiedenen Größen, z. B. Eimer, leere Margarinedosen u. Ä.
- leere Marmeladengläser mit Deckel
- stabiles Klebeband

Anleitung

1. Breiten Sie das Zeitungspapier auf dem Boden aus und füllen Sie die Behälter mit dem Getreide und den anderen Lebensmitteln, jeweils eine Sorte pro Behälter.
2. Lassen Sie die Kinder die verschiedenen Getreidesorten untersuchen und immer wieder umschütten. Die Sorten sollten dabei getrennt bleiben.
3. Anschließend füllen die Kinder die unterschiedlichen Lebensmittel schichtweise in ein Glas, bis dieses randvoll ist und hübsch aussieht.
4. Verschließen Sie das Glas fest mit dem Deckel. Dann kleben Sie das Klebeband über den Rand des Deckels, um das Schichtkunstwerk zu sichern.

Variation

- Die Kinder benutzen Sandspielzeug, z. B. Schaufeln und Bagger, um das Getreide umzufüllen und damit zu spielen.

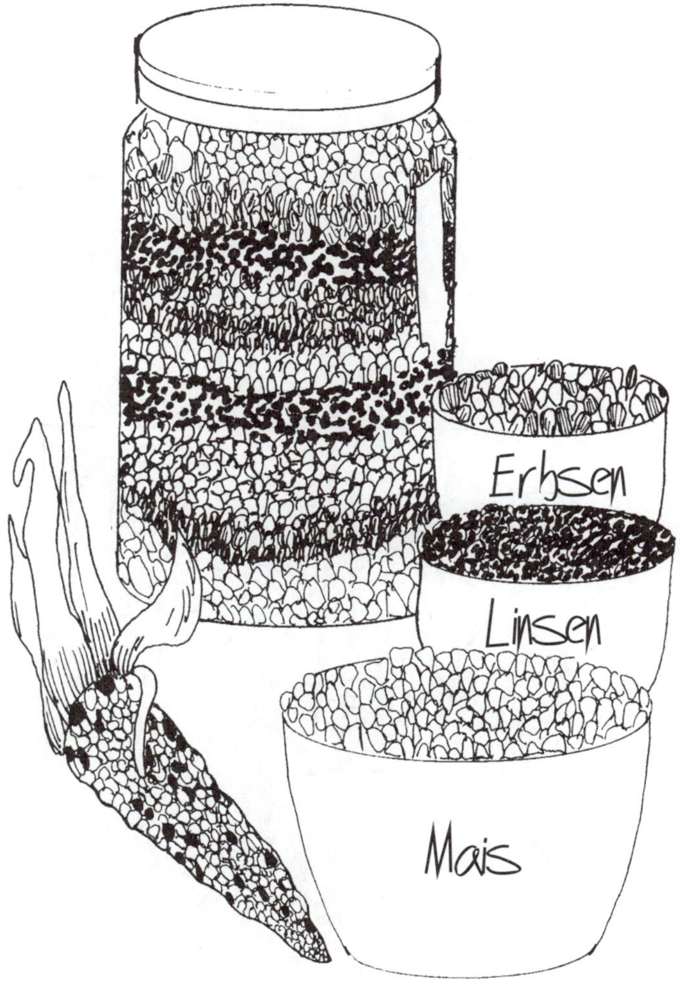

Formen-Rubbelbilder

3+

Formen erkennen
Rubbeln

Die Kinder fertigen Rubbelbilder an und üben sich dabei im Wiedererkennen von Formen.

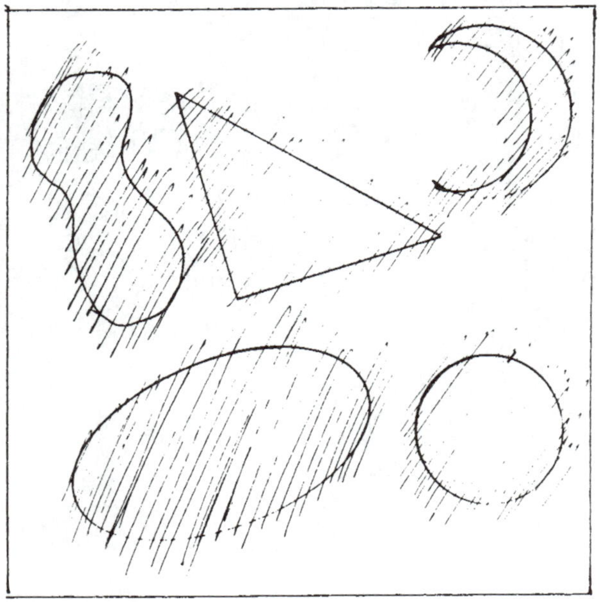

Material
- Schablonen unterschiedlicher Formen (Kreise, Vierecke, Dreiecke), von den Kindern oder einem Erwachsenen vorher aus dickem Papier oder Pappe ausgeschnitten
- dicke Wachsmalstifte
- breite, weiche Pinsel
- Wasserfarben
- Zeichenpapier
- Zeitungspapier als Unterlage

Anleitung
1. Die Kinder wählen eine Schablone aus und legen sie auf den Tisch.
2. Legen Sie ein Blatt Papier über die Form. Kleben Sie die Ecken fest, damit das Papier nicht verrutscht.
3. Nun rubbeln die Kinder mit einem dicken Stift über die Form, bis deren Kontur sichtbar wird.
4. Danach wird eine Ecke des Papiers angehoben und die darunterliegende Pappform etwas verschoben. Mit einer anderen oder derselben Farbe rubbeln die Kinder nun wieder über die Form. Dies können sie wiederholen, bis sie mit ihrem Bild zufrieden sind.
5. Anschließend können sie zusätzlich mit einem Pinsel Farbe auf das Rubbelbild auftragen. Die Wasserfarbe perlt von der Wachsfarbe ab, das ergibt tolle Farb- und Formenspiele!
6. Lösen Sie das Blatt Papier von dem Brett und legen Sie es zum Trocknen auf das Zeitungspapier.

Variationen
- Die Kinder ziehen mit einem Buntstift die Kontur der Form nach. Über diese Kontur pinseln sie die Farblösung.
- Die Nachzieh- und Rubbeltechnik kann in einem Bild kombiniert werden: Nach dem ersten Rubbeln wird die Form unter dem Papier hervorgeholt und daraufgelegt. Dann wird die Kontur mit einem Stift nachgezogen.
- Die Kinder kleben die Pappformen auf das fertige Rubbelbild.
- Die Kinder fertigen ein Rubbelbild mit unterschiedlichen Formen an. Gleiche Formen können zu Gruppen geordnet sein oder sich überlappen.
- Sagen Sie den Kindern vorher nicht, welche Form unter dem Papier liegt – so können die Kinder dies beim Rubbeln selbst entdecken.

Form auf Form

Formen erkennen
Drucken

Die Kinder drucken gleiche Formen mit unterschiedlichen Gegenständen und üben sich so darin, Formen wieder zu erkennen. Gleichzeitig entsteht ein schönes Bild.

Material

- Papierbögen (DIN A4 oder DIN A3)
- Gegenstände zum Drucken, z. B. Spielzeugteile, Holzklötze, Küchenutensilien, Werkzeug, Haushaltswaren, Krimskrams, selbst gemachte Stempel, aus Pappe ausgeschnittene Formen
- Stempelkissen in verschiedenen Farben
- einen mit Zeitungspapier abgedeckten Tisch

Anleitung

1. Die Kinder schneiden jeden Papierbogen in eine geometrische Form, z. B. einen Kreis, ein Dreieck oder ein Viereck (vielleicht ist dabei Hilfe nötig). Bei kleinen Kindern genügt eine Form. Jedes Kind bekommt einen solchen Bogen.
2. Legen Sie Gegenstände zum Drucken bereit, z. B. einen zylindrischen Bauklotz, der einen runden Abdruck ergibt oder die Unterseite einer Schachtel, die ein Viereck ergibt. Nehmen Sie mehrere Gegenstände für jede Form.
3. Die Kinder stempeln nun Abdrücke dieser Gegenstände – zunächst auf das Zeitungspapier, um zu sehen, ob sich eine Form ergibt, die der Form ihres Papierbogens entspricht.
4. Wenn sie einen passenden Abdruck gefunden haben, stempeln sie ihn auch auf ihren Bogen. Sie bedrucken also z. B. das kreisförmige Papier mit dem zylindrischen Bauklotz (und nicht mit einem quadratischen, der nicht passt). Die Kinder sollten die Gegenstände untersuchen, um herauszufinden, welche zu den jeweiligen Papierformen passen. Dann machen sie so viele Drucke und Bilder, wie sie möchten. Sie können auch mehrere Papierformen gleichzeitig nehmen, z. B. Vierecke und Dreiecke, damit sie die Gegenstände mit dazu passenden Formen auch verwenden können.

Variationen

- Basteln Sie ein Buch aus leeren Seiten in Form von Kreisen, Drei- und Vierecken. Dort hinein kommen Formen, die zur jeweiligen Seite passen – gedruckt, ausgeschnitten oder gemalt.
- Schneiden Sie Zeitungspapier zu einer Form, und legen Sie es auf den Arbeitstisch. Die Kinder malen dann die entsprechende Form auf das Zeitungspapier.

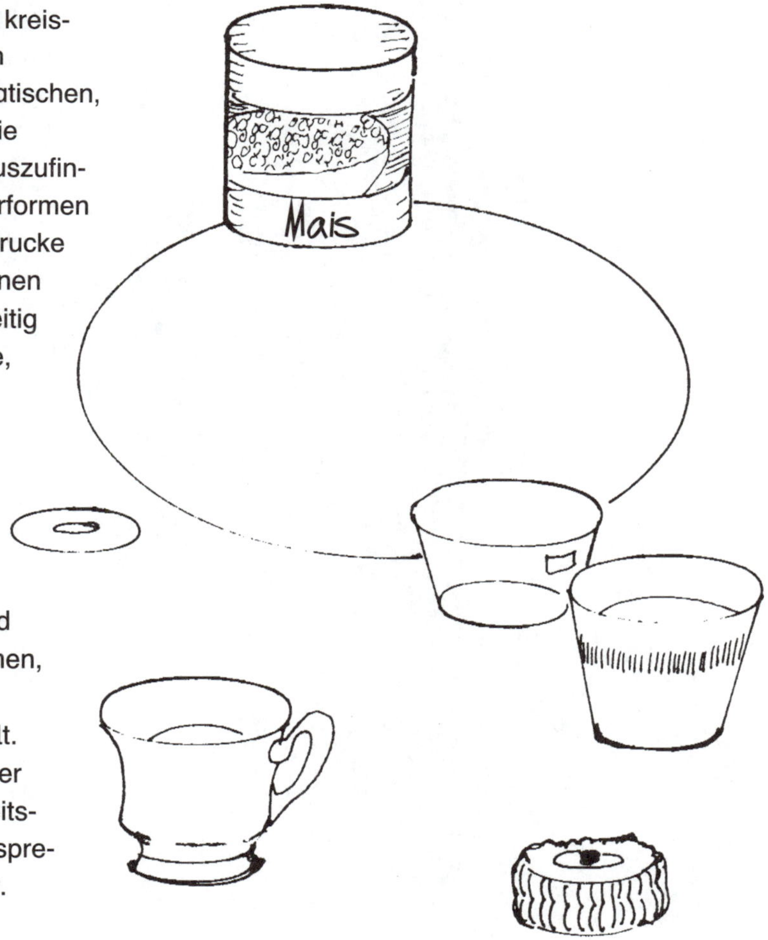

3+

Lebende Skulpturen

Formen erkennen
Skulptur

Mehrere Kinder bilden mit Hilfe ihrer Körper Skulpturen, die geometrische Formen zeigen und lernen diese Formen so besser kennen.

Material

- viele Kinder
- viel Platz, z. B. auf einer Wiese oder einem großen Teppich
- aus dickem Papier oder Pappe ausgeschnittene Formen

Anleitung

1. Lassen Sie die Kinder zunächst die Pappformen betrachten und befühlen.
2. Dann legen sich mehrere Kinder auf den Boden und bilden gemeinsam mit Hilfe ihrer Körper die Form nach (wie Linien auf Papier).
3. Die übrigen Kinder entscheiden, ob die menschliche Form der Pappform entspricht.
4. Wiederholen Sie dieses Spiel mit einer anderen Form. Die Formen können auch von stehenden Kindern nachgebildet werden, das ist aber schwieriger.

Variationen

- Fotografieren Sie die lebenden Skulpturen, damit die Künstler ihr Werk betrachten können.
- „Zeichnen" Sie mit Klebeband oder einem Seil eine Form auf den Teppich. Bitten Sie dann die Kinder, sich hinzulegen und mit ihren Körpern die Form nachzubilden.

Formenfigur

Formen erkennen
Basteln

Die Kinder basteln eine dreieckige Säule, die mit geometrischen Formen aus unterschiedlichen Materialien verziert ist. So üben sie sich im Wiedererkennen von Formen.

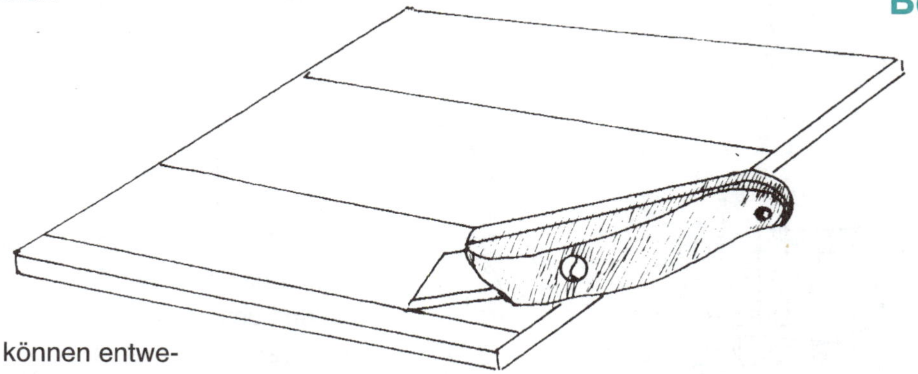

Material

- dicke Pappe (ca. DIN A3)
- Klebstoff
- Scheren
- unterschiedliche Materialien für die Formen, z. B. buntes Papier, Plastikdeckel, Tapete, Filz, Plakatkarton, Geschenkpapier, Papier aus Zeitschriften, Alufolie
- ein Messer oder eine Schere, um die Pappe einzuritzen (nur mit Hilfe eines Erwachsenen)
- eine gerade Kante oder ein Lineal
- Klebeband

Anleitung

1. Zunächst schneiden die Kinder unterschiedliche geometrische Formen (Kreise, Dreiecke, Vierecke) aus den Materialien aus (dabei ist vielleicht Hilfe nötig).
2. Dann ritzen Sie wie auf der Abbildung die Vorderseite der Pappe so ein, dass drei gleich große Abschnitte und ein vierter schmalerer Abschnitt am Rand entstehen.
3. Die Kinder legen den Fotokarton flach auf den Tisch. Die eingeritzte Seite zeigt nach oben.
4. Nun kleben die Kinder die verschiedenen Formen in die Abschnitte des Fotokartons. Die Formen können entweder nach Lust und Laune oder in bestimmten Gruppierungen in die Abschnitte geklebt werden, z. B. Vierecke in einen Abschnitt, Dreiecke in einen anderen.
5. Wenn das Muster fertig ist, wird der Fotokarton aufgestellt und an den eingeritzten Linien umgeknickt.
6. Der vierte, schmale Abschnitt wird als Klebelasche über oder unter den Rand gefaltet und die dreieckige „Kartonsäule“ damit zusammengeklebt.
7. Stellen Sie die Säulen so aus, dass die Muster mit den verschiedenen Formen gut sichtbar sind.

Variationen

- Ziehen Sie zur Unterteilung Linien auf Zeitungspapier. Die Kinder können Formen in einer bestimmten Ordnung auf die Zeitung kleben, pausen oder malen.

Formen aus Filz

3+

Formen erkennen
Basteln

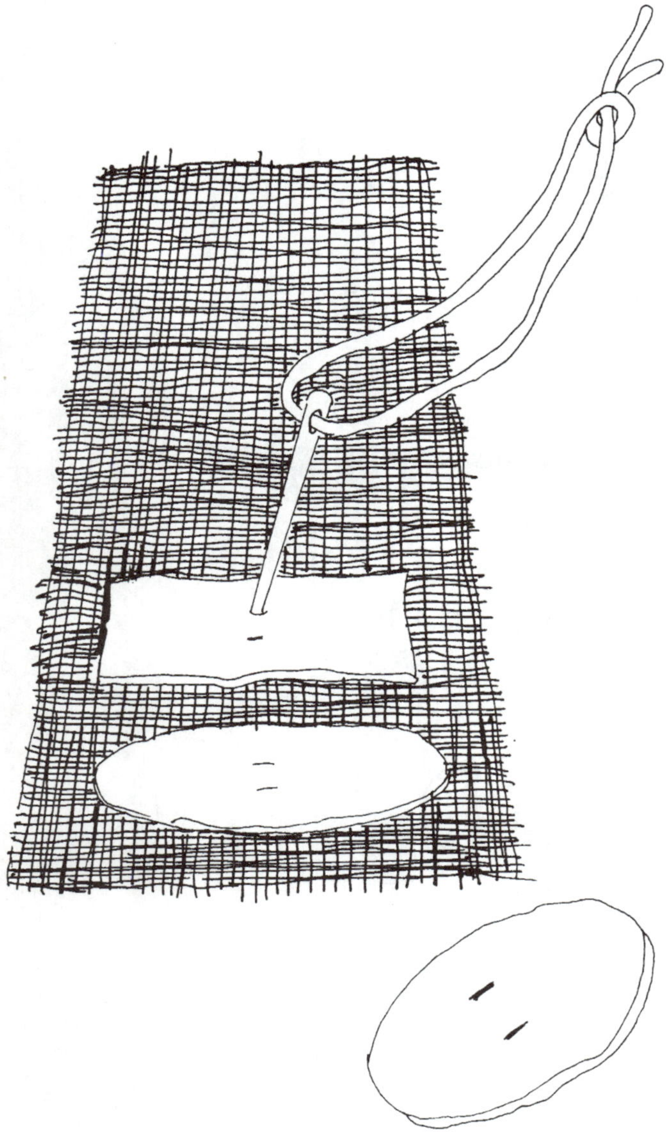

Machen Sie die Kinder mit den Grundformen Kreis, Dreieck und Viereck vertraut, indem sie Filzformen auf einen langen Stoffstreifen nähen.

Material

- aus verschiedenfarbigen Filzresten ausgeschnittene Formen
- breite Streifen aus Leinen oder anderen locker gewebten Stoffen
- einen Locher
- Scheren
- eine Schachtel oder einen Korb
- stark haftenden Klebstoff (nicht unbedingt notwendig)
- Stopfnadeln aus Plastik
- Garn, in nicht zu lange Stücke geschnitten
- einen Kleiderbügel
- einen Hefter oder Klebstoff

Anleitung

1. Die Kinder schneiden, u. U. mit Hilfe, die Formen aus den bunten Filzresten aus und legen sie in die Schachtel. Lochen Sie in jede Form zwei Löcher oder schneiden Sie zwei Schlitze hinein, um das Nähen zu erleichtern. Fädeln Sie das Garn in die Plastikstopfnadeln. Dann verknoten Sie die Enden des Garns miteinander.
2. Nun suchen sich die Kinder eine Filzform aus und legen sie auf einen Stoffstreifen. Wenn sie möchten, können sie die Rückseite der Form zuerst auf den Stoff kleben, damit das Ganze besser hält.
3. Anschließend wird die Form durch die beiden Löcher auf den Stoffstreifen genäht. Die Kinder können den Filz beliebig annähen. Gut geht es, wenn sie mit der Vorderseite beginnen, durch die Rückseite stechen, zurück zur Vorderseite und dann wieder zur Rückseite kommen (in den Stoff, aus dem Stoff, in den Stoff).
4. Die Kinder nähen so viele Formen auf, wie sie möchten, gleiche oder unterschiedliche. Sie können auch weitere Stoffstreifen hinzunehmen.
5. Falten Sie das obere Ende des Stoffstreifens um den geraden Teil des Kleiderbügels und heften oder kleben Sie den Stoff fest.
6. Eventuell können Sie auch mehrere Stoffstreifen über einen Bügel hängen. Dann können diese wie eine Fahne in der Luftströmung schwingen und den Raum mit Farbe versehen.

Variationen

- Die Kinder zeichnen oder pausen Formen mit Stofffarbstiften auf weiße Stoffstreifen (die Formen müssen am Tisch festgeklebt sein, damit sie nicht verrutschen).

Projektor-Paare

Passendes zusammenfügen
Malen

Die Kinder legen Paare gleicher Gegenstände auf einen Tageslichtprojektor und zeichnen die Schattenumrisse nach. So setzen sie sich mit dem Begriff „gleich" auseinander.

Material

- jeweils zwei Gegenstände mit gleicher Form, z. B. Collagematerialien, Papierformen, Bauklötze, Spielzeug, Haushaltswaren, Nähmaterial
- einen Tageslichtprojektor
- ein großes Blatt Papier
- Klebeband
- Wasser- oder Temperafarben (Schul-Tempera)
- Pinsel
- Bunt- oder Bleistifte
- Zeitungspapier zum Abdecken der Arbeitsfläche

Anleitung

1. Die Kinder nehmen zwei Gegenstände mit gleicher Form, z. B. zwei Knöpfe, zwei Bauklötze, zwei Schachteln, zwei Tassen, und legen diese auf den Tageslichtprojektor.
2. Schalten Sie den Projektor ein und werfen Sie das Schattenbild in Kinderhöhe scharf an die Wand.
3. Kleben Sie ein großes Blatt Papier so an die Wand, dass das Schattenbild darauffällt.
4. Nun können die Kinder die Schattenumrisse auf dem Papier nachzeichnen.
5. Schalten Sie den Projektor aus, und legen Sie das Blatt Papier zum Ausmalen auf den Boden oder einen Tisch. Auch die Zwischenräume zwischen den Bildern können einfarbig oder mit anderen Bildern bemalt werden.

Variationen

- Legen Sie mehrere unterschiedliche Gegenstand-Paare auf den Tageslichtprojektor, z. B. zwei Bauklötze, zwei Knöpfe und zwei Tassen. Lassen Sie die Kinder diese Gegenstände zu Paaren ordnen und anschließend die Formen nachzeichnen und ausmalen.

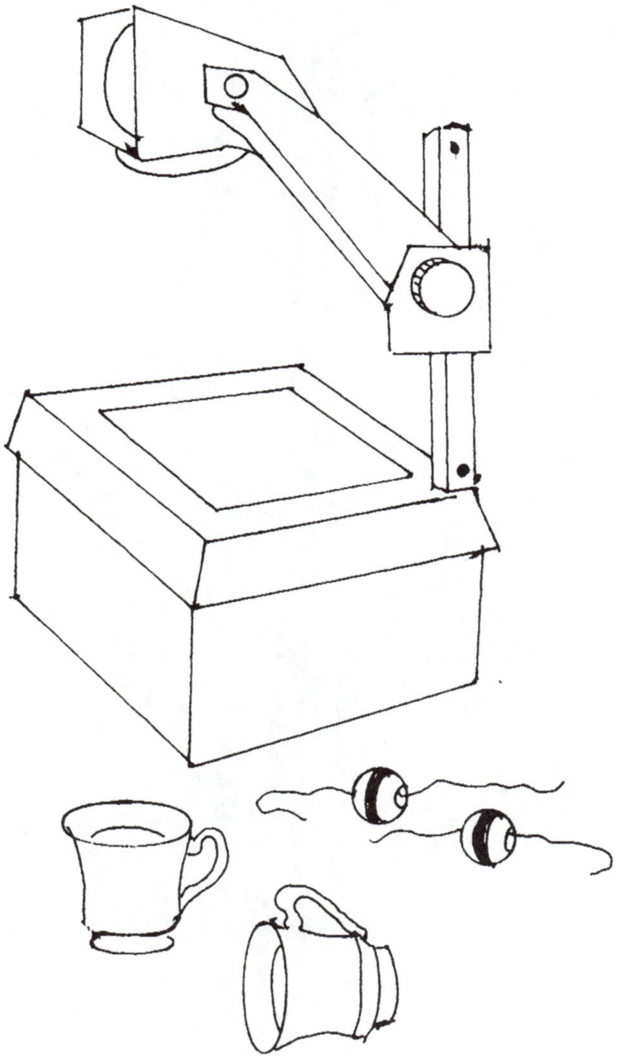

3+

Holzklotz-Puzzle I

Passendes zusammenfügen
Basteln

Bei dieser Aktivität üben sich die Kinder darin, Gegenstände an ihren Umrissen zu erkennen und beides einander zuzuordnen.

Material

- Bauklötze und Holzreste in Vierecks-, Kreis- und Dreiecksform
- Deckel von großen Pappschachteln
- Buntstifte
- Farben und Pinsel
- Klebstoff
- Glitter, Konfetti (nicht unbedingt notwendig)

Anleitung

1. Der Deckel wird mit der Innenseite nach oben auf den Tisch gelegt.
2. Die Kinder nehmen einen Bauklotz oder Holzrest, legen ihn in den Deckel und ziehen die Kontur mit einem Stift nach.
3. Dies wird mit anderen Bauklötzen wiederholt, allerdings sollten sich die Konturen nicht überlappen.
4. Anschließend ziehen die Kinder die Umrisse mit Farbe oder Stiften nach, bis sie deutlich sichtbar sind. Dabei werden sie auch nach außen verbreitert.
5. Lassen Sie gegebenenfalls die Farbe gut trocknen.
6. Danach versuchen die Kinder herauszufinden, welcher Bauklotz oder Holzrest zu dem jeweiligen Umriss passt und kleben ihn darauf. Die Farbe umrahmt dann den Gegenstand. Lassen Sie alles gut trocknen.
7. Die Kinder können die Holzklötze anschließend noch anmalen, oder auch zusätzlich mit Glitter oder Konfetti verzieren.

Variationen

- Die Kinder machen Tintenabdrücke von Schwämmen, Korken und anderen Gegenständen. Dann kleben sie die Gegenstände auf die passenden Abdrücke.
- Wenn man die Klötze nicht aufklebt, so hat man ein immer wieder benutzbares Legespiel.

Holzklotz-Puzzle II

3+

Passendes zusammenfügen
Basteln

Die Kinder basteln aus Holzstücken und Geschenkpapier-Resten ein Legespiel und lernen dabei spielerisch, gleiche Muster zu erkennen und einander zuzuordnen.

Material

- unterschiedliche Geschenkpapierreste in einer flachen Schachtel
- kleine Holzreste
- Scheren
- Klebstoff
- Pappen als Untergrund für das Legespiel
- Zeitungspapier zum Abdecken der Arbeitsfläche

Anleitung

1. Breiten Sie die Holzreste auf dem Tisch aus. Die Schachtel mit Geschenkpapier und die Pappe stellen Sie daneben.
2. Mit Hilfe eines Erwachsenen (falls nötig) schneiden die Kinder ein Stück Geschenkpapier passend zu und kleben es auf eine Seite eines Holzrestes. Überstehendes Papier kann so stehengelassen, über die Ränder geklebt oder abgeschnitten werden.
3. Anschließend kleben die Kinder ein Stück des selben Geschenkpapiers auf die Pappunterlage.
4. Dies wird mit anderen Klötzen und unterschiedlichen Geschenkpapierresten wiederholt.
5. Wenn die Pappe ausreichend beklebt ist, können die Kinder die jeweils zueinander passenden Teile zusammenfügen: Ein Holzrest wird jeweils auf oder neben das passende Geschenkpapier auf der Pappunterlage gelegt oder geklebt. Wenn nicht geklebt wird, hat man ein immer wieder benutzbares Legespiel.

Variationen

- Die Kinder kleben Vierecke aus Geschenkpapier auf eine Pappunterlage. Dann kleben sie kleinere Reste Geschenkpapier mit dem gleichen Muster darauf.

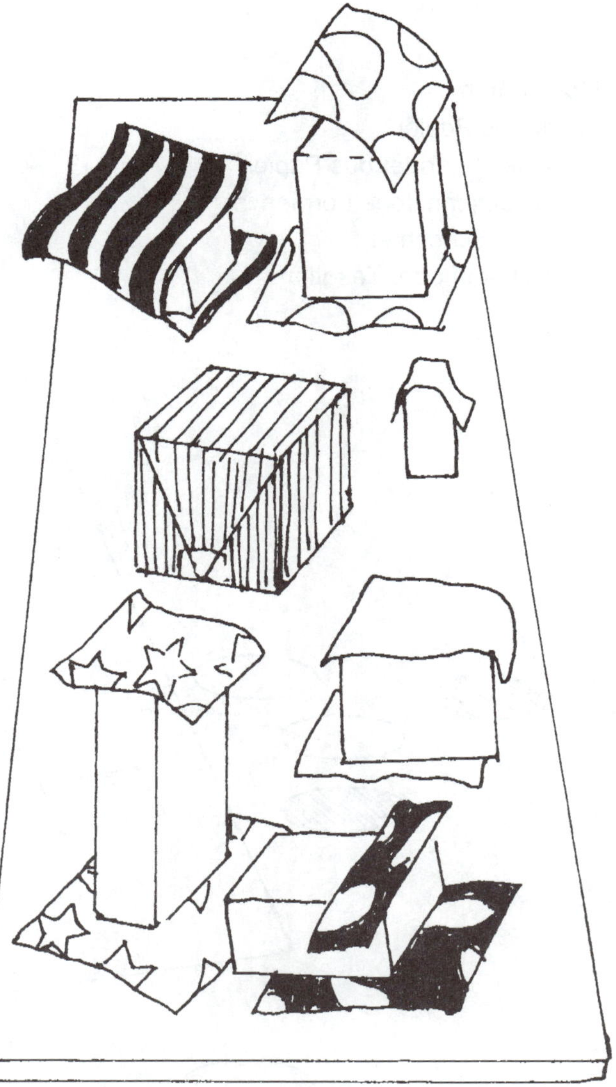

3+

Nachmacherbild

Passendes zusammenfügen
Collage

Ein Kind klebt eine Papierform auf eine Hälfte eines Papierbogens. Dann klebt sein Partner auf die andere Hälfte des Bogens eine gleiche Form. Dabei üben die Kinder, auf Ähnlichkeiten zu achten.

Materialien

- dickes Papier
- Aufkleber oder aus Papier ausgeschnittene Formen in einer Schachtel
- Klebstoff oder Tesafilm

Anleitung

1. Zwei Kinder sitzen einander gegenüber an einem Tisch.
2. Falten Sie das Blatt Papier in der Mitte, breiten Sie es dann wieder aus und legen Sie es zwischen die Kinder auf den Tisch.
3. Ein Kind nimmt einen Aufkleber oder eine Papierform aus der Schachtel und klebt sie auf seine Hälfte des Blattes.
4. Dann ahmt das zweite Kind dies nach: An die entsprechende Stelle seiner Hälfte klebt es gegenüber die gleiche Form. Die Kinder können sich bei der Entscheidung, wer was wohin klebt, abwechseln oder gemeinsam vorgehen.
5. Die beiden Kinder kleben so lange Aufkleber und Papierformen auf das Blatt, bis sie ein Nachmacherbild mit einem Spiegelbildmuster haben, das ihnen gefällt.

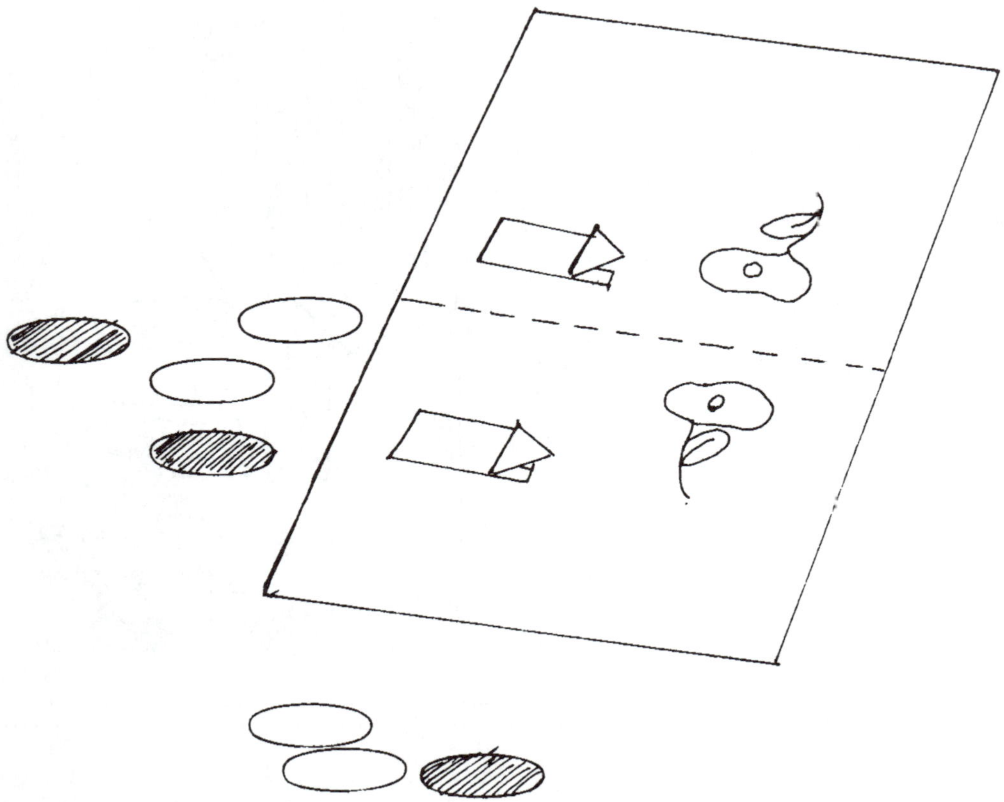

Variationen

- Ein Kind klebt auf seiner Seite des Blatts ein komplettes Muster. Dann kopiert das zweite Kind dieses Muster. Eine große Herausforderung!
- Die Kinder kleben Seidenpapier in verschiedenen Farben und Formen auf durchsichtige Klebefolie oder auf Papier, das mit Kleister eingepinselt wurde.
- Nehmen Sie Collagematerialien anstelle von Papierformen und Aufklebern.

Klebebild aus Form und Umriss

3+

Die Kinder kleben ausgeschnittene Formen zu ihren Schnittumrissen und üben sich so darin, Ähnlichkeiten und Unterschiede zu erkennen.

Passendes zusammenfügen
Collage

Material
- Papier, z. B. Bastelpapier, Tapetenreste, Geschenkpapier
- Scheren
- eine Schachtel zum Aufbewahren der Formen und Umrisse
- Klebstoff
- ein großes Stück Packpapier o. Ä.

Anleitung
1. Die Kinder nehmen ein Stück Papier, falten es in der Mitte und schneiden an der Faltnaht eine beliebige Form aus.
   Die meisten Kinder entscheiden sich eher für Fantasieformen als für Kreise, Vierecke oder Dreiecke.
2. Anschließend wird das Papier auseinandergefaltet und Form sowie Umriss werden in die Schachtel gelegt.
3. Nun schneiden die Kinder weitere Formen – so viele sie wollen! Wenn genug Formen und Umrisse in der Schachtel liegen, kann die Collage zusammengestellt werden.
4. Alle ausgeschnittenen Formen und Umrisse werden ausgebreitet. Die Kinder müssen nun herausfinden, welche beiden jeweils zusammenpassen.
5. Dann werden die Formen mit ihren Umrissen auf das Packpapier geklebt. Sie können wie ein Puzzle passend ineinander oder nebeneinander geklebt werden.
   Einen schönen Effekt erhält man auch, wenn sie einander überlappen.
6. Zum Schluss muss die Collage trocknen.

Variationen
- Die passenden Formen und Umrisse werden zu einem Muster auf eine lange, schmale Papierbahn geklebt, die um den ganzen Raum führt.
- Anstatt Formen und Umrisse aufzukleben, kann man sie auch in der Schachtel lassen und als Legespiel benutzen.

Kopiencollage

Passendes zusammenfügen
Collage

Mit Originalen und Fotokopien können die Kinder eine interessante Collage aus Bilderpaaren herstellen und gleichzeitig üben, zueinander Passendes zusammenzufügen.

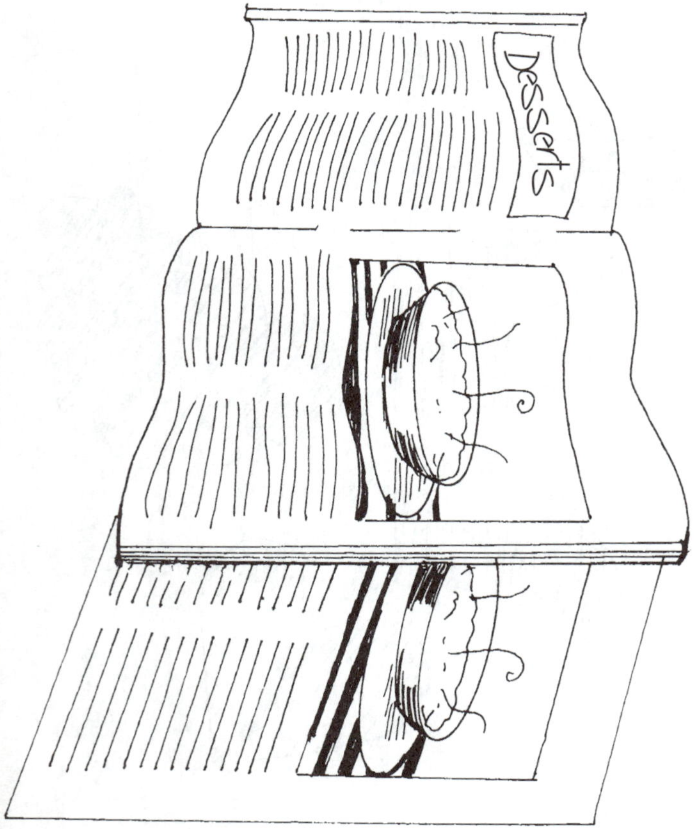

Material

- Bilder aus Zeitschriften (schneiden Sie für Anfänger einfache Bilder aus)
- eine Fotokopie jedes Bildes
- ein großes Blatt Papier
- Klebstoff, Kleister oder Klebeband
- Scheren
- Wasserfarben und Pinsel
- Buntstifte oder Textmarker

Anleitung

1. Breiten Sie die Bilder und ihre Fotokopien auf dem Tisch aus.
2. Die Kinder sehen die Bilder nach Paaren (jeweils ein Bild und seine Kopie) durch.
3. Anschließend kleben sie die Bilderpaare so auf das große Blatt Papier, dass ihre Zusammengehörigkeit deutlich wird. Die Bilder können vor dem Aufkleben zugeschnitten werden.
4. Wenn alle Bildpaare aufgeklebt sind, lassen Sie sie antrocknen.
5. Die Kinder können die Kopie zusätzlich anmalen. Textmarker verleihen den grauen Kopien ein besonderes Aussehen. Durch stark verdünnte Wasserfarbe kann man die verschiedenen Grautöne der Kopien hindurchsehen.

Variationen

- Die Kinder kleben auf die Vorderseite einer Pappe oder Karte das Zeitschriftenbild und auf die Rückseite die Kopie. Die „Collage“ wird an einem Faden an die Decke gehängt, sodass sie sich drehen kann und in schneller Folge Bild und Kopie zeigt.
- Die Kopien können versetzt oder überlappend aufgeklebt werden, sodass sie wie Schatten des Originalbildes wirken.
- Machen Sie Kopien von Bildern der Kinder, von ihren gedruckten Namen oder Fotos, und verwenden Sie sie für die oben beschriebene Aktivität.
- Sie können auch Kopien von Gegenständen machen und zusammen mit den Gegenständen aufkleben.

Paare bilden

Passendes zusammenfügen
Basteln

Material
- Bänder
- Papprollen (z. B. von Toilettenpapier)
- Papierreste in verschiedenen Farben
- Scheren
- Klebstoff

Anleitung
1. Mit Hilfe eines Erwachsenen wird ein Band an die Papprolle geklebt. Dann wird ein zweites Band durch die Rolle gezogen und seine Enden werden zusammengeknotet. Daran wird die Rolle so aufgehängt, dass die Kinder sie bequem erreichen können.
2. Die Kinder nehmen ein Stück Papier und falten es in der Mitte.
3. Dann schneiden sie eine Form aus dem gefaltenen Papier. Das Ergebnis ist ein Paar zweier identischer Formen. Diese sollten nicht zusammenhängen.
4. Anschließend geben die Kinder einen Klecks Klebstoff auf die Rückseite einer Papierform.
5. Dann legen sie das Band zwischen beide Formen und kleben sie aneinander und am Band fest.
6. Danach werden weitere Formen ausgeschnitten und genauso an das Band geklebt. Nehmen Sie so viele Papierformen, wie die Kinder möchten.
7. Lassen Sie alles gut trocknen.

Variationen
- Die Formen können auch an das Band geheftet werden.
- Statt der Papierformen kann man Aufkleber oder Etiketten nehmen.
- Die Kinder suchen im Haus oder Klassenraum weitere Paare.

Vielerlei

Kapitel 2

Die mathematischen Konzepte, die in diesem Kapitel erkundet werden, sind

Sortieren und Klassifizieren.

Wenn Kinder Gegenstände sortieren, können sie dabei ihre Fähigkeit zum Klassifizieren entwickeln. Während sie beim Bilden von Paaren lediglich zwei Gegenstände mit zueinander passenden Merkmalen einander zuordnen müssen, ist es beim Sortieren erforderlich, eine Vielzahl von Gegenständen vergleichend zu betrachten und ihre Gemeinsamkeiten und Unterschiede festzustellen. Die kreativen Matheaktivitäten in diesem Kapitel stellen unterschiedlich große Anforderungen an diese Fähigkeiten – vom Sortieren mit Berücksichtigung eines oder zweier Merkmale bis hin zum Sortieren mit Berücksichtigung einer Vielzahl von Merkmalen.

Klassifizieren geht über das einfache Sortieren hinaus. Die Gegenstände werden in bestimmte Gruppen oder Kategorien sortiert, die man sich dabei bewusst macht. Bei den Aktivitäten in diesem Kapitel werden die Kinder ermutigt, ihre eigenen Kategorien aufzustellen und einen Blick für Details in Bezug auf Ähnlichkeiten und Unterschiede zu entwickeln. Einige mathematische Konzepte, die beim Sortieren und Klassifizieren gefordert und gefördert werden, sind das Gruppieren, das passende Zusammenfügen, Ähnlichkeiten und Unterschiede, das Ungleich-Sein sowie Mengenangaben wie eines, einige, viele, alle und keines. Stellen Sie eine große Auswahl interessanter Gegenstände für die folgenden Matheaktivitäten zusammen, und das Sortieren kann beginnen!

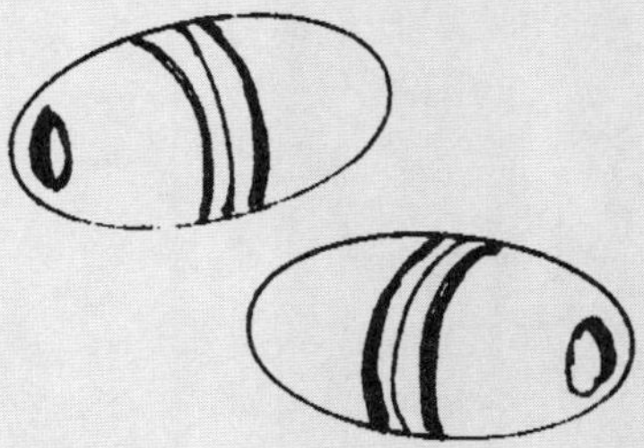

Die Begriffe, die die Kinder beim Sortieren und Klassifizieren benutzen, beziehen sich darauf, wie sie Dinge mit ihren fünf Sinnen wahrnehmen.

Fühlen
rau – glatt
warm – kalt
hart – weich
rutschig – klebrig
trocken – nass
dick – dünn
uneben – eben

Sehen
klein – groß
breit – schmal
lang – kurz
glänzend – matt
gebogen – gerade
rund – eckig
Farben – Formen

Riechen
schlecht – gut
süß – scharf
frisch – faulig

Hören
tief – hoch
laut – leise
schön – abstoßend
angenehm – unangenehm

Schmecken
schlecht – gut
eklig – lecker
sauer – süß
mild – scharf

Andere Beobachtungen und damit zusammenhängende Begriffe könnten sich auf die Art des Materials beziehen: Holz, Plastik, Papier, Metall, Pappe oder Stoff; oder auf die Eigenschaften und Mengen von Materialien: viel Klebstoff, dünnere Farbe, mehr Kleister, dickerer Stoff etc.

Tee-Auswahl

Sortieren
Basteln

Eine bunte Auswahl von Teebeuteln wird nach verschiedenen Kriterien sortiert. Anschließend wird der Lieblingstee gekocht.

Material

- unterschiedliche Früchte- und Kräutertees in Teebeuteln sowie die Schachteln, in denen die Beutel verpackt waren
- Bastelpapier
- Zeitschriften
- Klebstoff
- Scheren
- Buntstifte, Bleistifte, Filzstifte etc.
- Aufkleber und Etiketten
- heißes Wasser, Teetassen, Honig (Aufsicht eines Erwachsenen)

Anleitung

1. Die verschiedenen Teebeutel werden aus ihren Schachteln und Verpackungen genommen.

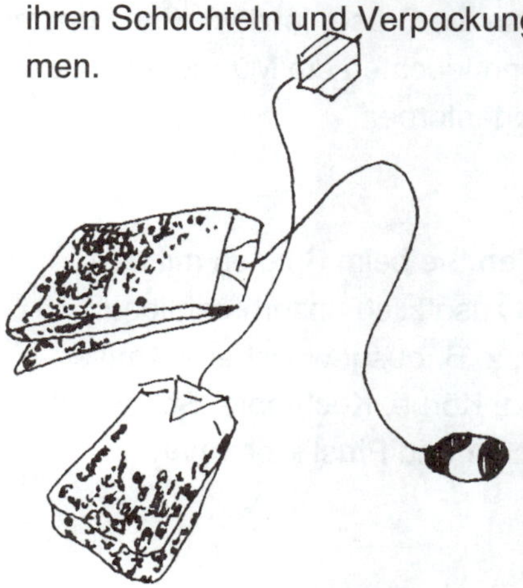

2. Zunächst beschäftigen sich die Kinder mit den Teebeuteln: Sie mischen und stapeln die Beutel und sortieren und gruppieren sie nach ihren unterschiedlichen Eigenschaften (Duft, Konsistenz, Aussehen von Etikett und Papierhülle, Farbe, ...). Ältere Kinder können die Beutel auch zählen.
3. Anschließend werden die Teeschachteln mit Filzstiften, Buntstiften, Auklebern und selbst ausgeschnittenen Formen aus Bastelpapier beklebt und verziert. In diesen Schmuckschachteln können die Teebeutel aufbewahrt werden.
4. Lassen Sie die Kinder einen Tee auswählen und brühen Sie ihn in einer Kanne auf. Wer möchte, kann Honig hinzufügen. Nach der Arbeit können dann alle den Tee genießen.

Variationen

- Die Kinder verzieren andere Behälter zum Aufbewahren des Tees, z. B. saubere Kaffeedosen, Plastikbehälter mit Klappdeckel oder Glasgefäße.
- Die Kinder versuchen, mit geschlossenen Augen und nur mit Hilfe ihrer Nase und Finger die Teesorte zu erraten, die ihnen ein anderes Kind gegeben hat.

3+

Murmelgläser

Sortieren
Basteln

Material

- ein mit einem Handtuch bedecktes Tablett
- Marmeladengläser o. Ä.
- Murmeln (mehrere unterschiedliche Sorten)
- Farben und Pinsel oder Buntstifte
- einfache Klebeetiketten
- durchsichtige Klebefolie (nicht unbedingt notwendig)

Anleitung

Die Murmeln sortieren und ordnen

1. Schütten Sie die Murmeln auf das Tablett.
2. Lassen Sie die Kinder zunächst mit den Murmeln spielen, sie sortieren und paar- oder gruppenweise anordnen.

Einzigartige Murmelgläser basteln

1. Ein Glas wird mit Murmeln gefüllt.
2. Dann lassen die Kinder so viel Wasser in das Glas laufen, dass alle Murmeln vollständig bedeckt sind.
3. Schrauben Sie den Deckel fest zu.
4. Zur Verzierung kann ein Band oder ein Stoffrest um den Deckel gebunden werden.
5. Mit Farben oder Stiften bemalen die Kinder ein Klebeetikett mit einem Bild oder Muster und kleben es auf das Glas. Das Etikett kann auch beschriftet werden, z. B. mit „Lauras und Christians Regenbogenglas". Es kann mit einem Stück Klebefolie überklebt werden, damit es nicht verschmiert.
6. Wenn man die Gläser jetzt vor das Fenster stellt, dann leuchten die Murmeln in allen Regenbogenfarben.

Variation

- Verwenden Sie beim Spielen mit den Murmeln zusätzlich unzerbrechliche Behälter, z. B. ausgewaschene Konservendosen, Körbe, Kochtöpfe, Schachteln, Messbecher und Plastikröhrchen.

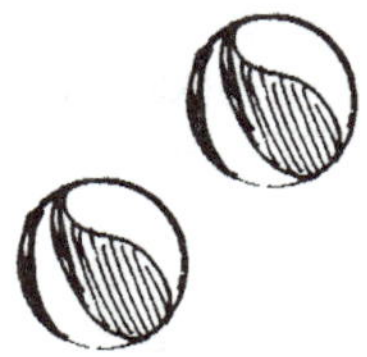

Überraschungstisch

Sortieren
Rubbeln

Es macht den Kindern viel Spaß, Gegenstände und Formen zu verstecken und dann mithilfe von Rubbelbildern wieder zu entdecken.

Material

- verschiedene flache Gegenstände mit interessanten Oberflächen und Formen, z. B. Sandpapier, Gummibänder, Büroklammern, Garn, Konfetti, Schablonen, Papierformen, Blätter
- einen Kindertisch mit glatter Oberfläche
- ein großes, helles Blatt Papier oder Tapete
- dicke Wachs- oder Buntstifte
- Klebeband

Anleitung

1. Die Kinder oder ein Erwachsener breiten alle Überraschungsgegenstände auf dem Tisch aus und ordnen sie in verschiedenen Mustern oder Gruppierungen an. Sie können sie ruhig länger herumschieben, bis sie sich für ein Muster entscheiden.
2. Legen Sie vorsichtig (ohne zu viel Wind zu machen und die Gegenstände vom Tisch zu fegen) das große Blatt Papier über die Überraschungen, bis sie alle bedeckt sind.
3. Kleben Sie die Ecken und Ränder des Papiers am Tisch fest, damit es nicht verrutscht und niemand schummeln kann.
4. Lassen Sie die Kinder nun mit den Stiften über das Papier rubbeln und dabei beobachten, wie die Überraschungen sich abzeichnen. Sie sollten auch mit den Händen über das Papier tasten, damit wirklich alle verborgenen Überraschungen abgebildet werden.
5. Lassen Sie den Überraschungstisch eine Zeit lang stehen, damit sich die Kinder an der ausgefallenen Tischdekoration erfreuen können, oder hängen Sie das Rubbelbild an die Wand.

Variationen

- Verstecken Sie jeweils mehrere gleichartige Gegenstände und lassen Sie die Kinder hinterher feststellen, wo gleiche und wo unterschiedliche Gegenstände liegen.
- Verwenden Sie das Rubbelbild als Geschenkpapier. Wenn nötig, können Sie es dazu in kleinere Stücke schneiden.
- Die Kinder malen das Rubbelbild mit Wasser- oder Temperafarben an.

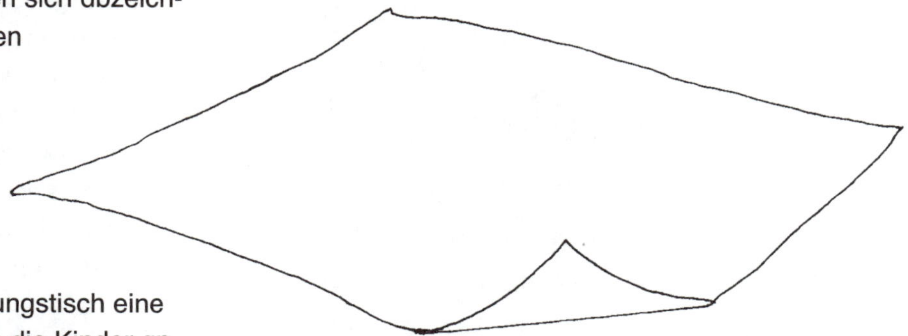

3+

Garn, Stück für Stück

Sortieren
Basteln

Die Kinder sortieren für eine Collage verschiedene Stücke Garn nach ihrer Länge – eine gute Vorübung für das Messen von Längen.

Material

- Garn in verschiedenen Längen und Farben
- Scheren
- drei große Briefumschläge
- Buntstifte in verschiedenen Farben
- Fotokarton oder Bastelpapier
- Klebstoff (am besten in einer Flasche)

Anleitung

Das Garn sortieren

1. Zuerst schneiden die Kinder das Garn in verschiedene Längen.
2. Dann sortieren sie es in lange, mittlere und kurze Stücke.
3. Anschließend füllen sie je einen Umschlag mit Garn in einer Länge.
4. Nun verzieren sie die Umschläge nach der Länge der darin enthaltenen Garne. Sie können z. B. ein entsprechendes Stück Garn auf den Umschlag kleben.

Die Garn-Collage anfertigen

1. Die Kinder zeichnen mit Klebstoff ein Muster auf den Fotokarton. Sie sollten dabei langsam vorgehen und dicke Linien zeichnen.
2. Dann legen sie nach und nach Garnstücke auf den Klebstoff. Das Ganze muss gut trocknen, am besten über Nacht.
3. Wenn das Garnbild trocken ist, können die Kinder zwischen die einzelnen Garnstücke Muster mit Buntstiften malen. Sie können auch die Garnstücke anmalen.

Variationen

- Die Kinder legen mit dem Garn ein gegenständliches Bild, z. B. eine Blume, ein Tier oder ein Haus. Dann füllen sie die Zeichnung mit klein geschnittenem Garn, farbigem Sand oder Collagematerialien aus.

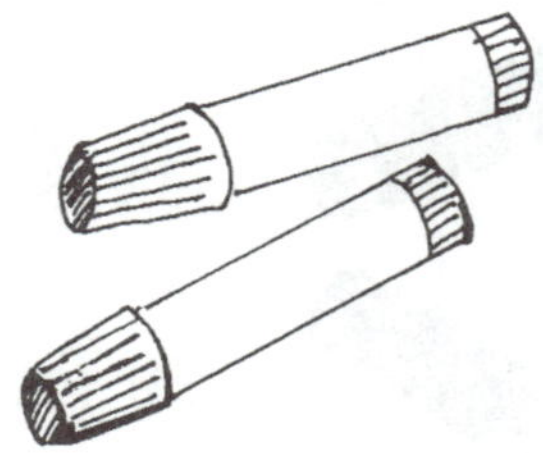

Lustige Steingesichter

Sortieren
Malen

Die Kinder werden über die Gesichter und Gestalten, die sie mit Stift und Farbe auf Stein bannen, begeistert sein. Anschließend können die Kunstwerke sortiert und unterschiedlich angeordnet werden.

Material
- Steine und Kiesel (möglichst glatt und flach)
- Wasser, Scheuerbürsten und Handtücher zum Waschen der Steine
- wasserfeste Farbe oder Lack, z. B. ungiftige Acrylfarbe, Emaillelack oder Nagellack
- Pinsel
- dünne, wasserfeste Filzstifte in verschiedenen Farben
- Zeitungspapier zum Abdecken der Arbeitsfläche
- eine Schachtel, z. B. einen Schuhkarton

Anleitung
1. Sammeln Sie mit den Kindern draußen eine große Auswahl verschiedener Steine und Kiesel.
2. Die Steine werden gesäubert und abgetrocknet.
3. Danach können die Kinder die Oberfläche jedes Steins anmalen – einfarbig oder bunt. Lassen Sie die Farbe trocknen, am besten über Nacht, bis sie hart und glänzend ist.
4. Wenn die Steine trocken sind, malen die Kinder mit wasserfesten Filzstiften verschiedene Gesichter darauf, z. B. glückliche, ängstliche, schläfrige, traurige, wütende und überraschte. Die Steine können auch mit anderen Bildern geschmückt werden, z. B. kleinen Hunden und Katzen, Fischen, Blumen, Sonne, Mond und Sternen.
5. Nun können die Kinder die Steine sortieren und unterschiedlich anordnen. Sie können Muster, Kreise und Haufen legen oder sie aufeinander stapeln.
6. Bewahren Sie die „lustigen Steingesichter" anschließend in einer Schachtel auf. Diese können die Kinder noch mit einem Steingesicht auf der Vorderseite und auf den Seiten versehen, damit der Inhalt der Schachtel leicht ersichtlich ist, wenn Sie sie in einem Regal aufbewahren.

Variationen
- Die Kinder sammeln größere Steine, Muscheln, getrocknete Baumrinde oder andere Dinge aus der Natur, und malen sie wie die „lustigen Steingesichter" an. Dann können sie auch diese Objekte sortieren und damit spielen.

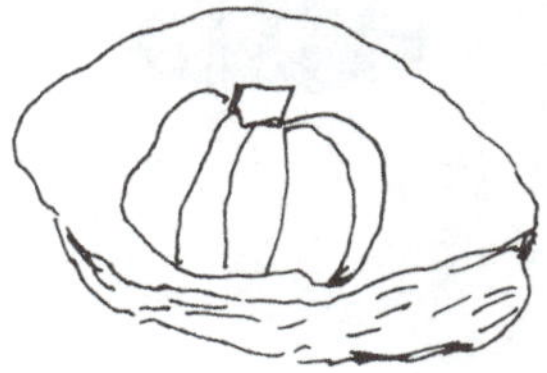

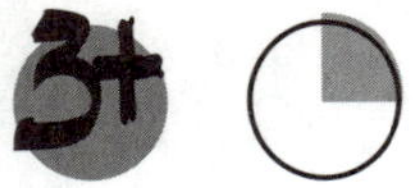

Kreisbilder

Sortieren
Malen

Die Kinder ziehen Kreisformen nach und malen die Umrisse dann aus. Dabei sammeln sie weitere Erfahrungen im Sortieren und erhalten nebenbei ein leuchtend buntes Bild.

Material

- Bunt- oder Bleistifte
- runde Gegenstände zum Zeichnen von Kreisen, z. B. Schalen, Deckel von Marmeladengläsern, Kochtöpfe, Pappkreise, Plastikbecher, Dosen, Gläser
- Papier
- Farben und Pinsel

Anleitung

1. Die Kinder ziehen die Konturen der runden Gegenstände mit Bleistift oder Buntstift nach, bis das ganze Blatt Papier mit Kreisen bedeckt ist. Sie können dabei ein Zufallsmuster entwerfen oder gezielt vorgehen. Anfangs sollten sich die Kreise nicht berühren. Später können die Kreise einander dann überlappen.
2. Danach wählen die Kinder eine Farbe aus und malen eine Gruppe von Kreisen an.
3. Dann suchen sie sich eine weitere Farbe aus und malen eine andere Kreisgruppe an. Anschließend können sie noch weitere Farben aussuchen oder aber sich mit diesen zwei Farben begnügen.
4. Lassen Sie das Bild trocknen.

Variationen

- Verwenden Sie andere Grundformen, z. B. Dreiecke, Achtecke oder Fantasieformen.
- Verwenden Sie Formen in verschiedenen Größen und lassen Sie die Kinder jede Größe in einer anderen Farbe anmalen.

Schwammdruck

3+

Sortieren
Drucken

Die Kinder stellen mit Schwämmen unterschiedlicher Form einen bunten Schwammdruck her und sortieren dabei nach Farbe.

Material

- Schwämme, in verschiedene Formen geschnitten (z. B. Kreise, Vierecke, Dreiecke)
- Temperafarben in ebenso vielen Farbtönen (z. B. rot, blau, gelb), jeder Farbton in einem eigenen flachen Behälter
- Papier zum Bedrucken
- Zeitungspapier zum Abdecken der Arbeitsfläche

Anleitung

1. Die Kinder suchen sich zunächst eine Druckform aus und machen damit einen Abdruck mit jeder Farbe. Die Abdrücke sollen so verteilt sein, dass noch Raum zwischen ihnen ist.
2. Nun suchen die Kinder sich eine zweite Form aus und machen mit dieser Form weitere Abdrücke. Sie sollten dabei versuchen, die Abdrücke nach den Farben zu ordnen und z. B. ein blaues Viereck neben einen blauen Kreis drucken.
3. Wenn das Bild fertig ist, zeigt es eine Gruppe roter, eine Gruppe gelber und eine Gruppe blauer Formen.

Variationen

- Mit kleineren Kindern können Sie auch nur eine Form und zwei Farben oder zwei Formen und zwei Farben verwenden.
- Bunte Abdrücke können entsprechend auch nach Formen sortiert werden.

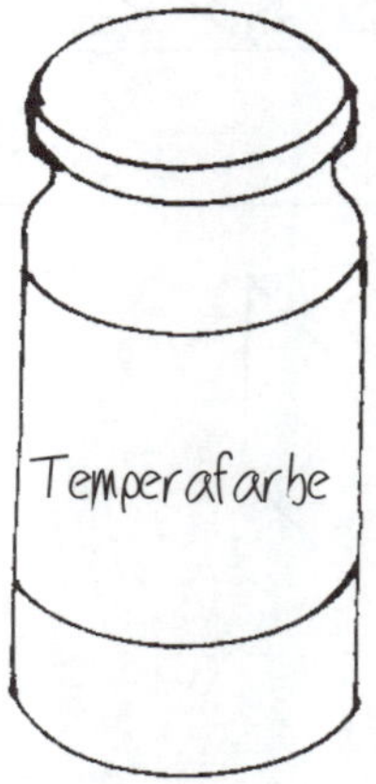

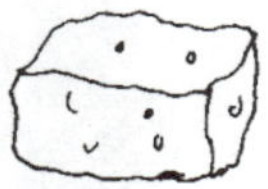

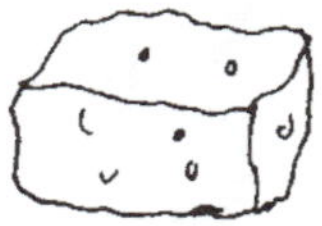

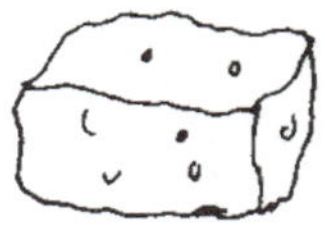

Holzstempelbilder

Sortieren
Drucken

Die Kinder drucken ein Bild mit einer Form in verschiedenen Farben und lernen so, nach Farben zu sortieren.

Material

- Holzklötze
- dicke Pappe
- Klebstoff
- Temperafarben (Schul-Tempera)
- Scheren
- Papier
- Pinsel
- Papiertücher

Anleitung

Den Holzstempel basteln

1. Zuerst schneiden die Kinder Formen, z. B. Kreise und Dreiecke oder Fantasieformen, aus der Pappe. Die Formen müssen so klein sein, dass sie alle auf eine Seite des Holzklotzes passen.
2. Dann kleben die Kinder die Formen auf eine Seite des Klotzes und lassen sie gut antrocknen.

Drucken

1. Die Kinder tragen eine Farbe mit dem Pinsel auf dem Stempel auf.
2. Nun machen die Kinder mehrere Stempelabdrücke auf das Papier. Vor einem Farbwechsel wird der Stempel mit einem Papiertuch abgewischt.
3. Die fertigen Bilder können nach Farben oder Mustern sortiert werden; einzelne Motive können dazu auch ausgeschnitten werden.

Variationen

- Die Kinder fertigen für jede Farbe einen eigenen Holzstempel an. Dann brauchen sie die Stempel zwischen den einzelnen Arbeitsschritten nicht zu reinigen.

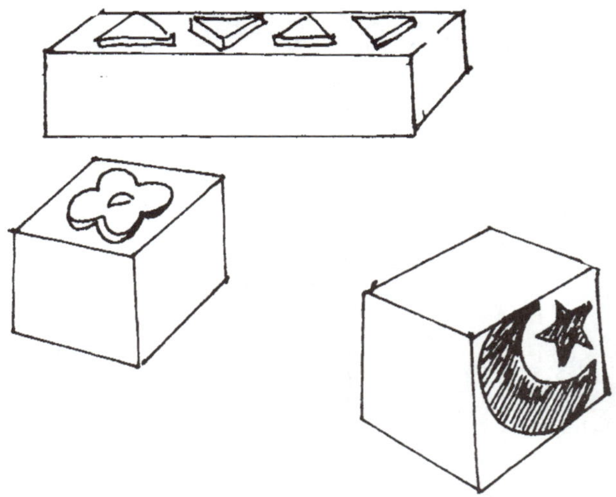

Papierskulptur

3+

Sortieren
Skulptur

Die Kinder sortieren Papierreste nach Farben und basteln daraus anschließend dreidimensionale Skulpturen.

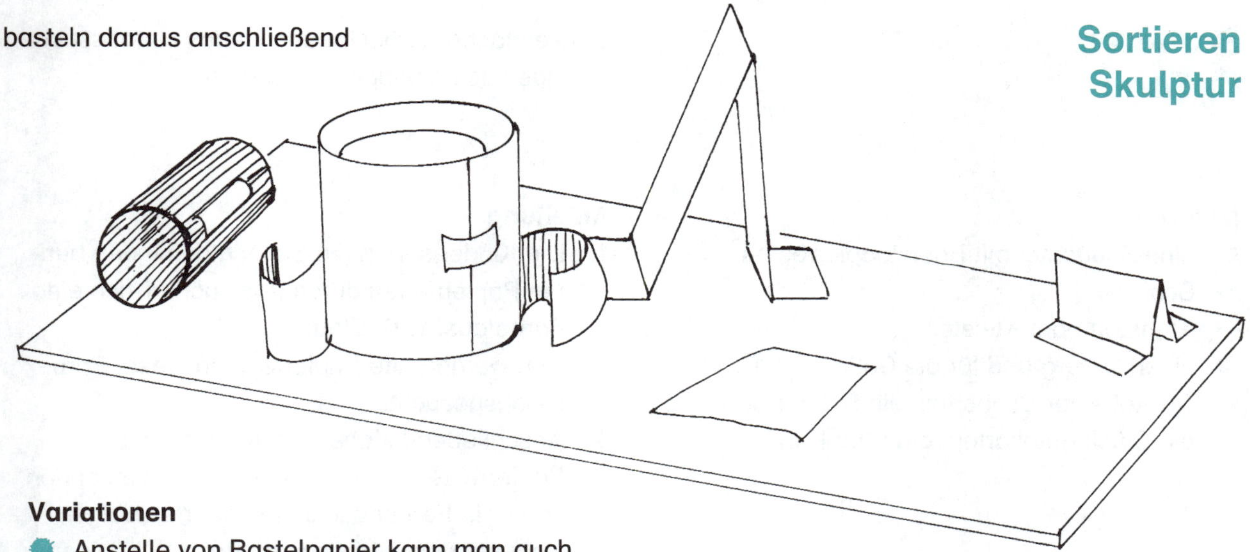

Material

- Bastelpapier in verschiedenen Farben
- eine dicke Pappe als Untergrund
- Klebstoff
- einen Hefter
- Klebeband
- Scheren

Anleitung

1. Die Kinder schneiden das Bastelpapier in verschiedene Formen.
2. Anschließend werden die Formen nach ihren Farben sortiert und gestapelt.
3. Die Papierstücke werden nun (nach Farben getrennt) bearbeitet: geknüllt, geknickt, gerollt, eingefranst, …
4. Diese „Bausteine“ werden dann zu einfarbigen, dreidimensionalen Gebilden zusammengeklebt.
5. Wenn die Skulpturen getrocknet sind und fest aneinander kleben, werden sie auf den Pappuntergrund geklebt oder geheftet.

Variationen

- Anstelle von Bastelpapier kann man auch Wellpappe benutzen, die vorher mit leuchtenden Farben bemalt wurde.
- Nehmen Sie Knetmasse anstelle von Papier und machen Sie eine Knetskulptur.
- Für eine Gemeinschaftsskulptur entwirft jedes Kind eine eigene Papierskulptur auf einem Stück Tonpapier. Dann werden alle Skulpturen an einer Pinnwand oder auf einer Hozplatte zu einem Gemeinschaftswerk zusammengefügt.

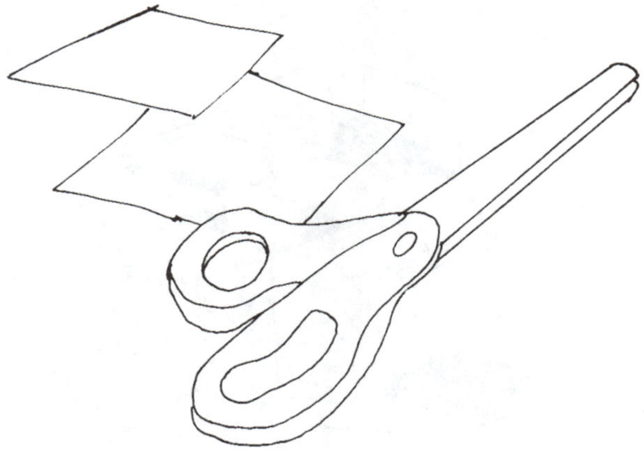

3+

Einfarbige Muster

Sortieren
Collage

Eine einfache Sortier-Übung ist das Heraussuchen von gleichfarbigen Papierresten, die zu einer Collage zusammengestellt werden.

Material

- eine Schachtel mit Bastelpapierresten
- Scheren
- Klebstoff oder Kleister
- einen Untergrund für die Collage, z. B. den Deckel einer Schachtel, ein Stück Pappe, ein Stück Fotokarton, ein Blatt Papier

Anleitung

1. Die Kinder sehen die Schachtel mit den bunten Papierresten durch und suchen sich eine Farbe aus, z. B. Blau.
2. Nun werden alle Papierreste in dieser Farbe herausgesucht.
3. Anschließend kleben die Kinder diese Papierreste auf die Pappe. Die Reste können vorher in Form geschnitten oder so aufgeklebt werden, wie sie sind. Beim Schneiden und Kleben hat die Fantasie freien Lauf.
4. Lassen Sie die Collage trocknen.

Variationen

- Teilen Sie ein großes Blatt Papier in zwei oder vier Abschnitte. Die Papierreste werden dann in zwei oder vier Farbgruppen sortiert und in die einzelnen Abschnitte auf der Unterlage geklebt.
- Es können auch andere Gegenstände mit einer gemeinsamen Eigenschaft für eine Collage herausgesucht werden.
  Einige Beispiele:
  - Alle glänzenden Perlen einer Perlensammlung werden auf eine Pappe geklebt.
  - Alle gelben Herbstblätter werden aufgeklebt.
  - Aus einer Blättersammlung werden alle Ahornblätter herausgesucht und aufgeklebt.

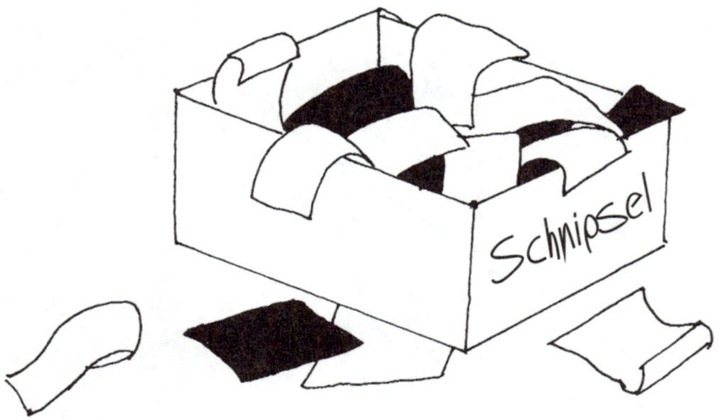

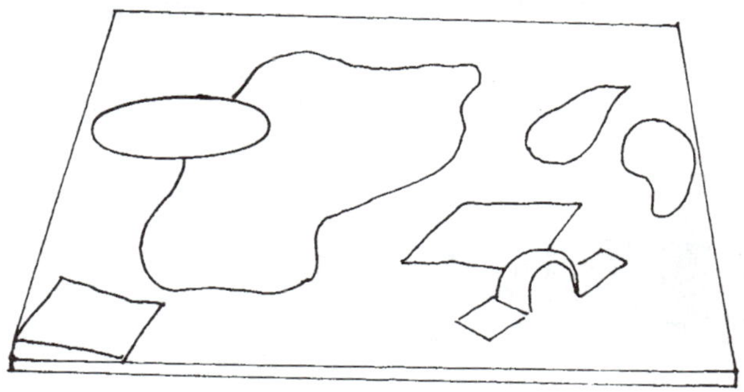

Papierschnipselbild

3+

Bei dieser Aktivität werden zuerst Formen aus Papier ausgeschnitten und dann sortiert und in einem Muster aufgeklebt.

Sortieren
Collage

Material

- Papier oder Fotokartonreste in verschiedenen Farben
- Scheren
- Klebstoff oder Kleister
- Plastikbeutel

Anleitung

1. Die Kinder schneiden aus dem Papier oder Karton kleine Formen aus.
2. Dann werden die Schnipsel nach Ähnlichkeit in Farbe, Größe, Form oder Dicke sortiert.
3. Anschließend kleben die Kinder Papierschnipsel mit ähnlichen Eigenschaften zu einem Muster oder einer Skulptur auf ein Blatt Papier.
4. Lassen Sie das Kunstwerk gut trocknen.
5. Bewahren Sie die restlichen Papierschnipsel in Plastikbeuteln auf.

Variationen

- Ein Erwachsener kann weitere Papierformen mit einem Papierschneider schneiden.
- Die Kinder nähen mit einer großen Nadel und dickem Faden die Papierschnipsel zu einer Kette oder Girlande zusammen.
- Breiten Sie ein Stück Garn auf einem Tisch aus und kleben Sie die Enden am Tisch fest. Die Kinder kleben die Papierschnipsel auf das Garn. Anschließend kann man die Girlande an der Decke aufhängen.
- Anstelle von Papier kann man auch Stoffreste verwenden. Diese können zusätzlich auf Fotokarton geklebt werden, damit sie dicker und stabiler sind.

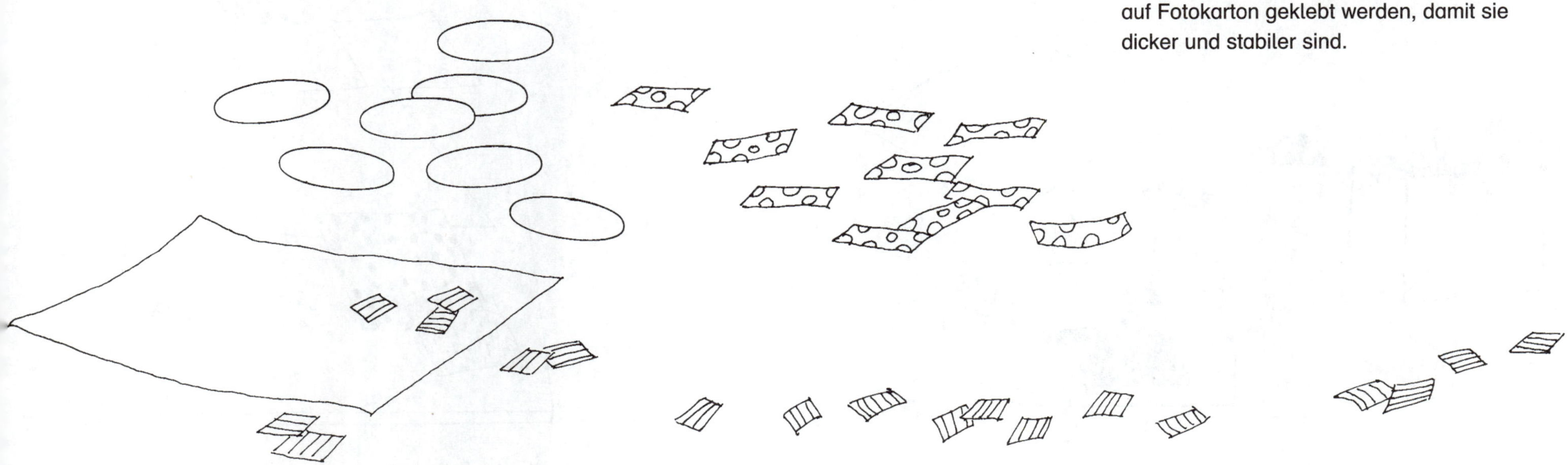

Papiercollage aus Vierecken

3+

Sortieren
Collage

Die Kinder sortieren Papierstücke mit derselben Form. So wird die Aufmerksamkeit auf die Eigenschaften „Farbe“ und „Größe“ gelenkt.

Material

- unterschiedliches Papier in verschiedenen Farben
- eine Unterlage für das Bild, z. B. Fotokarton, Pappe oder Bastelpapier
- Scheren
- Plastikbeutel oder Plastikbehälter
- Klebstoff

Anleitung

1. Die Kinder schneiden das Papier in unterschiedlich große Vierecke.
2. Anschließend werden die Vierecke nach Farbe und Größe sortiert.
3. Zum Schluss kleben die Kinder die Papiervierecke zu einem Muster auf Fotokarton oder Pappe.

Variationen

- Anstelle der Vierecke kann man Dreiecke, Kreise oder andere Formen nehmen.
- Die Kinder bemalen die Papierformen, bevor sie sie aufkleben.
- Die Kinder verzieren die Formen vor oder nach dem Festkleben mit Aufklebern.
- Erwachsene können mit Hilfe eines Papierschneiders für kleinere Kinder identische Größen zuschneiden.

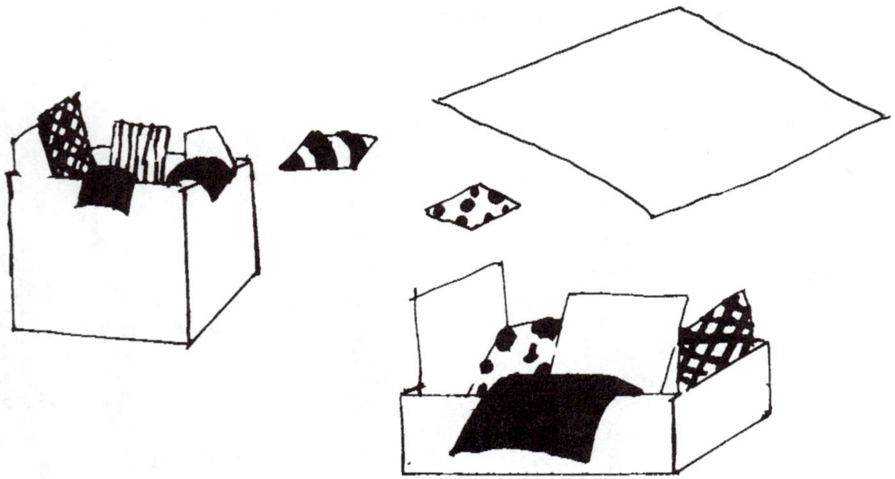

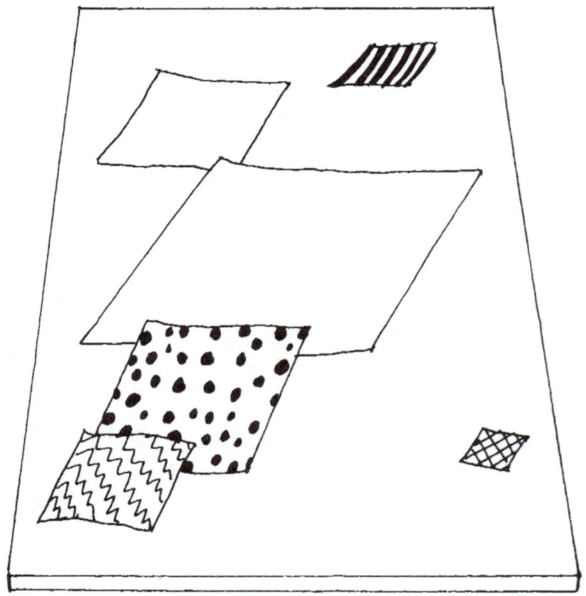

Federbild

Sortieren
Collage

Die Kinder lieben Federn, weil sie so weich sind und man sich herrlich damit kitzeln kann. Gleichzeitig sind sie ein wundervolles Bastelmaterial und können nach vielen Kriterien sortiert werden.

Material

- Federn (selber sammeln oder im Bastelgeschäft erhältlich)
- Klebstoff
- dickes Papier oder Plakatkarton
- Buntstifte oder Farben und Pinsel
- durchsichtige Gefäße aus Plastik oder Glas, z. B. leere Marmeladengläser

Anleitung

1. Die Kinder sortieren die Federn nach Größe, Form oder Farbe in die leeren Gefäße.
2. Anschließend kleben sie Federn mit einer gemeinsamen Eigenschaft zu einem Muster oder Bild auf ein Blatt Papier. Sie kleben z. B. lange rote und lange blaue Federn zu einem Muster zusammen, weil sie alle die Eigenschaft „lang“ besitzen. Dann kleben sie kurze gelbe, kurze blaue, kurze rote und kurze weiße dazu.
3. Das Bild muss kurz antrocknen. Dann kann es zusätzlich mit Buntstiften, Filzstiften oder Farben verziert werden.

Variationen

- Die Kinder heften die Federn auf eine Spanplatte, die mit hellem Papier überzogen ist. Auch hier werden die Federn nach gleichen Eigenschaften angeordnet.
- Für ein großes Federnbild bedecken Sie einen Tisch mit Packpapier. Die Kinder sortieren die Federn nach Größe, Form oder Farbe. In Gemeinschaftsarbeit wird das Bild aus Federn (und möglicherweise auch anderen Materialien) entworfen und auf das große Blatt Papier geklebt. Lassen Sie das Ganze gut trocknen. Dann können Sie eine Wand oder Tür damit schmücken.

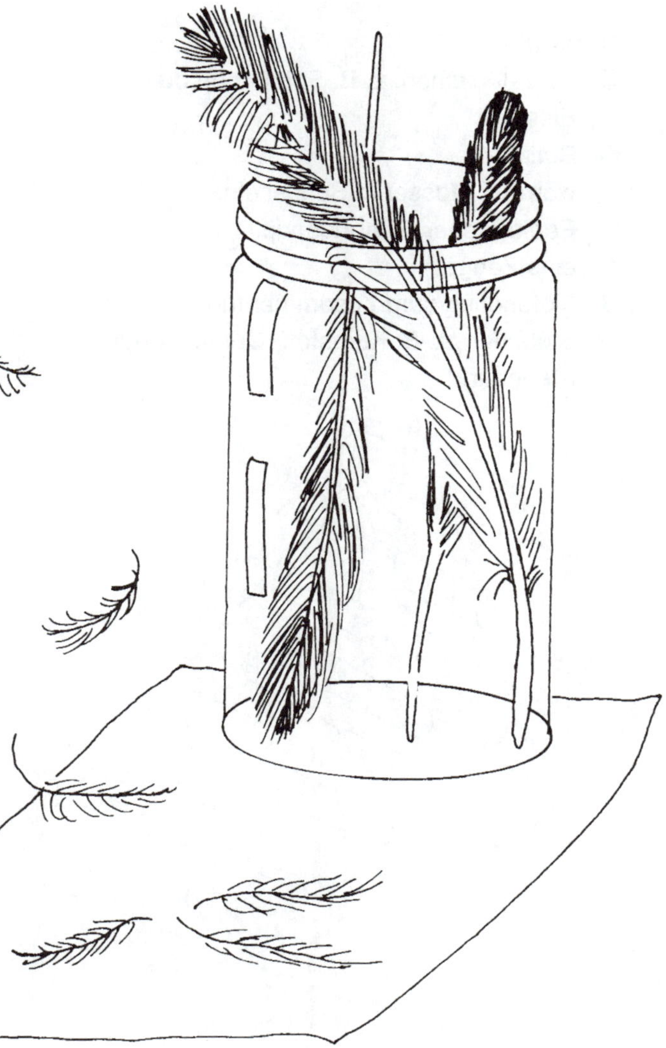

Bunte Holzstöckchen

Sortieren
Skulptur

Die Kinder sortieren Holzstöckchen und basteln damit eine Skulptur. Dabei üben sie sich darin, auf Farbunterschiede zu achten.

Material

- Holzstöckchen, z. B. Spießchen oder Eisstiele
- Batikfarbe
- warmes Wasser in Schüsseln
- Papiertücher, Zeitungspapier
- eine Zange
- Materialien zum Zusammenfügen der Stäbchen, z. B. Klebstoff, Gummibänder, Klebeband

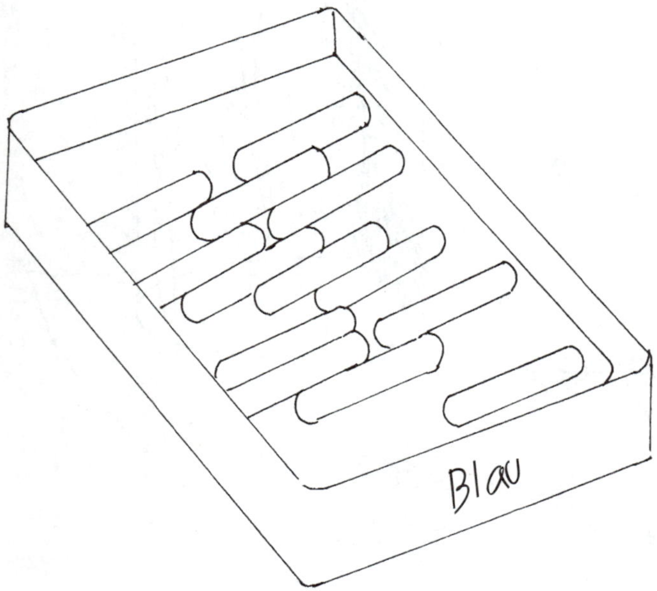

Anleitung

Die Holzstöckchen färben

1. Lösen Sie die Farbe im warmen Wasser auf. Für jede Farbe sollten Sie eine eigene Schüssel verwenden.
2. Nun werden die Holzstöckchen in das Färbebad gelegt. Sie sollten vollständig mit Flüssigkeit bedeckt sein.
3. Nehmen Sie die Stiele mit Hilfe der Zange heraus und legen Sie sie auf das Zeitungspapier, damit sie über Nacht trocknen können.

Die Skulptur bauen

1. Wenn die Stöckchen trocken sind, können die Kinder sie bündeln, gruppieren, sortieren, stapeln und auf verschiedene Art und Weise anordnen.
2. Anschließend können sie die Stiele als Flachbild oder zu einer Skulptur zusammenfügen. Ein Bild können sie auf Pappe oder Papier kleben, eine Skulptur auf einen selbst gebauten „Sockel" aufkleben, wie es in der Abbildung gezeigt ist.

Variationen

- Die Holzskulpturen können mit Aufklebern, farbigen Papierschnipseln, Nähmaterialien, Spitze, Glitter oder anderen Collagematerialien verziert werden.
- Die Kinder sortieren die Holzstöckchen nach Farbe, Größe, Form oder anderen Eigenschaften. Dann kleben sie sie so auf ein Stück Holz oder Pappe, dass sie nach ihren Eigenschaften angeordnet sind.

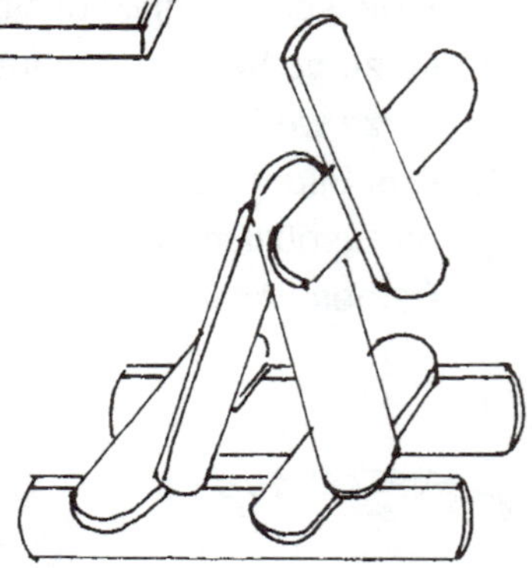

Buntes Zahnstocherbild

Sortieren
Collage

Nachdem die Kinder Zahnstocher in einer Farbe heraussortiert haben, können sie daraus ein schönes Bild kleben.

Material

- eine Schachtel Zahnstocher (Vorsicht mit den spitzen Enden!)
- Batikfarbe
- ein großes Tablett (nicht unbedingt notwendig)
- Klebstoff
- Bastelpapier oder anderes dickes Papier

Anleitung

1. Färben Sie die Zahnstocher in einem Bad aus Batikfarbe und lassen Sie sie auf Zeitungspapier trocknen.
2. Kippen Sie die bunten Zahnstocher aus der Schachtel auf einen Tisch oder ein großes Tablett.
3. Die Kinder sortieren die Zahnstocher nach ihren Farben.
4. Anschließend kleben sie gleichfarbige Zahnstocher zu einem Bild auf ein Blatt Papier.
5. Lassen Sie das Bild gut trocknen. Das dauert in der Regel mehrere Stunden.

Variationen

- Die Kinder malen die Zwischenräume zwischen den Zahnstochern bunt aus oder kleben farbigen Sand oder Glitter darauf. Dann wird das Bild farbenfroh.
- Die Kinder stecken Zahnstocher in Styroporblöcke und machen daraus eine Zahnstocherskulptur.
- Die Kinder ergänzen weitere Materialien, die sie vorher nach ihrer Farbe sortiert haben, z. B. Papiervierecke, Aufkleber oder Perlen. Sie kleben sie zusammen mit den Zahnstochern zu einem Bild.

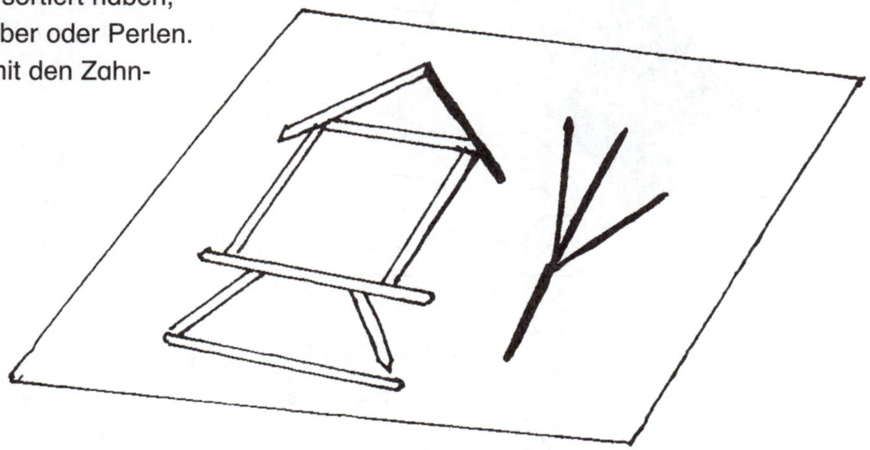

3+

Papiersammlung

Sortieren
Collage

Wenn die Kinder verschiedene Papiersorten nach ihren Gemeinsamkeiten und Unterschieden sortieren und danach für eine Collage verwenden, können sie sich hervorragend im Vergleichen üben.

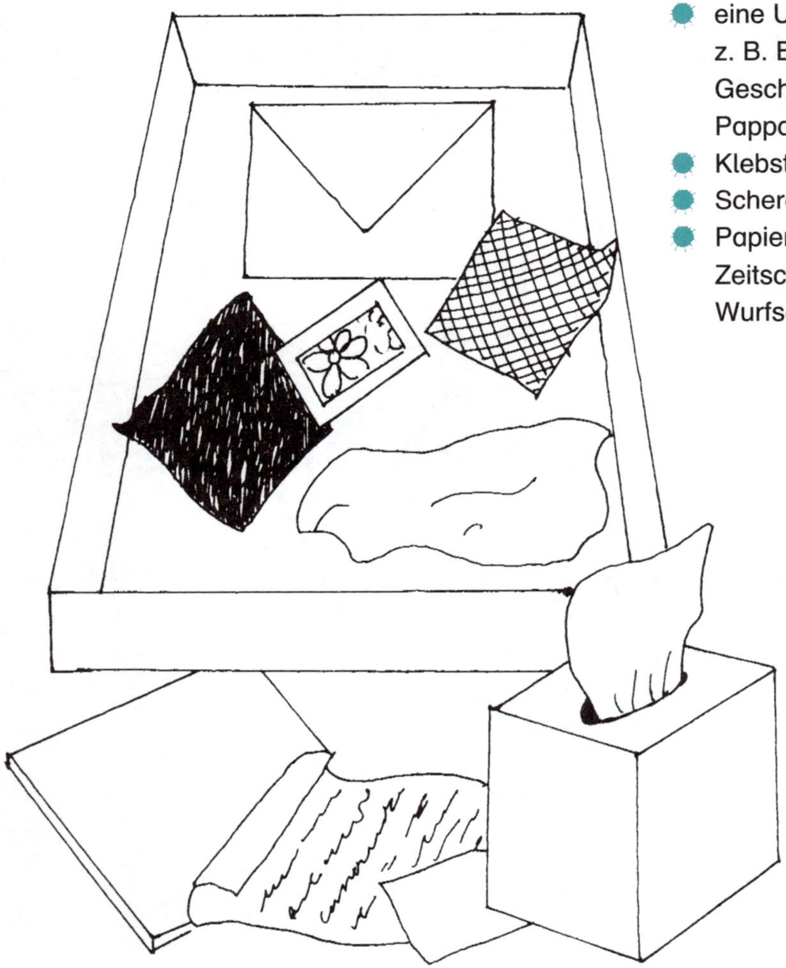

Material

- eine Unterlage für die Collage, z. B. Bastelpapier, Pappe, Fotokarton, eine Geschenkschachtel, glattes Holz, einen Pappordner
- Klebstoff oder Kleister
- Scheren
- Papier, z. B. Seidenpapier, Bilder aus Zeitschriften, Fotos, Ansichtskarten, Tapete, Wurfsendungen, Geschenkpapier

Anleitung

1. Die Kinder sortieren das Papier, z. B. nach Farbe, Muster des Papiers, Papierart, Oberflächenbeschaffenheit (glänzend oder matt), Dicke.
2. Dann kleben die Kinder ausgewählte Papierreste auf die Unterlage – entweder in Gruppen sortiert oder zu einem neuen Muster angeordnet.

Variationen

- Die Kinder wählen geeignete Bilder aus Zeitschriften oder Katalogen aus, um eine „High-Tech-Figur“ zu entwerfen. Der Körper besteht z. B. aus einer Computerabbildung, die Arme aus Videorecordern, die Füße aus Telefonen.
- Überziehen Sie ein Stück Pappe mit einfarbigem Papier. Darauf kleben die Kinder kleine Vierecke aus verschiedenfarbigem Papier zu einem Muster oder Bild. Zwischen den Vierecken sollten Stücke des Papieruntergrundes sichtbar sein.

Klebefoliencollage

Die Kinder sortieren Papierreste und kleben daraus eine bunte Collage auf selbstklebende Folie.

Sortieren
Collage

Material

- eine Papiersammlung, z. B. mit Seidenpapier in verschiedenen Farben, Bildern aus Zeitschriften, Fotos, Wurfsendungen, Ansichtskarten, Tapete
- ein Stück durchsichtige, selbstklebende Folie, ca. 30 x 30 cm groß
- Scheren
- kleine Stücke Garn oder Band
- einen Locher (nicht unbedingt notwendig)

Anleitung

1. Die Kinder suchen aus der Sammlung Papiersorten mit unterschiedlicher Farbe, Dicke und Beschaffenheit heraus. Es sollte auch glänzendes, aufgerautes oder gemustertes Papier dabei sein.
2. Das Papier wird in unterschiedliche Formen geschnitten.
3. Anschließend sortieren die Kinder die Papierstücke nach beliebigen Kriterien in verschiedene Gruppen.
4. Ziehen Sie nun von einer Hälfte der Klebefolie das Schutzpapier ab. Die nun freiliegende Klebefläche ist die Unterlage für das Bild.
5. Die Kinder kleben jetzt die Papierstücke direkt auf die Klebefolie, entweder nach ihrer vorherigen Gruppierung oder zu einem beliebigen Muster.
6. Wenn das Bild fertig ist, ziehen Sie die zweite Hälfte des Schutzpapiers ab. Dann legen Sie sie sorgfältig über das Bild. Drücken Sie die beiden Seiten aneinander. Falten und überstehende Ecken lassen sich leider nicht ganz vermeiden.
7. Zum Schluss schneiden die Kinder die Ecken des Bildes zurecht. Wenn sie möchten, können sie auch ein Loch in das Bild lochen, einen Faden durchziehen und das Bild ins Fenster oder vor eine Lampe hängen.

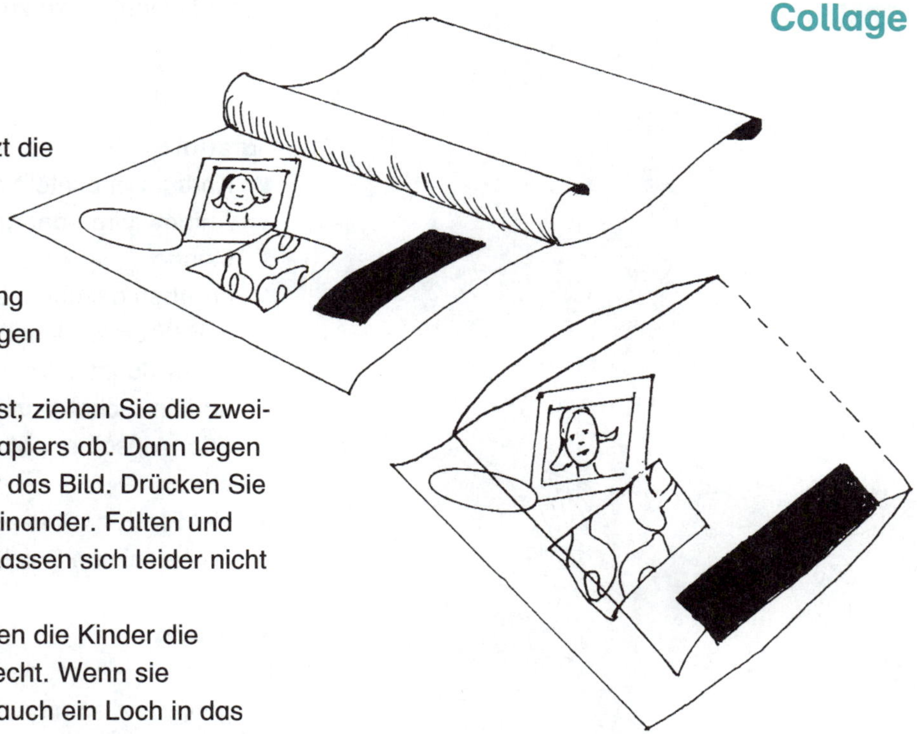

Naturcollage

3+

Sortieren
Collage

Kinder lieben es, draußen eine richtig große Collage aus Naturmaterialien zusammenzustellen. Nebenbei lernen sie zu sortieren und ein Bild auf großem Raum anzulegen.

Material

- Körbe, Schachteln oder Taschen zum Aufbewahren der gesammelten Gegenstände
- draußen gesammelte Naturmaterialien, z. B. Steine, Kiesel, Stöcke, Zweige, getrocknete Pflanzen, Tannenzapfen, Tannennadeln, Schalen von Nüssen o. Ä., Blätter, Pflanzensamen, Muscheln, Gräser, Herbstblätter
- viel Platz, z. B. in einem Garten, auf einer Wiese, einem Spielplatz oder einem Feld

Anleitung

1. Machen Sie mit den Kindern einen Spaziergang, und sammeln Sie Naturmaterialien. Achten Sie darauf, dass die Kinder dabei schonend mit der Natur umgehen.
2. Bringen Sie die gesammelten Materialien an eine Stelle, die ausreichend Platz bietet. Dort können die Kinder die Materialien sortieren und auf dem Boden zu einer Collage arrangieren.
3. Lassen Sie die Collage eine Zeit lang liegen, damit sich alle daran erfreuen können. Doch räumen Sie am Ende die Fläche wieder auf, und nehmen Sie die Materialien mit, bevor sie vom Wind weggeblasen werden.

Variationen

- Sammeln Sie draußen nur eine Sorte Naturmaterial, z. B. viele Gräser. Die Kinder können daraus auf Pappe oder Spanplatten eine Collage kleben.

Glänzendes Münzenbild

Die Kinder vergleichen Vorder- und Rückseite von Münzen und üben sich dabei im genauen Hinschauen, um Ähnlichkeiten und Unterschiede festzustellen.

Sortieren
Collage

Material

- Münzen (nur eine Sorte oder verschieden Währungen)
- Teppichklebeband
- Plakatkarton
- Lupen

Anleitung

1. Legen Sie alle Münzen auf den Tisch.
2. Zuerst untersuchen die Kinder die Unterschiede zwischen den Vorder- und Rückseiten der Münzen. Mit einer Lupe können sie die Details deutlicher sehen.
3. Dann werden kleine Stücke Teppichklebeband auf eine beliebige Seite jeder Münze geklebt.
4. Anschließend werden die Münzen mit dieser Seite auf die Pappunterlage geklebt. Dabei werden sie nach Vorder- und Rückseite und nach Münzsorte (wenn man unterschiedliche Münzen hat) sortiert und, wenn man möchte, zu einem Muster angeordnet.
5. Nachdem sich die Kinder eine Zeit lang an diesem glänzenden Münzenbild erfreut haben, entfernen Sie die Münzen wieder von der Pappe. Dann können Sie sie ausgeben oder für andere Aktivitäten nutzen.

Variationen

- Bevor Sie die Münzen verwenden, können Sie sie mit einer Metallpolitur behandeln, damit sie besonders schön glänzen.
- Verwenden Sie matte und glänzende Münzen und lassen Sie die Kinder die Münzen nach diesen Eigenschaften sortieren.
- Benutzen Sie auch ausländische Münzen.
- Mit Stiften oder Farbe können die Kinder die Pappunterlage um die Münzen herum bemalen.

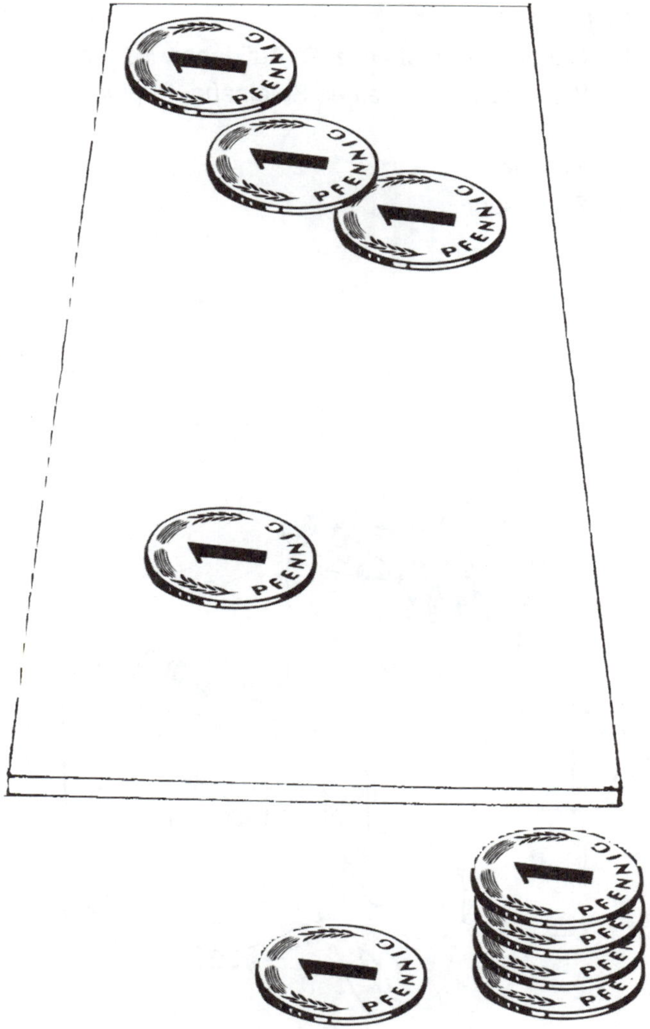

3+

Die „Gleich-oder-anders-Collage"

Sortieren
Collage

Mit der „Gleich-oder-anders-Collage“ rufen sich die Kinder gleichzeitig den Sortiervorgang ins Gedächtnis zurück und stellen ein interessantes Kunstwerk her.

Material

- Collagematerialien, z. B. Aufkleber, Perlen, Wattebäusche, kleines Spielzeug, Papierreste
- Klebstoff
- Pappteller

Anleitung

1. Der Untergrund für die Collage ist ein Pappteller, den die Kinder in der Mitte falten und wieder ausbreiten. Er wird zunächst beiseite gestellt.
2. Dann bilden die Kinder mit den Collagematerialien zwei Haufen: einen mit gleichartigen Dingen und einen mit allen anderen. Hier einige Möglichkeiten:
   • alle Knöpfe auf einen Haufen, alles andere auf den anderen Haufen;
   • alle weichen Materialien auf einen Haufen, alle harten auf den anderen;
   • alle roten Dinge auf den einen, alle andersfarbigen auf den anderen Haufen
3. Nun kleben die Kinder die gleichartigen Materialien auf die eine Hälfte des Papptellers und die Materialien, die anders sind, auf die andere Hälfte.

Variationen

- Nehmen Sie einen anderen Untergrund, z. B. ein Stück Sperrholz, auf dem die Kinder die Gegenstände festnageln können.
- Hängen Sie die sortierten Gegenstände mit Kordel oder Garn an einen Reifen oder Kleiderbügel, um ein „Gleich-oder-anders-Mobile“ herzustellen.

Die „Gleich-und-anders-Collage"

3+

Sortieren
Collage

Diese Collage erfordert mehr Aufmerksamkeit als die vorige: Bei Bildern wird sowohl nach Ähnlichkeiten als auch nach Unterschieden gesucht.

Material

- aus Zeitschriften ausgeschnittene Bilder
- Klebstoff
- Scheren
- Fotokarton
- buntes Klebeband

Anleitung

1. Breiten Sie die Zeitschriftenbilder auf dem Tisch aus. Die Kinder suchen sich daraus Bilder aus, die Gemeinsamkeiten und gleichzeitig Unterschiede haben, z. B. zwei Bilder mit Frauen, bei denen die eine braunes und die andere blondes Haar hat. Was ist die Gemeinsamkeit? Beide sind Frauen. Wo liegt der Unterschied? In der Haarfarbe.
2. Wenn die Kinder eine Auswahl dieser Bilder herausgesucht haben, können sie sie nach Lust und Laune zuschneiden und auf dem Fotokarton zu einer Collage zusammenkleben.
3. Für den Rahmen der Collage können sie mit Hilfe eines Erwachsenen Klebeband um die Ränder kleben.

Variationen

- Die Kinder sortieren andere Collagematerialien, z. B. Tapetenreste, Stoffreste oder Bänder und suchen die Gegenstände heraus, die gleichzeitig ähnlich und unterschiedlich sind.
- Nehmen Sie einen anderen Untergrund für die Collage, z. B. gemusterte Stoffreste aus Filz oder Leinen.

Ansichtskartencollage

Sortieren
Collage

Ausschnitte von alten Ansichtskarten werden nach Eigenschaften sortiert, die die Kinder bestimmen, und dann zu einer Collage zusammengestellt.

Material

- alte Ansichtskarten in einer Schachtel
- Scheren
- Klebstoff oder Tesafilm
- ein großes Blatt dickes Papier

Anleitung

1. Die Kinder suchen alte Ansichtskarten aus der Schachtel aus, die sich zum Sortieren und Collagekleben eignen.
2. Dann schneiden sie Teile der Karten mit einer Schere zu.
3. Nun können die Ansichtskarten nach beliebigen Kriterien sortiert werden:
   z. B. Geburtstagskarten, große, glänzende, aufgeraute, lustige Karten oder Karten mit Blumen.
4. Wenn die Kinder genug sortiert haben, kleben sie die Ansichtskarten in den sortierten Gruppen auf ein großes Blatt dickes Papier.

Variationen

- Anstelle von Ansichtskarten kann man auch folgende Materialien benutzen:
  Tapetenreste, Papierverpackungen, bunte Papierreste (auch Geschenkpapier), alte Spielkarten, gemalte und gezeichnete Bilder.

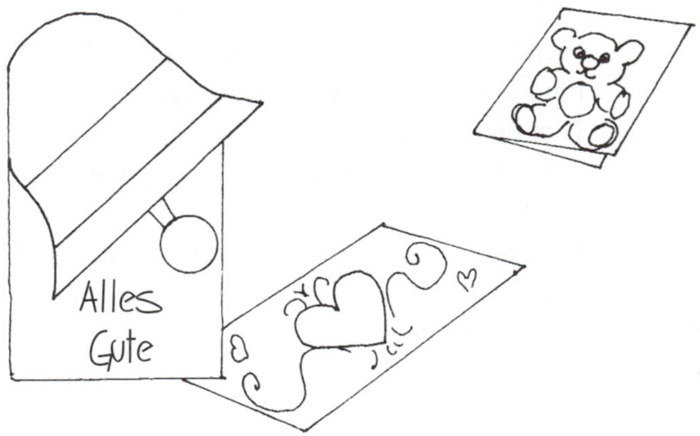

Leckere Brezelkette

3+

Sortieren
Basteln

Für die Kinder ist es ein großer Spaß, Laugengebäck für eine „Brezelkette“ zu sortieren.

Material

- zwei unterschiedliche Sorten Laugengebäck, z. B. Stangen und Brezeln
- Schüsseln
- Garn oder Kordel
- eine Schere

Anleitung

1. Legen Sie das Laugengebäck auf einen abgedeckten, sauberen Tisch. Es sollte gemischt sein, damit man es sortieren kann.
2. Die Kinder waschen sich die Hände und sortieren dann gleiches Laugengebäck jeweils in eine Schüssel.
3. Schneiden Sie Kordel oder Garn für Halsketten zurecht.
4. Nun knoten die Kinder das Gebäck, sortiert oder in beliebiger Reihenfolge, an die Kordel. Kleinere Kinder werden dabei vielleicht Hilfe brauchen. Zum Schluss werden die Enden der Kordel zusammengeknotet und fertig ist die Brezelkette.

Variationen

- Weitere Lebensmittel, aus denen man leckere Halsketten herstellen kann, sind z. B. Frühstückszerealien, Kekse und andere Süßigkeiten mit Löchern.
- Die Kinder können auch Halsketten aus anderen Materialien basteln, z. B. aus Perlen, Papierresten, Knöpfen oder klein geschnittenen Strohhalmen.

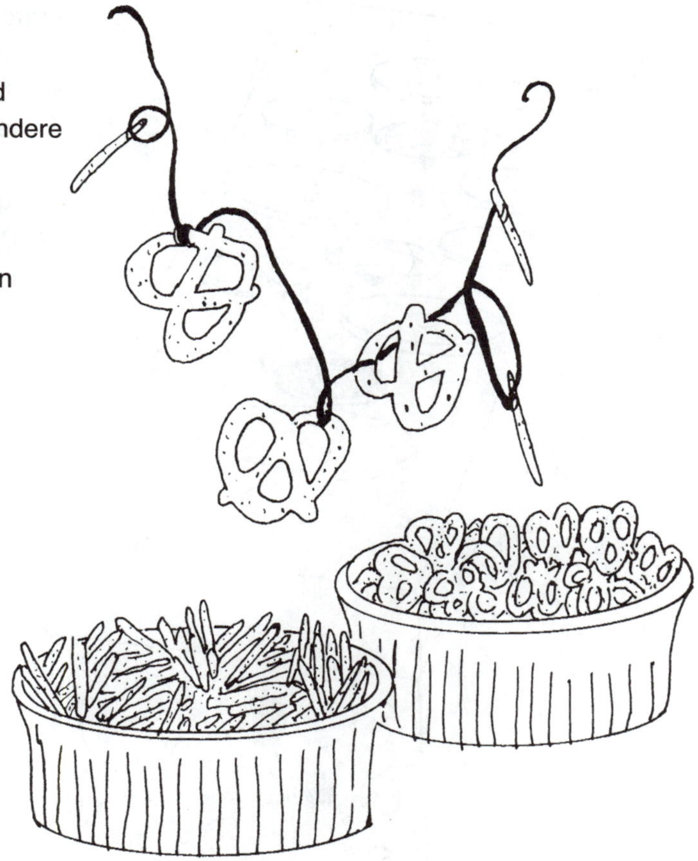

3+

Knopfschachtel

Sortieren
Basteln

Die Kinder verzieren Schachteln zum Aufbewahren unterschiedlicher Knöpfe. Mit dem so hergestellten Material kann immer wieder geordnet, sortiert und auch gezählt werden.

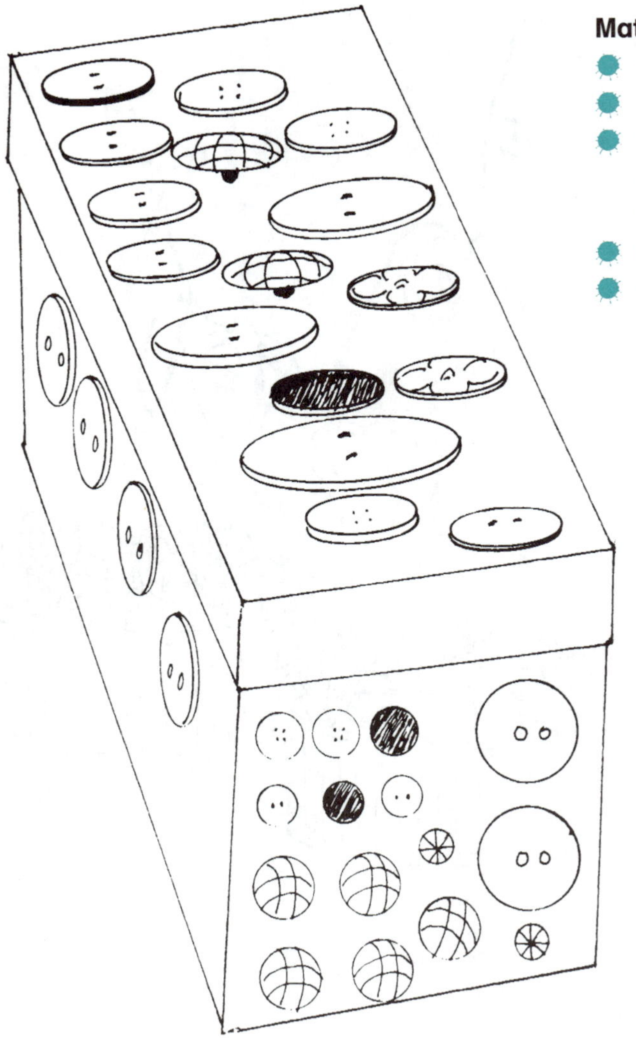

Material

- farbiges Papier
- Tesafilm oder Klebstoff
- leere Pappschachteln, z. B. Schuhkartons oder Nahrungsmittelschachteln (für Zuckerwürfel, Cornflakes u. Ä.)
- Bunt- oder Bleistifte, Farben etc.
- viele verschiedene Knöpfe

Anleitung

1. Die Kinder bemalen das Papier und kleben es dann auf die Pappschachteln.
2. Zusätzlich können sie die Schachteln mit einem Muster aus Knöpfen, die aufgeklebt werden, verzieren.
3. Dann werden die Schachteln mit vielen verschiedenen Knöpfen gefüllt.
4. Die Knöpfe können nun immer wieder ausgeschüttet, gemischt, nach unterschiedlichen Kriterien (z. B. Farbe, Größe, Anzahl der Löcher) sortiert, zu Gruppen geordnet und von älteren Kindern auch gezählt werden.

Variationen

- Die Knöpfe können in einer bestimmten Anordnung auf Garn aufgefädelt werden.
- Die Schachteln können auch mit Stoff- oder Papierresten verziert werden.
- Anstelle von Schachteln können auch „Regenbogenknopfgläser“ zum Aufbewahren der Knöpfe gebastelt werden (siehe folgende Anleitung).

Regenbogenknopfgläser

Sortieren
Basteln

Die Kinder sortieren Knöpfe nach Gemeinsamkeiten und Unterschieden und entwerfen bunte Gläser zum Aufbewahren der Knöpfe.

Material

- viele verschiedene Knöpfe
- durchsichtige Glasgefäße mit Deckeln
- Transparentpapier in verschiedenen Farben
- Kleister
- Pinsel
- Wasser
- einen Behälter für die Kleisterlösung
- Scheren
- Zeitungspapier zum Abdecken der Arbeitsfläche

Anleitung

1. Die Kinder reißen oder schneiden das Transparentpapier in kleine Stücke und legen es zunächst beiseite.
2. Mischen Sie Wasser und Kleister in dem Behälter, bis das Ganze eine milchige Konsistenz hat. Die Kinder tragen den Kleister mit einem Pinsel auf das Glas auf.
3. Dann kleben sie die Papierfetzen nacheinander auf das nasse Glas, bis es ganz bedeckt ist. Die Fetzen können einander überlappen.
4. Anschließend pinseln sie eine neue Lage Kleister über die Papierfetzen auf dem Glas. Die Papierkanten werden dabei mit dem Pinsel geglättet.
5. Die Gläser müssen gut trocknen.
6. Nun können die Knöpfe nach unterschiedlichen Kriterien sortiert, angeordnet und schließlich in die Gläser gefüllt werden. Zum Schluss kann man auf die Außenseite der Gläser jeweils einen Knopf kleben, der anzeigt, welche Art Knöpfe in dem Glas aufbewahrt wird.

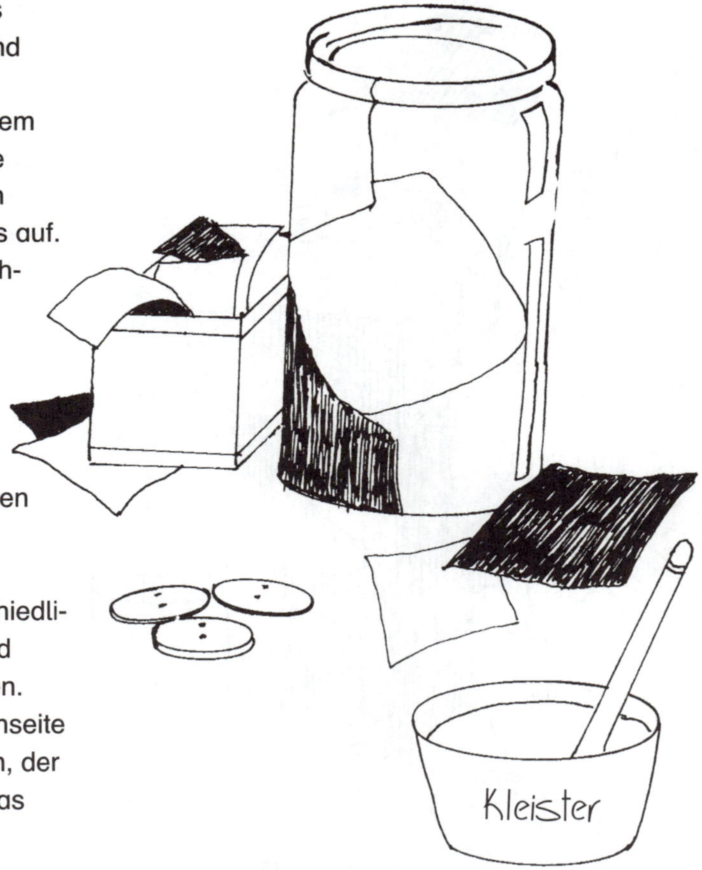

Schatzkiste

Sortieren
Basteln

Bei dieser Aktivität sortieren die Kinder unterschiedliche Gegenstände und ordnen sie in selbst gestaltete Behälter ein.

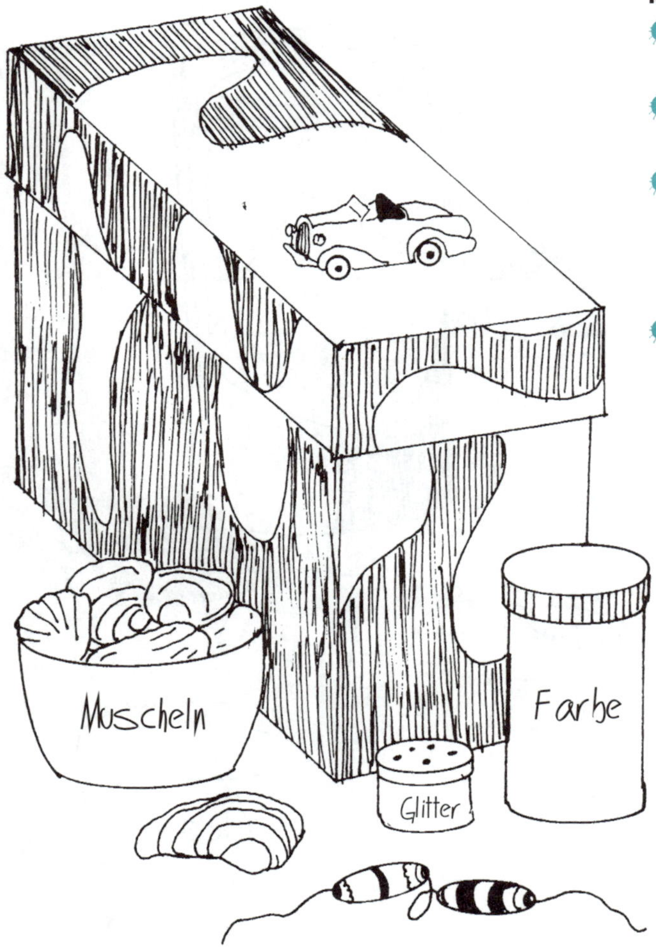

Material

- verschiedene Schachteln mit Deckel, z. B. kleine Schuhkartons
- Zeichen- und Malmaterialien zum Verzieren der Schachteln
- „Schätze“ für die Schachteln, z. B. Spielzeugautos, Eicheln, Tannenzapfen, Unterlegscheiben, Muttern und Schrauben, Perlen, Muscheln, Kiesel
- Klebstoff

Anleitung

1. Die Kinder verzieren die Schachteln mithilfe des Zeichen- und Malmaterials.
2. Anschließend werden die „Schätze“ sortiert und geordnet in die Schachteln gefüllt. Ältere Kinder können die Gegenstände dabei auch zählen.
3. Nun kann noch auf jede Schachtel ein Gegenstand oder ein Muster aus solchen Gegenständen geklebt werden, die sich in der Schachtel befinden.

Variationen

- Die Schachteln können zusätzlich mit Glitter oder Stoff verziert werden.
- Man kann auch ausschließlich mit unterschiedlichen Muscheln arbeiten und „Muschelschatzkisten“ herstellen. Die Muscheln können zusätzlich bemalt oder gefärbt werden.
- Verstecken Sie die Schatzkisten und veranstalten Sie eine Schatzsuche.

Nusskörbe

3+

Sortieren
Basteln

Nüsse gibt es in vielen verschiedenen Farben, Formen, Geschmacksrichtungen und Größen. Daher können die Kinder sie auf alle möglichen Arten nach Ähnlichkeiten und Unterschieden sortieren.

Material

- ungeschälte Nüsse, z. B. Haselnüsse, Walnüsse, Paranüsse, Erdnüsse (die keine echten Nüsse sind, sondern Hülsenfrüchte, die unter der Erde wachsen)
- Körbe in verschiedenen Formen und Größen
- bunte Bänder, Stoffreste, Garne, Bindfäden und Bast

Anleitung

1. Füllen Sie die Körbe mit einer Mischung aller Nusssorten.
2. Die Kinder schütten die Nüsse aus, um sie zu sortieren und zu gruppieren. Ältere Kinder können die unterschiedlichen Nüsse auch zählen.
3. Die Körbe werden mit Bändern, Stoffresten und anderen Näh- und Dekorationsmaterialien verziert. Die Bänder können durch die Korbwände gewebt oder an den Korb gebunden werden.
4. Anschließend werden die verzierten Körbe wieder mit Nüssen gefüllt – gemischt oder sortiert.
5. Die Körbe eignen sich zum Verschenken oder als Tischdekoration.

Variationen

- Die Kinder weben zur Zierde Bänder durch die Körbe.
- Die Körbe werden mit einem Stoffrest ausgelegt, den die Kinder mit Stofffarbe bemalt haben.
- Die Kinder malen die Körbe mit leuchtenden, wasserfesten Farben an. Wenn diese trocken sind, legt man den Korb mit einem Handtuch, einer Serviette oder einem Stoffrest aus.
- Anstelle von gekauften Körben kann man auch Beerenkörbchen aus Plastik verwenden oder selbst Behälter aus dickem Papier basteln.

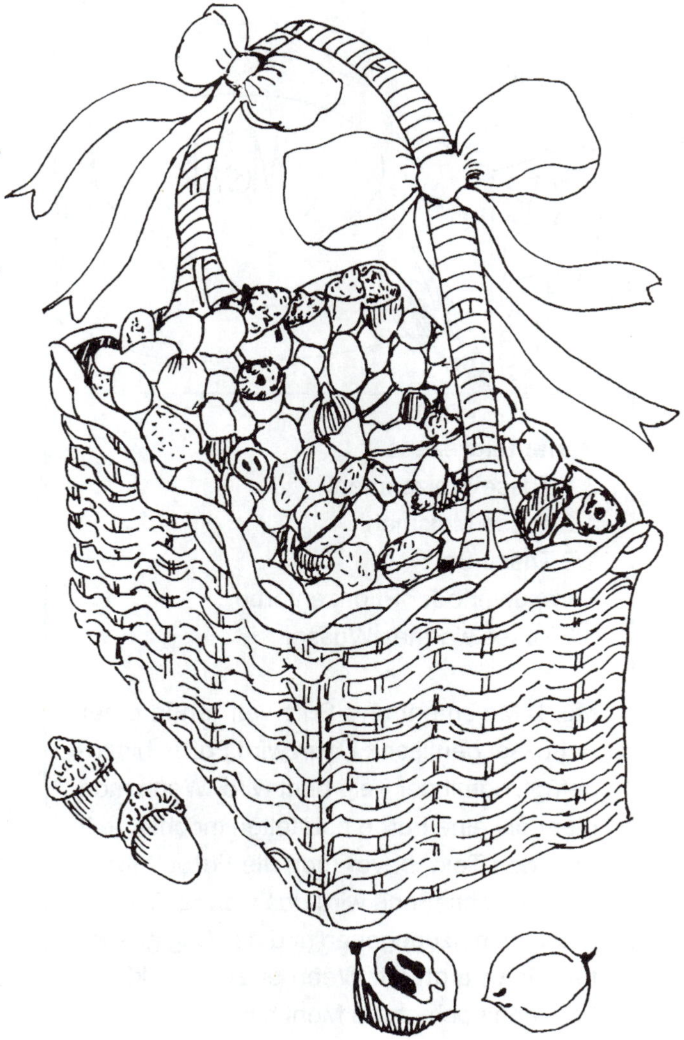

Selbst gemachte Perlen

Sortieren
Basteln

Selbst gebastelte Perlen aus Modellierteig werden von den Kindern sortiert und zu schönen Ketten aufgefädelt.

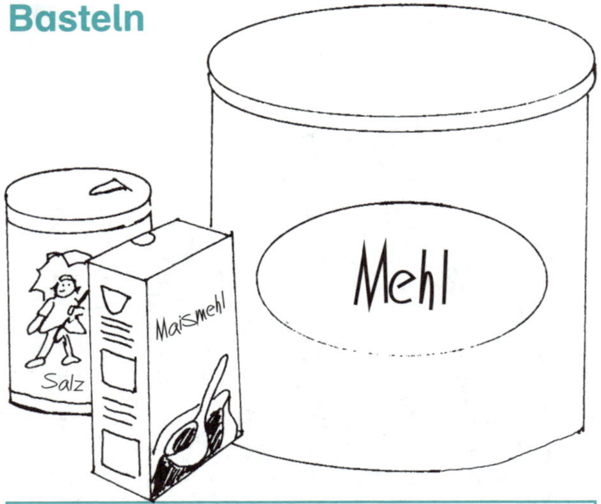

Perlenteigrezept
3/4 Tasse Weizenmehl
1/2 Tasse Maismehl
1/2 Tasse Salz
Farbpulver oder Pflanzenfarbe
3/8 Tasse warmes Wasser

Mehl, Maismehl und Salz werden in einer Schüssel gemischt. Dann wird Farbe hinzugefügt, damit der Teig bunt wird. Wenn man mehr als eine Farbe herstellen möchte, teilt man den Teig, bevor man die Farbe hinzufügt. Anschließend wird das warme Wasser langsam hinzugegeben und der Teig geknetet, bis er glatt ist. Wenn er zu sehr klebt, fügt man noch etwas Mehl hinzu.

Material
- Zahnstocher
- Garn, Kordel oder Lederschnur für die Kette
- durchsichtigen Nagellack (nicht unbedingt notwendig)

Anleitung
1. Die Kinder nehmen kleine Stücke von dem Perlenteig ab und rollen oder formen sie zu Perlen. Diese werden auf Zahnstocher gesteckt, sodass ein Loch entsteht. Um die Zahnstocher herum werden die Perlen weiter geformt, z. B. würfelförmig, kegelförmig, röhrenförmig oder rund.
2. Die Zahnstocher mit den Perlen werden zum Trocknen in den Teigrest oder ein Stück Styropor gesteckt. Sie müssen während des Trocknens immer wieder um den Zahnstocher gedreht werden, damit sie nicht festkleben. Lassen Sie die Perlen je nach Größe mehrere Tage lang trocknen.
3. Wenn die Perlen trocken sind, können sie zusätzlich mit Lack geschützt und vor dem Lackieren auch angemalt werden. Lassen Sie die Perlen nach dem Lackieren erneut trocknen.
4. Anschließend werden die Zahnstocher entfernt. Dann können die Kinder die Perlen nach ihren Formen, Farben oder anderen Eigenschaften sortieren.
5. Zum Schluss ziehen sie die Perlen auf Garn, Lederriemen oder Kordel auf, entweder in den sortierten Gruppen oder als Muster, und machen daraus eine Halskette oder eine Zimmerdekoration.

Variationen
- Anstelle von Perlen kann man auch andere Dinge aus dem Teig basteln, z. B. künstliche Nahrungsmittel, Festdekorationen, Schmuck, Blumen, Käfer, Puppenzubehör, Muscheln.
- Die Kinder basteln Girlanden indem sie die Perlen mit anderen Materialien, z. B. Papierschlaufen, Stoffresten und klein geschnittenen Strohhalmen, kombinieren.

Schrauben und Muttern

Sortieren
Basteln

Die Kinder sortieren Eisenwaren wie Schrauben, Muttern und Unterlegscheiben und lernen dadurch, winzige Unterschiede und Gemeinsamkeiten zu beachten.

Material

- Muttern, Schrauben und Unterlegscheiben aus Metall
- Gläser mit Deckeln (z. B. Marmeladengläser)
- einfache Etiketten und farbige Aufkleber
- bunte Stifte
- Klebeband
- Hämmer und kurze Nägel
- ein Holzbrett, so lang, dass mehrere Gläser nebeneinander daraufpassen

Anleitung

Die Eisenwaren sortieren

1. Die Kinder sortieren die Schrauben, Muttern und Unterlegscheiben in die verschiedenen Gläser ein.
2. Anschließend malen die Kinder jeweils ein Bild der Eisenwarensorte, die sich in einem Glas befindet, auf einen Aufkleber und kleben die Aufkleber auf die entsprechenden Gläser.
3. Die Eisenwaren können anhand der Etiketten immer wieder in die passenden Gläser einsortiert werden.

So kann man die Gläser praktisch verstauen:

1. Die Deckel der Gläser werden in gleichmäßigen Abständen mit der Oberseite nach unten auf das Brett gelegt.
2. Durch jeden Deckel werden ein oder zwei Nägel in das Brett gehämmert. Achten Sie darauf, dass die Kinder das Brett nicht auf die Arbeitsfläche nageln.
3. Wenn die Deckel fest am Brett angebracht sind, wird dieses umgedreht und die Gläser werden in ihre Deckel geschraubt, sodass sie anschließend vom Brett herunterhängen. Dabei brauchen die Kinder vielleicht etwas Hilfe.
4. Das Brett mit den Gläsern können die Kinder an Eltern oder Großeltern verschenken. Es kann an der Unterseite eines Regals in der Werkstatt oder der Garage angebracht werden und bietet dort Nägeln, Muttern und Schrauben Platz.

Variation

- Solche Aufbewahrungsgläser eignen sich auch gut für die Küche, den Hobbyraum, das Näh- oder Badezimmer.

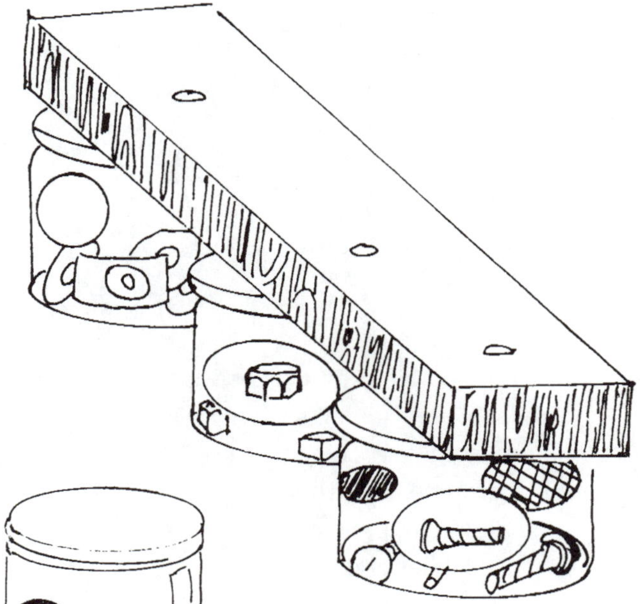

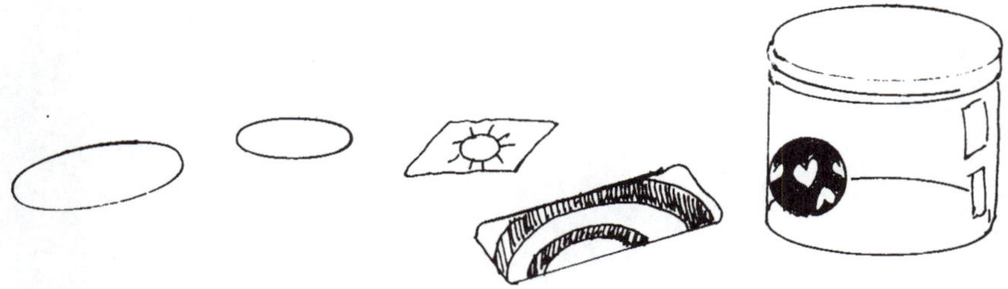

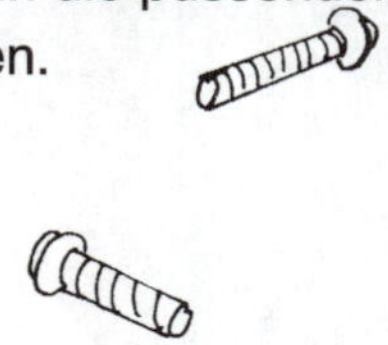

Kapitel 3

Eins rot, drei blau ...

Die mathematischen Konzepte, die in diesem Kapitel erkundet werden, sind

Muster und Reihenfolgen

Dreijährige Kinder haben schon einige Erfahrungen mit Mustern gemacht. Sie haben möglicherweise Muster mit Farben oder Bauklötzen entworfen, gemusterte Kleidung getragen und Muster in der Natur entdeckt. Die Matheaktivitäten in Kapitel Drei bauen auf der Fähigkeit auf, zu sortieren und zu klassifizieren, und helfen den Kindern, mehr über Muster und Beziehungen hinsichtlich der Anordnung zu lernen. Diese wichtigen Konzepte helfen dabei, eine Vielzahl an Problemen zu lösen und weitergehende Fähigkeiten in Mathematik und Kunst zu entwickeln.

Die Kinder werden weiterhin auf Eigenschaften achten, sortieren, Passendes zueinander fügen und mit der Idee von gleich und unterschiedlich vertraut werden. Sie werden erkennen, wie Muster auf Eigenschaften ihrer „Bausteine" beruhen, wie ein Muster mit einem anderen in Beziehung stehen kann und wie sich regelmäßige Abfolgen in Mustern wiederholen.

„Reihenfolge" kann bedeuten: der Erste, der Zweite, der Dritte, es kann aber auch bedeuten: vom Kleinsten zum Größten. Muster und Reihenfolgen spielen in Kunst und Gestaltung eine wichtige Rolle. Die Mathematikerfahrungen in Kapitel Drei reichen vom Arbeiten mit einfachen Reihenfolgen bis hin zum Entwerfen komplexer Muster.

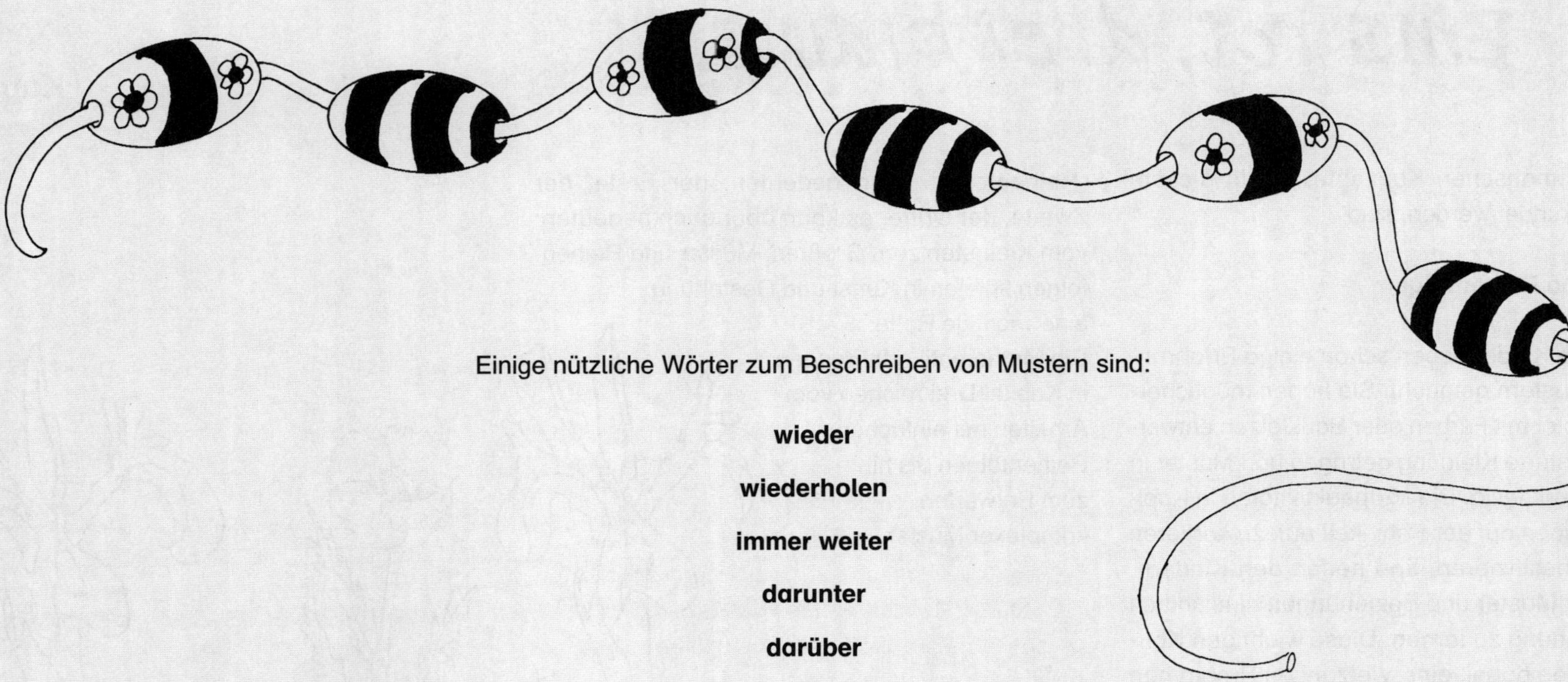

Einige nützliche Wörter zum Beschreiben von Mustern sind:

wieder

wiederholen

immer weiter

darunter

darüber

Anfang

Ende

Farbe

Form

regelmäßig

abwechselnd

überall

Krepppapiermuster

Muster aus leuchtenden Farben bekommen die Kinder, wenn sie Krepppapier zu einer Art Pinsel zusammenrollen und damit malen.

Muster
Malen

Material

- Krepppapier in verschiedenen Farben
- Tesafilm (nicht unbedingt notwendig)
- eine Schüssel Wasser
- Papier
- Alufolie oder Gummihandschuhe (nicht unbedingt notwendig)

Anleitung

1. Die Kinder rollen ein Stück Krepppapier zu einer Röhre in der Größe eines Stiftes. Die Rolle kann mit Tesafilm fixiert werden.
2. Die Papierröhre wird in das Wasser getaucht.
3. Anschließend streichen die Kinder mit den „Kreppstiften“ über das Papier und verteilen die Farbe darauf.
4. Die Kinder können danach noch weitere Farben wählen, bis sich ein buntes Muster ergibt.

Hinweis

Wer möchte, kann zum Schutz seiner Finger Alufolie um das Ende des Kreppstiftes wickeln oder Gummihandschuhe tragen.

Variationen

- Die Kinder rollen Krepppapier in verschiedenen Farben zu einem Pinsel zusammen. So mischen sich die Farben direkt. Manchmal bekommt man dabei allerdings einen weniger schönen Farbton als Ergebnis.
- Die Kinder malen mit dem Krepppapier auf Stoff, Holz oder saugfähiges Papier, z. B. Papierhandtücher oder weiße Papierservietten.

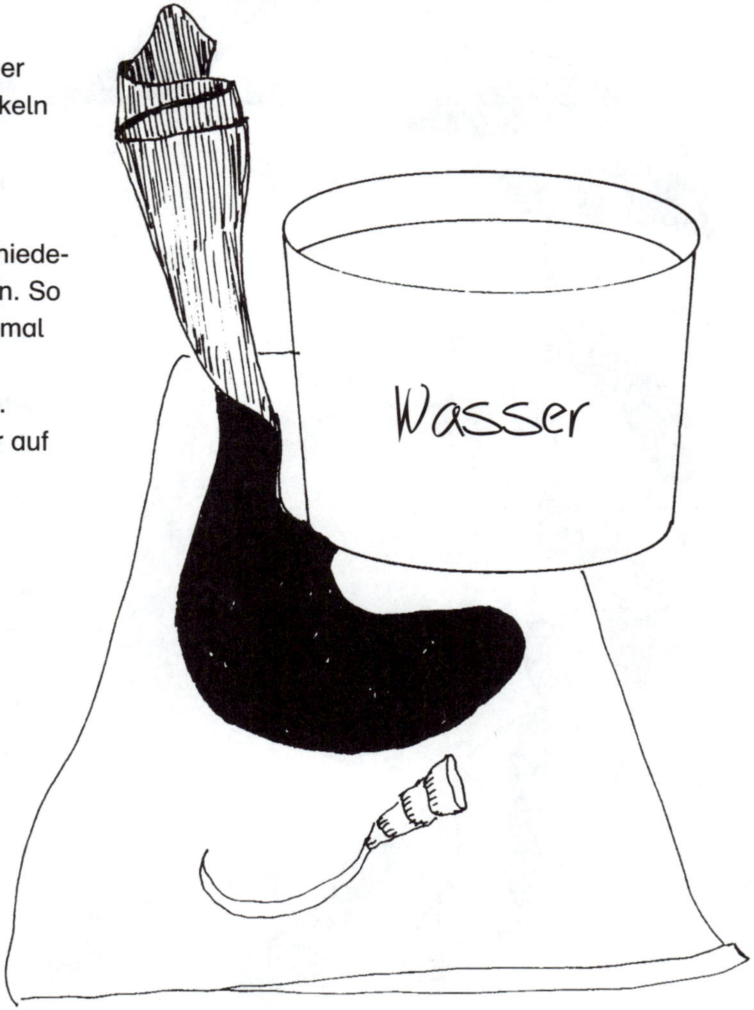

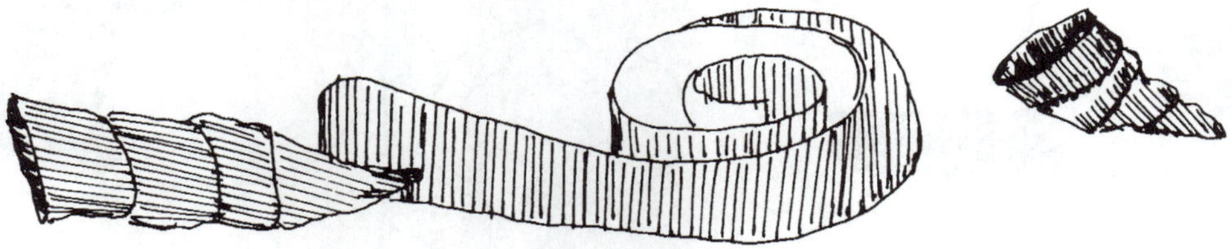

Gemusterte Schlangen

Muster
Modellieren

Wenn Kinder mit Modelliermasse kneten, kommen sehr häufig „Schlangen“ dabei heraus. Bei dieser Aktivität werden einfarbige Schlangen zu einer bunt gemusterten zusammengefügt.

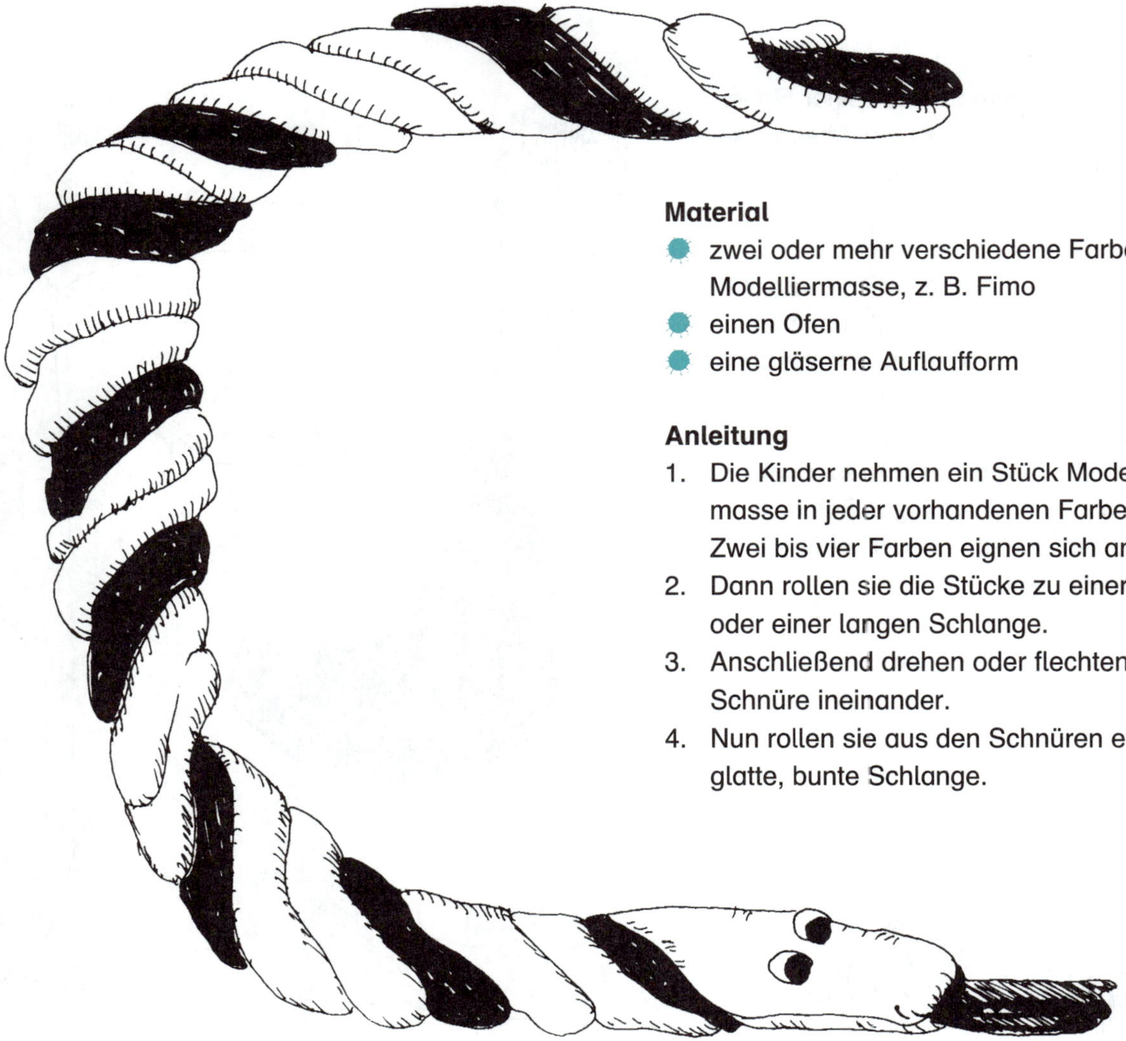

Material

- zwei oder mehr verschiedene Farben einer Modelliermasse, z. B. Fimo
- einen Ofen
- eine gläserne Auflaufform

Anleitung

1. Die Kinder nehmen ein Stück Modelliermasse in jeder vorhandenen Farbe. Zwei bis vier Farben eignen sich am besten.
2. Dann rollen sie die Stücke zu einer Schnur oder einer langen Schlange.
3. Anschließend drehen oder flechten sie die Schnüre ineinander.
4. Nun rollen sie aus den Schnüren eine neue, glatte, bunte Schlange.
5. Ein Ende der Schlange wird als Kopfstück abgeflacht. Wenn man möchte, kann man kleine Augen und eine Zunge hinzufügen.
6. Backen Sie die Schlangen in einer gläsernen Auflaufform nach Gebrauchsanweisung im Ofen.
7. Lassen Sie sie ganz auskühlen. Dann nehmen Sie die Schlangen vorsichtig aus der Auflaufform.

Variationen

- Die Kinder versehen die Schlange mit Flecken, indem sie kleine Fimo-Kugeln zu Kreisen flachdrücken. Die Kreise kommen auf die Schlange. Danach wird die Schlange gerollt, um die Flecken glatt in die Schlange einzuarbeiten.
- Die Kinder können mit einem Nudelholz auch „Plattschlangen“ ausrollen. Das ist ein Heidenspaß!

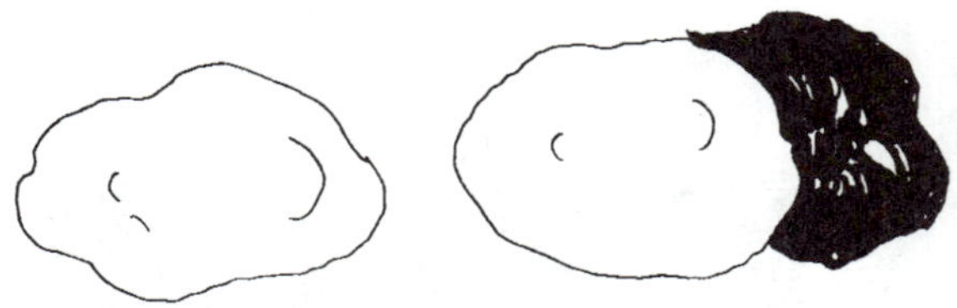

Der schönste Fisch im Meer

Die Kinder stellen aus Modelliermasse einen buntgemusterten Fisch oder ein anderes Wesen her.

Muster
Modellieren

Material

- zwei oder mehr verschiedene Farben einer Modelliermasse, z. B. Fimo
- einen Ofen
- eine Auflaufform aus Glas
- dickes Papier
- Bleistifte
- Scheren
- Plastikmesser
- ein Rund- oder Nudelholz

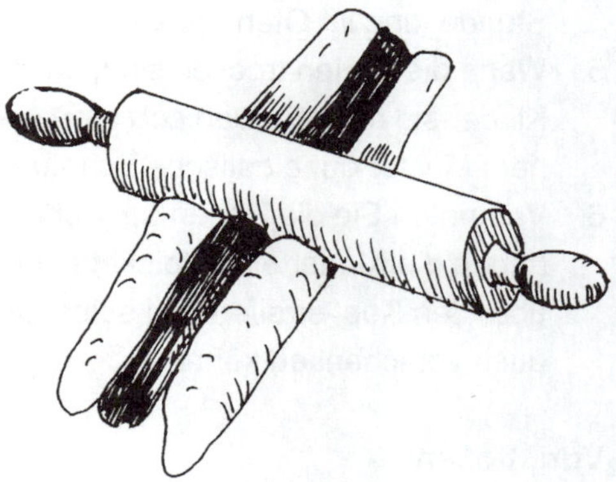

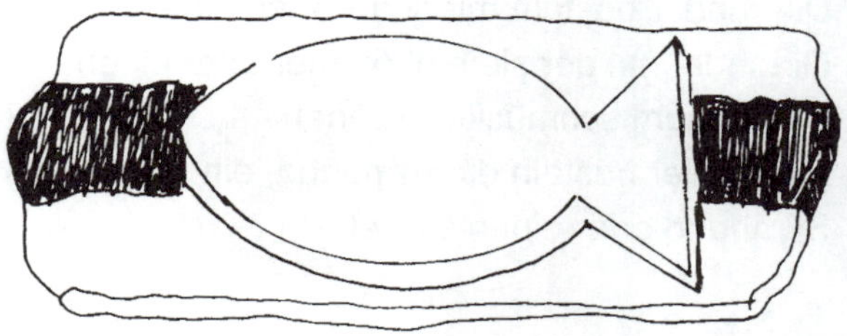

Anleitung

1. Die Kinder nehmen von mehreren verschiedenen Farben der Modelliermasse je ein kleines Stück und rollen jede Farbe mit der Hand zu einer Kugel.
2. Anschließend rollen sie aus den Kugeln dünne Schlangen oder Schnüre.
3. Die Schnüre werden u. U. auf gleiche Länge geschnitten und dann nebeneinander zu einem Farbmuster zusammengelegt.
4. Sie werden gut aneinander gepresst und dann mit dem Nudelholz zu einer „Teigplatte“ flachgerollt.
5. Jetzt zeichnen die Kinder mit Bleistift einen Fischumriss auf das Papier und schneiden ihn aus. Der Fisch muss so klein sein, dass er auf die bunte „Teigplatte“ passt.
6. Der Fisch wird auf die Modelliermasse gelegt und seine Form mit dem Messer aus der Masse geschnitten.
7. Dann wird die Modelliermasse entsprechend der Gebrauchsanweisung gebacken. Lassen Sie sie hinterher ganz auskühlen.
8. Die Kinder können den Fisch z. B. auf Pinnwandmagnete oder Haarspangen kleben.

Variationen

- Man kann in den Fisch vor dem Brennen eine Perle als Auge eindrücken.
- Die Kinder stellen Augen oder andere Verzierungen für den Fisch aus Modelliermasse her und befestigen sie durch Andrücken oder mit Zahnstochern. Alles wird gemeinsam gebrannt.
- Die Kinder können viele kleine einfarbige Fische modellieren und anschließend der Farbe nach ordnen. Sie können sie geordnet auf einen Bilderrahmen, eine Wanddekoration o. Ä. kleben.

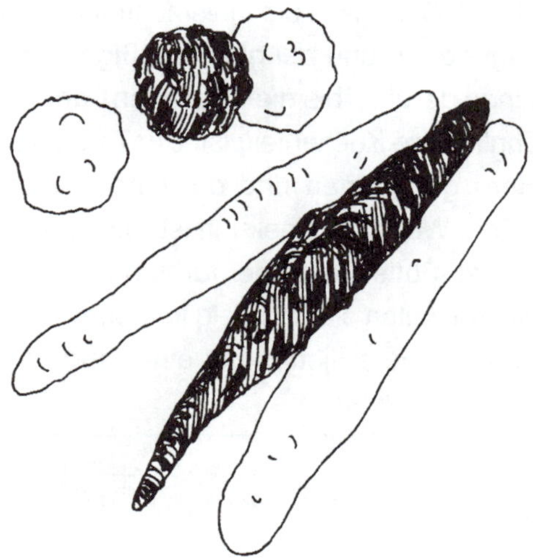

Salzteigperlen

Muster
Modellieren

Die Kinder entwerfen Farb- oder Formmuster mit selbst gemachten Perlen.

Perlenteigrezept
1 Tasse Salz
1 Tasse Wasser
1/2 Tasse Wasser
1 Tasse Maismehl
Löffel, Schüssel, Topf und Herd
evtl. Lebensmittelfarbe

1/2 Tasse kaltes Wasser wird in einer Schüssel mit einer Tasse Maismehl verrührt. Das Salz wird in einem Topf mit einer Tasse Wasser vermischt und diese Mischung unter Aufsicht eines Erwachsenen zum Kochen gebracht. Dann wird die Maismehlmischung dazugegeben und bei gleichmäßiger Hitze so lange gerührt, bis die Konsistenz der Masse ähnlich wie Kuchenteig ist. Der Teig wird vom Herd genommen und auf einen Tisch gestürzt. Wenn er abgekühlt ist, wird er glattgeknetet. Falls die Kinder farbigen Teig haben wollen, teilen sie den Teig in mehrere Stücke und verkneten jedes mit einer anderen Lebensmittelfarbe.

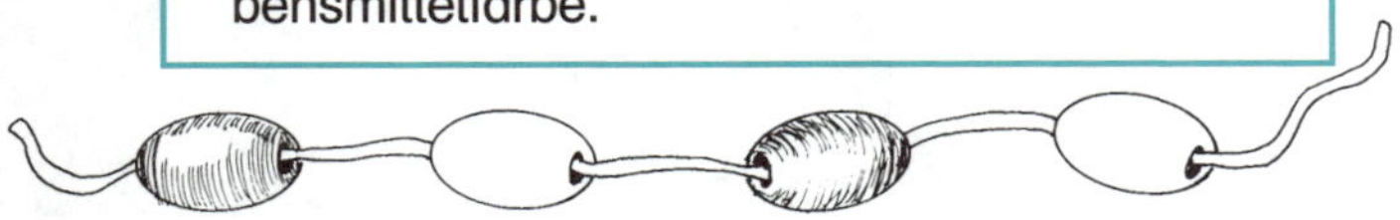

Material
- elastische Schnur, die lang genug ist, dass sie als Halskette über den Kopf gestreift werden kann
- Perlenteig in verschiedenen Farben
- ein Stück Styropor oder Knetmasse
- Zahnstocher

Anleitung
1. Die Kinder nehmen ein Stück Teig in der Farbe ihrer Wahl und rollen es zu einer Perle (rund, würfelförmig, kegelförmig oder zylindrisch).
2. Dann bohren sie mit einem Zahnstocher ein Loch in die Perle.
3. Die Perle muss auf dem Zahnstocher trocknen. Dazu wird der Zahnstocher mit der Perle auf ein Stück Styropor oder Knetmasse gesteckt. Die Perlen müssen von Zeit zu Zeit gedreht werden, damit sie nicht am Zahnstocher festkleben.
4. Lassen Sie die Perlen trocknen, bis sie hart sind. Das dauert ein bis zwei Tage. Es geht schneller, wenn Sie sie bei 80 °C eine Stunde lang im Ofen trocknen.
5. Wenn die Perlen trocken sind, können die Kinder sie nach Farben sortieren und zu einem Muster auf elastische Schnüre ziehen.
6. Verknoten Sie die Enden der Schnur. Dann haben die Kinder eine Halskette, die sie sich über den Kopf streifen und selbst tragen oder auch verschenken können.

Variationen
- Die Kinder basteln mit den Perlen eine Girlande, mit der sie ein Zimmer oder einen Christbaum schmücken können.
- Die Kinder basteln ein Armband, ein Stirnband oder einen Gürtel.

Duftendes Gewürzmuster

Muster Collage

Mithilfe dreier Sinne entwerfen die Kinder eine Mustercollage aus verschiedenen Düften und Farben.

Material

- Buntstifte
- Papier
- mit Wasser verdünnten Kleister in einer Tasse
- Pinsel
- Gewürze in Streudöschen, z. B. Thymian, Ingwer, Gewürznelke, Zimt, Pfefferminze, Oregano, Basilikum
- ein breites, flaches Gefäß

Anleitung

1. Die Kinder zeichnen mit Filzstift ein Muster auf das Papier.
2. Dann tragen sie den Kleister auf einen kleinen Teil der Zeichnung auf.
3. Anschließend verteilen sie entsprechend dem Muster Gewürze auf diesem Teil und schütten den Überschuss an Gewürzen in ein flaches Gefäß, um ihn für andere Aktivitäten aufzubewahren.
4. Dies wird mehrere Male wiederholt, bis alle Abschnitte auf dem Papier mit verschiedenen Gewürzen bedeckt sind. Diese bilden ein Duftmuster.
5. Lassen Sie das Bild trocknen. Dann hängen Sie es so weit unten an die Wand, dass die Kinder die Düfte jederzeit genießen können.

Variationen

- Die Kinder malen mit Buntstift Muster auf das Papier und planen schon währenddessen, welche Gewürze in welche Abschnitte kommen. Dann kleben sie dementsprechend die Gewürze auf.
- Die Kinder füllen kleine Gläser mit Gewürzen und ordnen diese nach ihren Gerüchen oder nach ihrem Geschmack, z. B. süß, scharf, köstlich, schrecklich usw.
- Die Kinder geben die Gewürze in den Perlenteig von S. 70 bzw. den Salzperlenteig von S. 78 und stellen so duftende Gewürzperlen her.

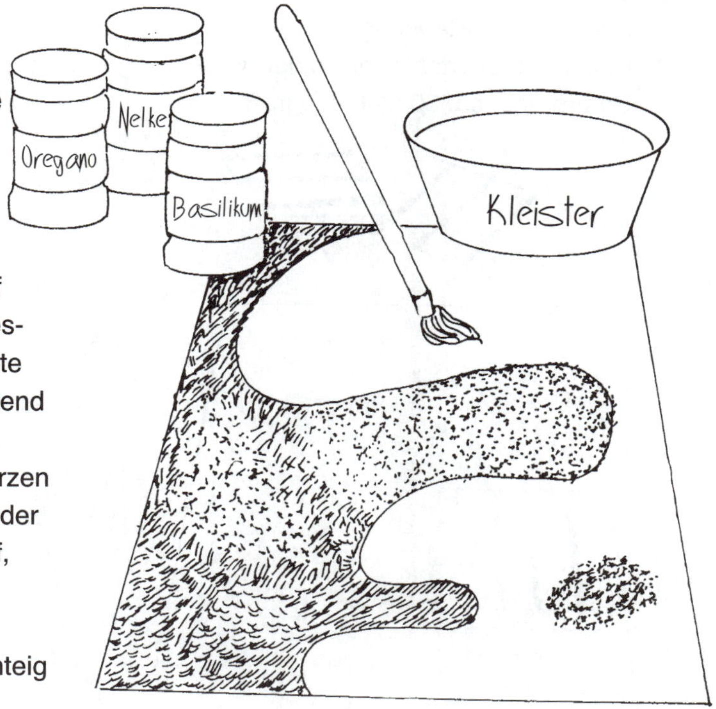

Augenverwirrbild

Muster Collage

Die Kinder schneiden und kleben gestreiftes Geschenkpapier zu einem einfachen Muster und erhalten so eine effektvolle Collage.

Material

- gestreiftes oder liniertes Geschenkpapier
- Scheren
- Kleister oder Klebstoff
- Pappe, Fotokarton oder Papier als Untergrund, ca. 30 x 60 cm groß

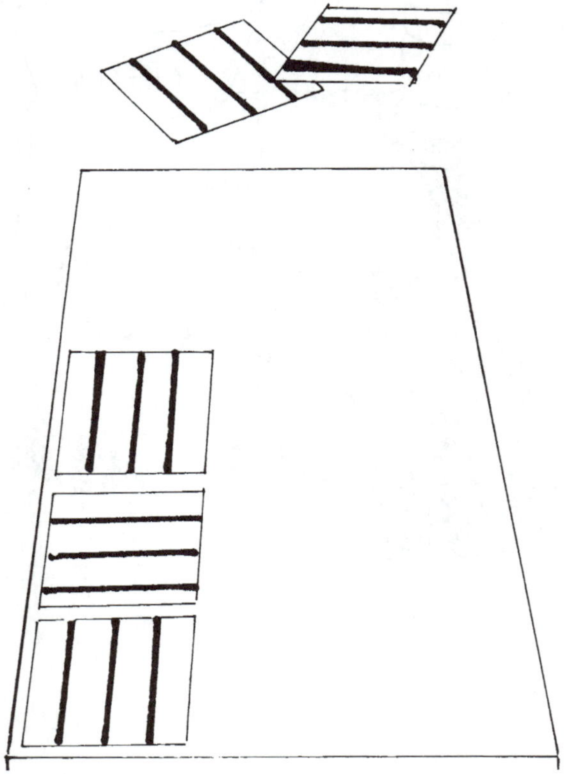

Anleitung

1. Mit Hilfe eines Erwachsenen schneiden die Kinder das Geschenkpapier in ca. 10 x 10 cm große Quadrate und legen diese auf den Tisch.
2. Dann kleben sie das erste Viereck in eine obere Ecke des Fotokartons. Sie sollten darauf achten, in welche Richtung die Streifen verlaufen: von oben nach unten oder von links nach rechts.
3. Anschließend kleben sie ein weiteres Viereck neben das erste, richten die Streifen aber senkrecht dazu aus.
4. Nun kleben sie ein drittes Viereck neben das zweite und verändern dabei erneut die Richtung der Streifen.
5. So wird der gesamte Karton mit Vierecken bedeckt. Bei jedem Viereck wird die Richtung der Streifen gewechselt.
6. Wenn das ganze Blatt voller Vierecke ist, wird das Bild an der Wand aufgehängt und von der gegenüberliegenden Wand aus betrachtet. Es ist ein sehr effektvolles, die Augen verwirrendes Bild.

Variationen

- Die Kinder verwenden zwei verschiedene Sorten Geschenkpapier mit kontrastierenden Mustern, um den Effekt zu verstärken.
- Geben Sie kleineren Kindern die Möglichkeit selbst herumzuexperimentieren. Sie können die Vierecke in ein Muster ihrer Wahl legen.

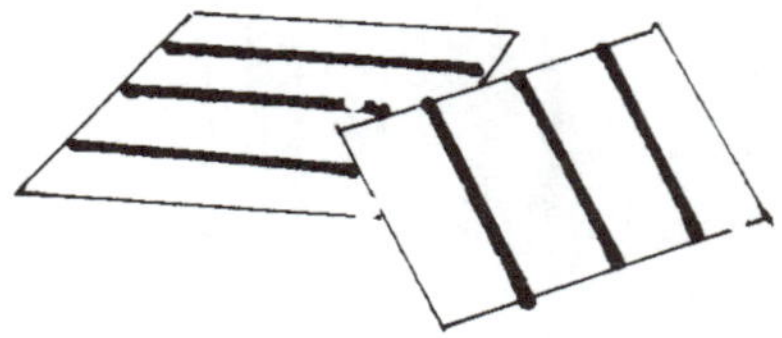

Optische Täuschung mit Kontrastfarben

Muster Collage

Eine Bild mit optischer Täuschung bekommt man, wenn man runde Aufkleber auf einen kontrastierenden Untergrund zu einem Muster klebt.

Material

- einfarbige, runde Aufkleber
- Papier in kontrastierender Farbe (DIN A4)

Anleitung

1. Die Kinder suchen sich runde Aufkleber in einer Farbe und eine Papierunterlage in der Kontrastfarbe aus. Gelbe Aufkleber und lila Papier ergeben z. B. eine effektvolle Kombination.
2. Dann kleben die Kinder nach und nach die Aufkleber auf das Papier. Das Papier sollte zwischen den Aufklebern noch zu sehen sein.
3. Wenn das Bild fertig ist, kann man einige Schritte zurückgehen und das Bild betrachten. Noch eindrucksvoller ist es, wenn man eine Zeit lang auf das Bild und danach auf eine weiße Wand schaut – dort sieht man die Punkte auch!

Variationen

- Die Kinder kleben gleichfarbige Aufkleber in zwei unterschiedlichen Größen auf das Kontrastpapier und versuchen dabei, die großen und kleinen Punkte zu einem effektvollen Muster anzuordnen.
- Die Kinder schneiden Bastelpapier oder buntes, selbstklebendes Papier zu Vierecken, Kreisen und anderen Formen. Diese ordnen sie auf einer kontrastierenden Unterlage zu einer Muster-Collage an.

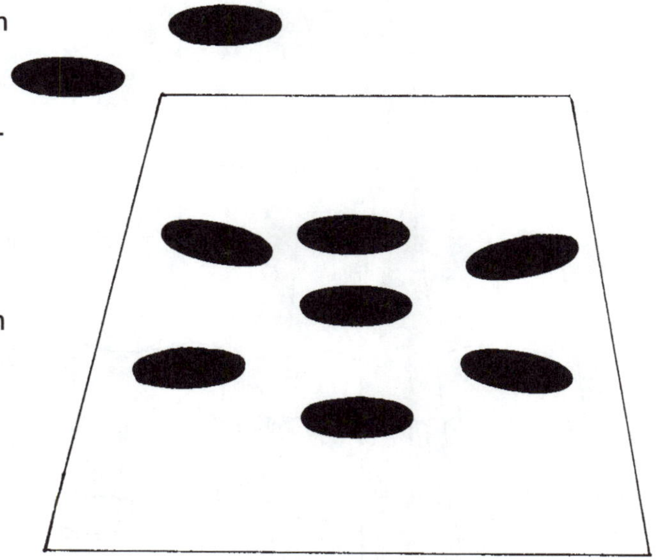

Gewebte Muster

Muster
Basteln

Die Kinder weben mit Papierstreifen, die sie durch Schlitze in einem Blatt Papier ziehen. Dabei können sie sich zusätzlich mit dem Aufbau des Musters auseinander setzen.

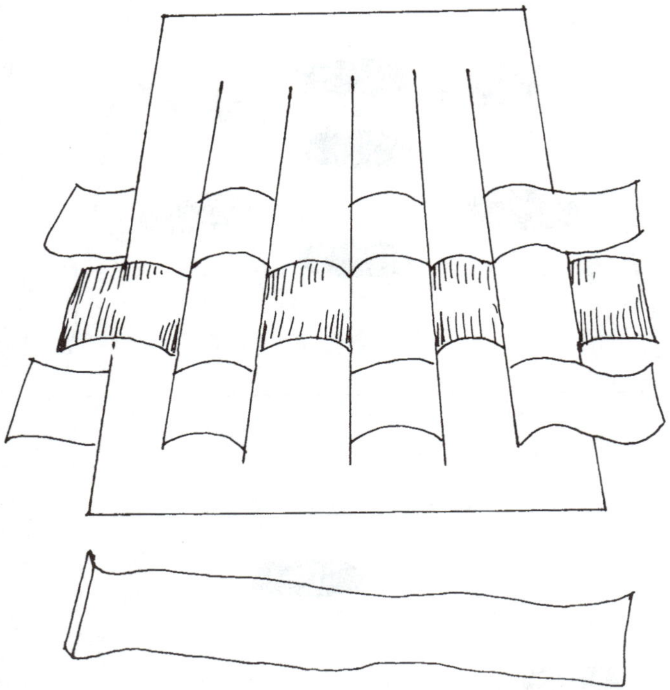

Material
- Papier (DIN A4)
- Papierstreifen in verschiedenen Farben (ca. 2 x 25 cm)
- Scheren
- Tesafilm oder Hefter

Anleitung
1. Die Kinder falten das Papier genau in der Mitte der Längsseiten.
2. Dann schneiden sie das Papier von der Faltkante her zum äußeren Rand hin mit parallelen Schnitten im Abstand von 2 bis 4 cm ein. Das Papier soll aber nicht ganz durchgeschnitten werden – es muss ein ca. 1 cm breiter Rand stehen bleiben. Anschließend wird das Papier wieder auseinander gefaltet.
3. Nun können die Kinder mit dem Weben beginnen. Dazu suchen sie sich einen farbigen Papierstreifen aus und schieben ihn durch den Schlitz am oberen Ende des Papiers.
4. Dann ziehen sie den Papierstreifen durch den nächsten Schlitz.
5. Nach und nach schieben sie den Streifen durch jeden Schlitz, bis er durch das ganze Papier gewebt ist.

   Die Kinder können beispielsweise nach folgenden Mustern weben:
   - drüber, drunter, drüber, drunter;
   - zwei drüber, einer drunter, zwei drüber, einer drunter;
   - einer drüber, drei drunter, einer drüber, drei drunter;
   - auch Zufallsmuster sind hübsch.
6. Der Streifen wird dicht an den Seitenrand des Papiers geschoben.
7. Dann kann er an den Rändern des Papiers festgeklebt oder -geheftet werden.
8. Nach und nach weben die Kinder auf diese Weise unterschiedliche Papierstreifen nebeneinander und erhalten so ein buntes Muster. Die einzelnen Streifen sollten immer direkt nebeneinander geschoben werden, sodass sie dicht gewebt sind.

Variationen
- Man kann eine Auswahl anderer Papiersorten verwenden, vor allem Papierreste, z. B. metallisches Papier, Tapete, Ansichtskarten, alte Poster, Pappordner.

Hübscher Bänder-Wandbehang

Die Kinder kleben Bänder auf ein größeres Stück Stoff und bekommen ein hübsches Musterbild.

Muster
Basteln

Material

- farbige Bänder oder Stoffstreifen in handlicher Länge
- Scheren
- Stoffkleber oder Alleskleber
- ein breites Stück schweren, glatten Stoff in beliebiger Größe und Form
- einen alten Besenstiel oder einen Stock
- Gardinenringe
- einen Locher

Anleitung

1. Die Kinder kleben farbige Bänder nebeneinander in einer bestimmten Reihenfolge auf den Stoff und stellen so ein Muster her.
2. Wenn der Klebstoff getrocknet ist, versehen die Kinder den Rand des Stoffs mithilfe des Lochers in gleichmäßigen Abständen mit Löchern für die Gardinenringe. Wenn der Locher bei dem betreffenden Stoff nicht funktioniert, schneiden sie mit der Schere kleine Löcher hinein.
3. Dann stecken die Kinder je einen Gardinenring durch ein Loch und schieben die Ringe über den Stock.
4. Mit übrig gebliebenen Bändern oder Stoff können die beiden äußeren Gardinenringe noch am Besenstiel befestigt werden, damit sie nicht herunterrutschen.
5. Hängen Sie das Bild an eine Wand oder ein Fenster.

Variation

- Die Kinder knoten oder verdrehen die Bänder oder schneiden sie zu, um andere Effekte zu erzielen.

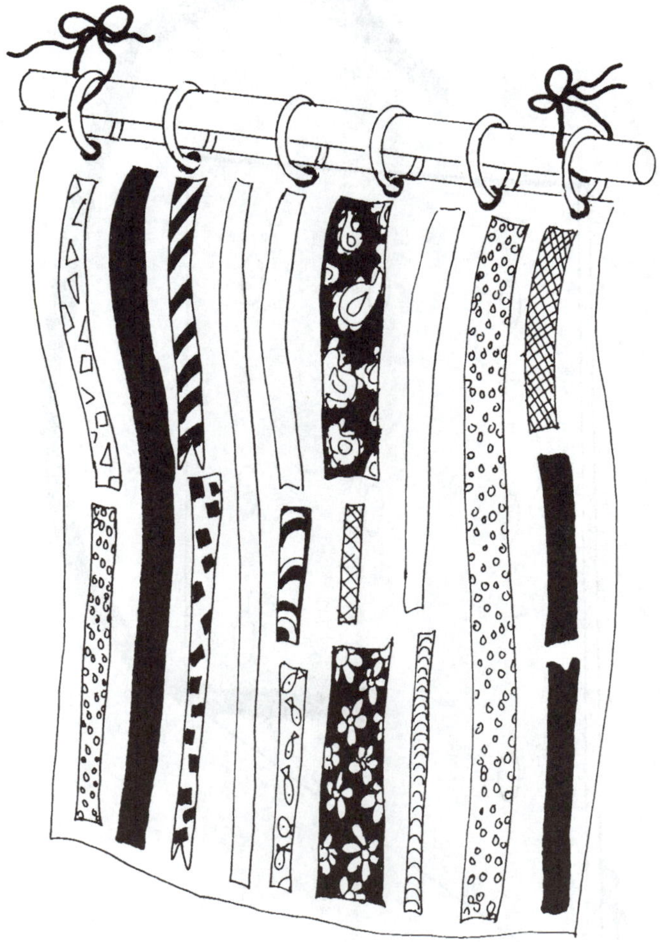

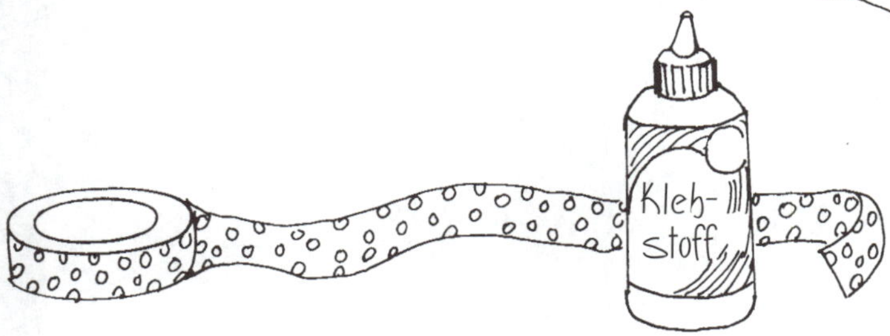

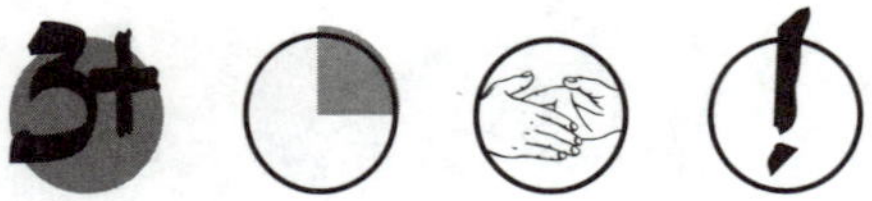

Muster
Basteln

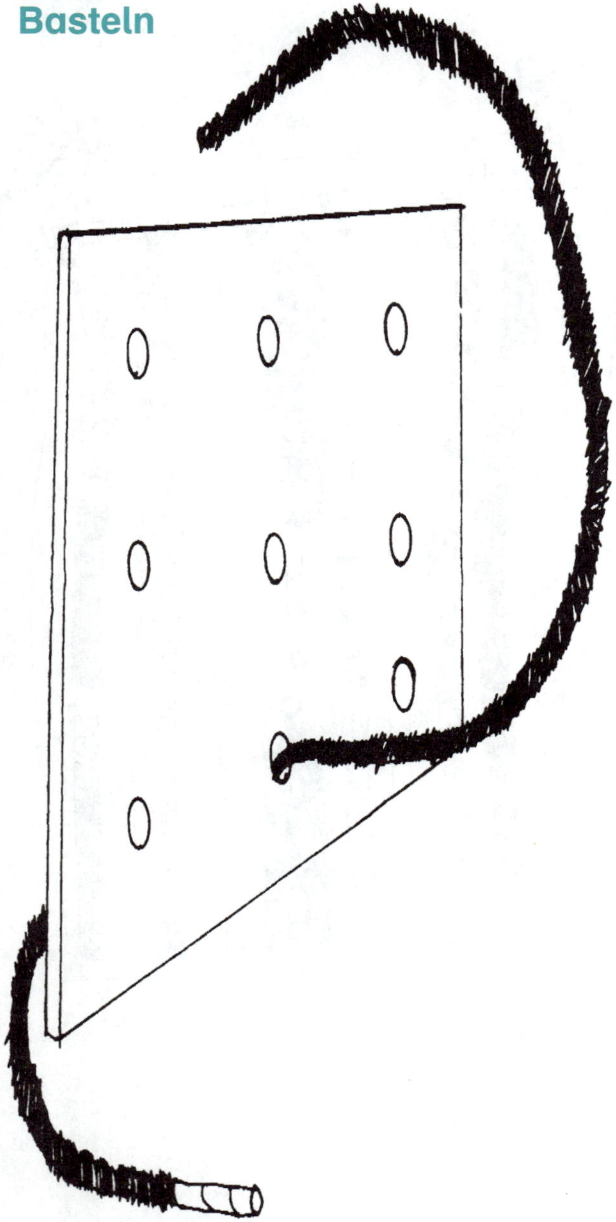

Stickkarten

Bei dieser Aktivität besticken die Kinder Karten, die sie vorher selbst mit einem Lochmuster versehen haben. So treten Muster auf mehreren Ebenen auf: die Löcher, die Stickerei und zusätzliche Verzierungen.

Material

- Tonpapier oder dünne Pappe
- farbiges Garn oder bunte Kordel
- Papierschnipsel, Perlen und anderer Krimskrams mit Löchern
- Locher
- Scheren
- Klebeband

Anleitung

Die Lochkarte vorbereiten

1. Das Tonpapier wird in ca. 10 x 10 cm große Quadrate geschnitten.
2. Dann lochen die Kinder geometrische Muster oder Zufallsmuster in die Karten. Wenn sie Löcher dort haben wollen, wohin der Locher nicht reicht, können sie die Löcher auch mit der Spitze einer Schere stechen (wenn nötig mit Hilfe eines Erwachsenen).

Sticken und verzieren

1. Die Kinder kleben oder knoten ein Ende des Garns auf der Rückseite der Karte fest. Wenn sie das andere Ende des Garns mit einem Stück Klebeband umwickeln, dann haben sie eine „Nadel".
2. Nun können die Kinder das Garn durch die Löcher fädeln. Um besondere Effekte zu erzielen, können zusätzlich Perlen, gelochte Papierschnipsel u. Ä. aufgefädelt werden.
3. Wenn das Garn aufgebraucht ist, wird es auf der Rückseite der Karte festgeklebt. Dann nehmen die Kinder ein neues Stück Garn und setzen die Stickerei fort.
4. Die Karten können um den Hals getragen, an die Wand gehängt oder zu einer langen, dekorativen Girlande zusammengeknotet werden.

Variation

- Die Karten werden zu einem farbenfrohen Hintergrund für die Verzierungen, wenn die Kinder sie vor dem Sticken mit farbigen Mustern oder geometrischen Formen bemalen oder bekleben.

Leckere Kette

Wenn die Kinder Frühstückszerealien auf ein Stück Garn oder Gummiband auffädeln, fertigen sie ein hübsches Schmuckstück an, dessen Lebensdauer wahrscheinlich begrenzt ist.

Material

- Frühstückszerealien mit Löchern
- Garn oder Gummiband
- Klebeband

Anleitung

1. Wickeln Sie zunächst Klebeband um ein Ende der Schnur, damit die Kinder die Zerealien leichter auffädeln können.
2. Knoten Sie am anderen Ende die erste Zerealie fest, damit die übrigen nicht von der Schnur rutschen.
3. Die Kinder fädeln nun nach und nach unterschiedliche Zerealien auf, und zwar bestimmte Farben oder Sorten in einer festgelegten Reihenfolge, sodass ein regelmäßiges Muster entsteht.
4. Zum Schluss werden die Enden der Kette zusammengeknotet und die Kette wird über den Kopf gestreift.

Variation

- Für eine gesunde Version dieser Kette können die Kinder Löcher in Karottenscheiben, Apfelstücke und Käsewürfel bohren und diese dann auffädeln.

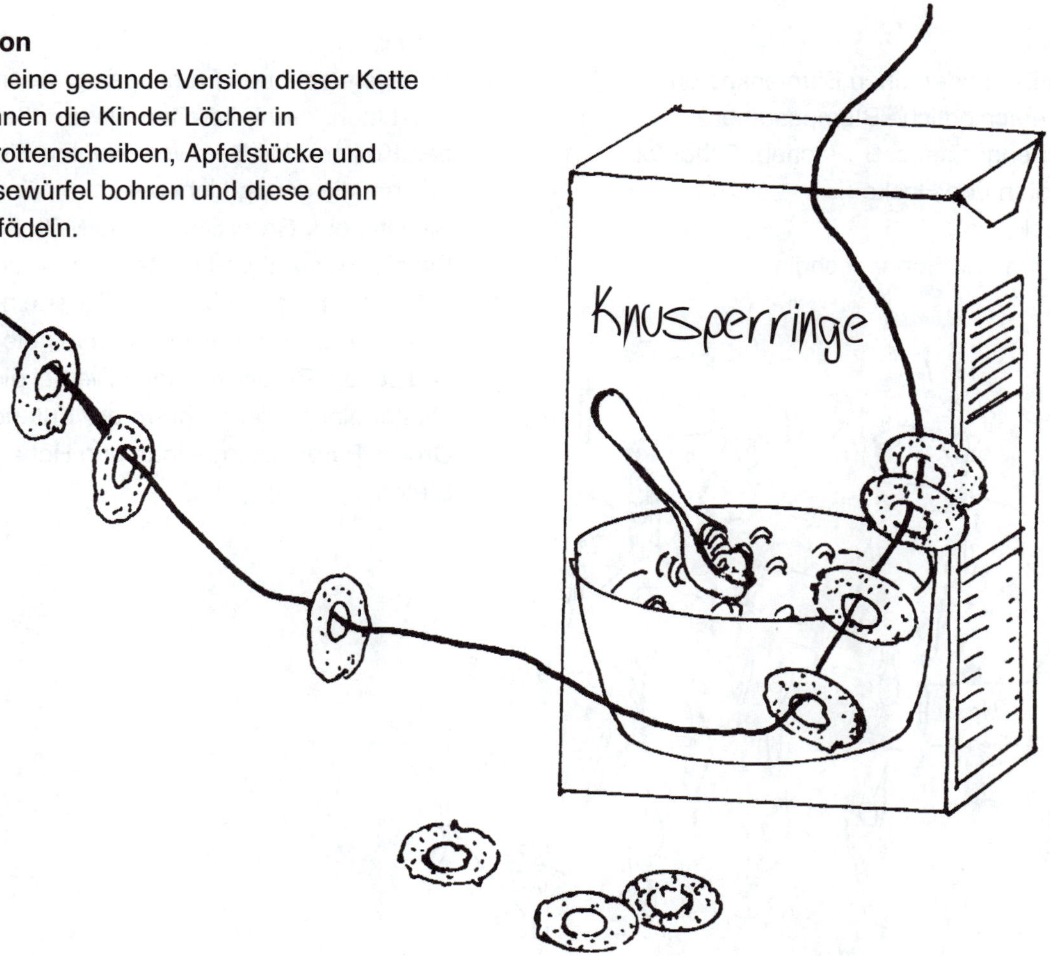

3+

Blumenmuster

Muster
Gärtnern

Im Garten oder in einem Blumenkasten säen die Kinder verschiedene Blumensamen in einem gemeinsam entworfenen Muster. Zur Blütezeit ergibt sich so ein wunderschönes Bild.

Material
- ein Beet oder einen Blumenkasten
- unterschiedliche Blumensamen
- Gartengeräte, z. B. Rechen, Schaufel, Spaten und Hacke
- Stöcke
- Regen und Sonnenschein

Anleitung
1. An einem schönen Frühlingstag, wenn kein Frost mehr droht, bereiten Sie draußen mit den Kindern das Beet vor. Wählen Sie eine Fläche, die genug Licht bekommt. Entfernen Sie Unkraut, Gras, Steine und Müll. Lockern Sie die Erde auf und glätten Sie sie dann.
2. Mit einem Stock ziehen die Kinder ein Muster in die Erde, in das die Samen gelegt werden sollen. Berücksichtigen Sie bei diesem Muster eines oder mehrere der Kriterien Größe, Farbe, Blühperiode und Höhe der Blüten.
3. Anschließend werden die Samen nach dem Muster ausgesät.
4. Die Pflanzung braucht nun gute Pflege: Versorgung mit Wasser und Entfernen von Unkraut.
5. Wenn die Blumen im geplanten Muster erblühen, können sich alle daran erfreuen!

Variationen
- Pflanzen Sie die Blumen so, dass sie in einer räumlichen und zeitlichen Abfolge blühen, z. B. in einem Kreis, der von innen nach außen blüht.
- Pflanzen Sie Blumen in kleine Tassen oder Töpfe, jeweils eine Sorte in ein Gefäß. Wenn die Blumen blühen, können die Kinder immer wieder neue Blumenmuster arrangieren.

Gemusterte Garnflasche

3+

Muster
Basteln

Mit buntem Garn stellen die Kinder eine dekorative Flasche her. Das Garn schützt die Flasche auch vor dem Zerbrechen.

Material

- eine Flasche oder ein Glas
- Wasser
- Kleister
- Scheren
- Garn in verschiedenen Farben
- Pinsel
- Klarlack (nicht unbedingt notwendig)
- einen feuchten Schwamm und einen Eimer Wasser zum Händewaschen
- eine flache Plastikschale oder ein Styroportablett
- evtl. Arbeitskittel oder Schürzen

Anleitung

1. Rühren Sie in der Schale Kleister an.
2. Die Kinder schneiden etwa dreißig Zentimeter lange Garnstücke zurecht (verschiedene Farben). Für kleinere Kinder sollten es kürzere Stücke sein.
3. Nun wird das Garn in die Kleisterlösung gelegt, sodass es ganz mit Kleister getränkt wird.
4. Wenn das Garn sehr klebrig ist, nehmen die Kinder nach und nach einzelne Fäden in unterschiedlichen Farben aus der Schale und wickeln sie von unten her um die Flasche, bis das obere Ende erreicht ist.
   Die Hände werden dabei sehr klebrig und können zwischendurch gewaschen werden.
5. Die Flasche muss nun gut trocknen, mindestens über Nacht.
6. Wenn die Kinder möchten, können sie die Flasche noch mit Klebstoff, durchsichtiger Acrylsprühfarbe (mit Hilfe eines Erwachsenen), Glanz- oder Klarlack überziehen, damit sie schön glänzt.

Variation

- Die Kinder bekleben eine Flasche oder ein Glas mit Seidenpapierstreifen, Stoff, Bändern oder Papierstreifen.

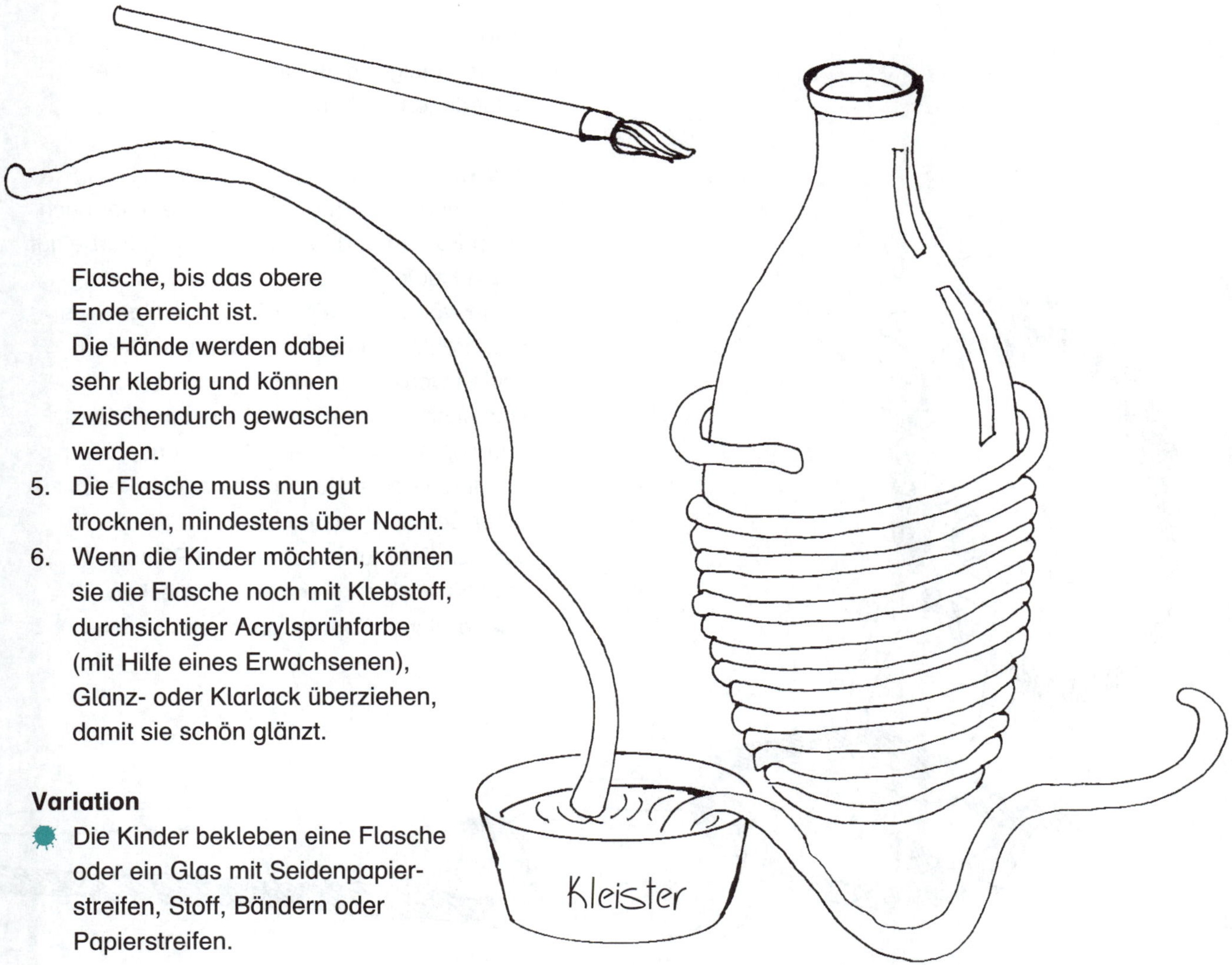

3+

Muster
Basteln

Pfeifenreiniger-Girlande

Die Kinder knüpfen aus Pfeifenreiniger-Schlaufen eine bunt gemusterte Girlande.

Material

- Pfeifenreiniger oder Chenilledraht in verschiedenen Farben

Anleitung

1. Die Kinder sortieren die Pfeifenreiniger nach ihren Farben und legen sie je nach Farbe auf einen Haufen.
2. Dann wählen sie einen Pfeifenreiniger aus und drehen ihn zu einer Schlaufe. Deren Enden werden zusammengedreht.
3. Nun suchen sich die Kinder einen Pfeifenreiniger in einer anderen Farbe aus, fädeln ihn durch den ersten und biegen ihn auch zu einer Schlaufe zusammen.
   Statt zu Schlaufen können die Pfeifenreiniger auch zu Vierecken, Dreiecken oder anderen Formen gebogen werden.
4. Die Kinder fahren entsprechend fort und basteln so eine Kette mit einem Muster wiederkehrender Farben.

Variationen

- Die Kinder biegen die Pfeifenreiniger in einer bestimmten Reihenfolge um eine Schnur oder einen Stab.
- Die Kinder stecken die Pfeifenreiniger in einer bestimmten Reihenfolge in ein Stück Modelliermasse oder Styropor.
- Anstelle von Pfeifenreinigern kann man auch bunte Drähte, z. B. von einem Telefonkabel, nehmen.

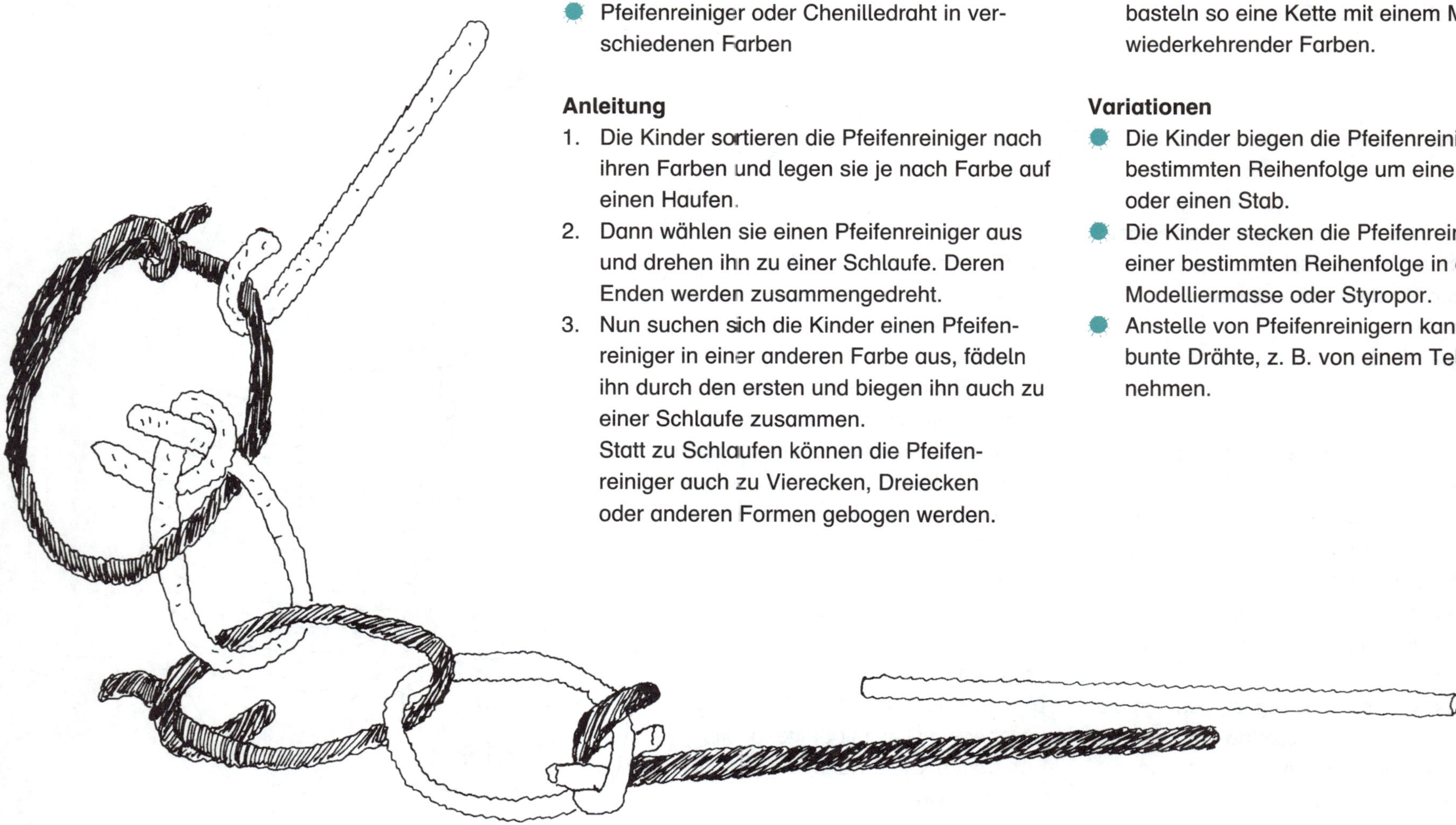

Papierketten

Die Papierkette ist bei Kindern sehr beliebt. Gleichzeitig lassen sich mit ihr anschaulich die Konzepte des Musters und der Reihenfolge darstellen.

Material

- buntes oder weißes Papier, in Streifen geschnitten (beliebige Länge und Breite, jedoch nicht zu breit!)
- Bleistifte, Buntstifte oder Pinsel und Farbe
- Hefter oder Klebeband

Anleitung

1. Die Kinder bemalen die Papierstreifen mit Mustern oder Bildern. Sie können das Papier auch schon vor dem Zuschneiden anmalen. Alles muss gut trocknen und kann dann in Streifen geschnitten werden. Möglicherweise muss ein Erwachsener dabei helfen.
2. Die Kinder legen die Papierstreifen nach ihren Gemeinsamkeiten, z. B. gleiche Farbe oder ähnliche Muster, auf verschiedene Stapel.
3. Dann wählen sie einen Streifen aus und heften oder kleben seine Enden so zusammen, dass eine Schlaufe entsteht.
4. Anschließend schieben sie einen zweiten Papierstreifen durch die erste Schlaufe der Papierkette und heften oder kleben seine Enden ebenfalls zusammen: Ein zweites Kettenglied ist entstanden.
5. Die Kinder verbinden die einzelnen Streifen nach einem Muster wiederkehrender Farben oder Bilder, bis die Kette die gewünschte Länge hat.

Variationen

- Für breite Ketten kann man Papierstreifen zuschneiden, die 5–8 cm breit und 10–20 cm lang sind. Für schmale Ketten können die Streifen ca. 2 cm breit und 10 cm lang sein.
- Die Ketten können einen „Themenraum“ dekorieren. Pastellfarbene Ketten eignen sich für einen „Frühlingsraum“, blaue und weiße für einen „Winterraum“ und rote und grüne für einen „Weihnachtsraum“.
- Ketten können anzeigen, wie lange es noch bis zu einem besonderen Ereignis, z. B. einem Geburtstag, dauert. Dazu basteln die Kinder eine Kette, die so viele Glieder hat, wie es noch Tage bis zu dem Ereignis sind. Dann reißen sie jeden Tag ein Glied ab und können so sehen, wie der große Tag immer näher rückt. Die Kettenglieder können auch nummeriert werden, dann kann man rückwärts bis zum großen Tag zählen.

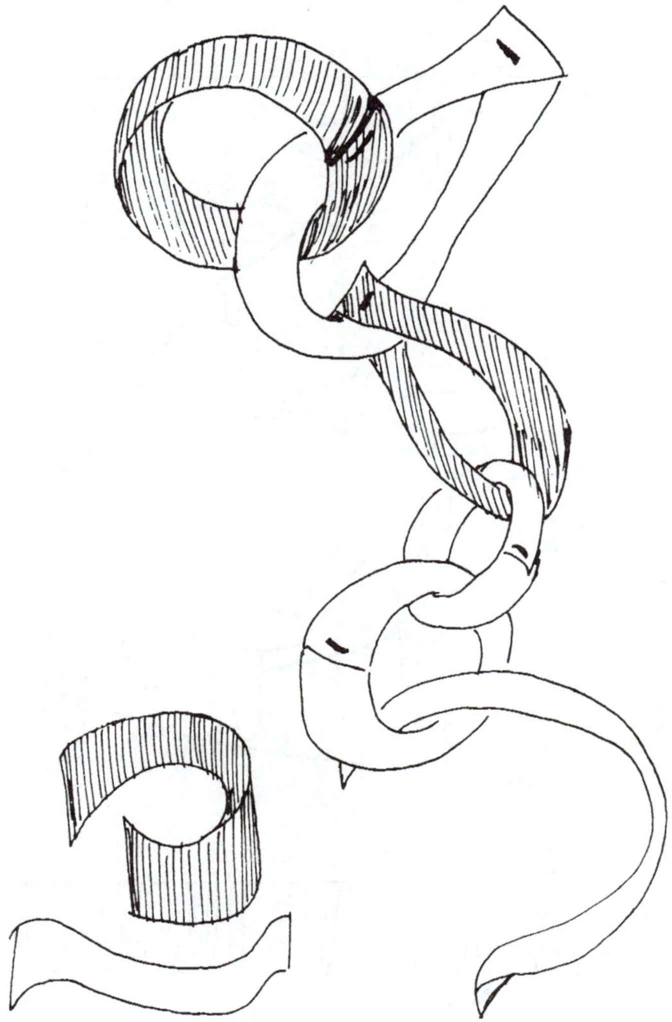

Fadenmusterbrett

Muster
Basteln

Ein Nagelbrett dient als vielseitig verwendbare Ausgangsbasis für unterschiedliche Fadenmuster.

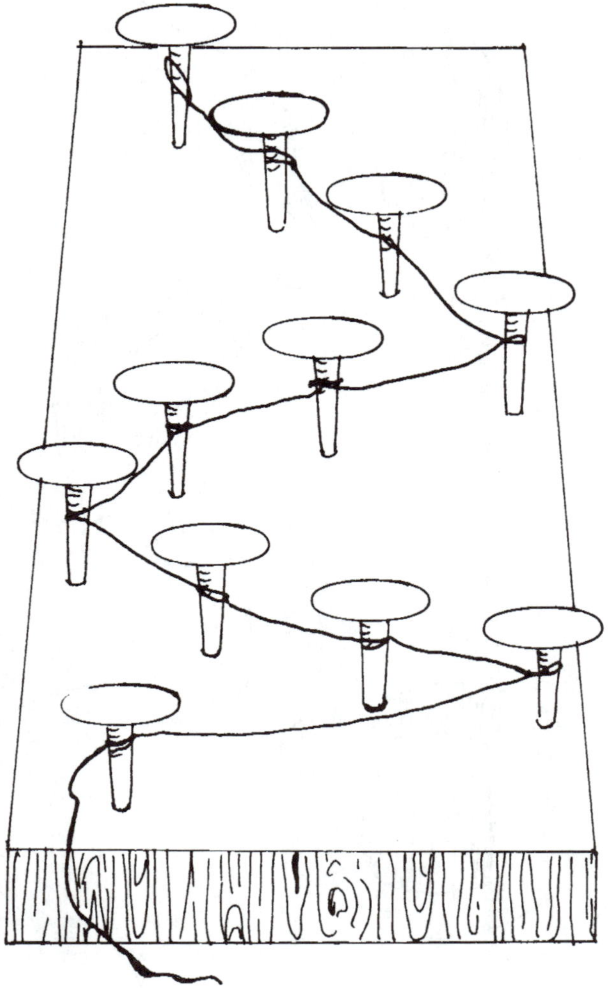

Material

- ein etwa 3 cm dickes Brett
- bunte Kordel, Gummibänder, Stickgarn oder dicken Bindfaden
- einen Hammer
- ca. 30 Nägel (ungefähr 4 cm lang)

Anleitung

1. Die Kinder überlegen sich zunächst, in welcher Anordnung sie die Nägel ins Brett schlagen wollen: in Reihen, in einem Kreis oder in einem anderen Muster.
2. Dann werden die Nägel mit Hilfe eines Erwachsenen wie geplant ins Brett gehämmert. Achten Sie darauf, dass die Nägel nicht durch das Holz in die Arbeitsfläche geschlagen werden. Die Nägel sollen so tief eingeschlagen werden, dass nur noch etwa 2 cm herausgucken.
3. Anschließend nehmen die Kinder ein Stück bunte Kordel und wickeln das Ende mehrere Male um einen Nagel (verknoten hält noch besser).
4. Nun ziehen sie die Kordel straff zu einem anderen Nagel und wickeln sie ein- oder zweimal darum.
5. Entsprechend ziehen sie die Kordel zu weiteren Nägeln. So entsteht ein Muster. Wenn die Kinder möchten, können sie die Farbe der Kordel beliebig oft wechseln.
6. Die Kordel kann nach einer Weile entfernt werden, damit ein anderes Kind das Brett benutzen kann.

Variationen

- Lassen Sie kleine Kinder nur das Muster entwerfen und einen Erwachsenen die Nägel in das Brett hämmern.
- Anstelle von Nägeln drücken die Kinder Heftzwecken oder Pinnwandnadeln in ein Stück Dachpappe oder dickes Styropor.
- Die Kinder bilden mit den Nägeln eine Form oder ein Bild (wie bei „Verbinde die Punkte"). Das kann ein Schiff oder Tier sein, eine Blume oder ein Lastwagen.

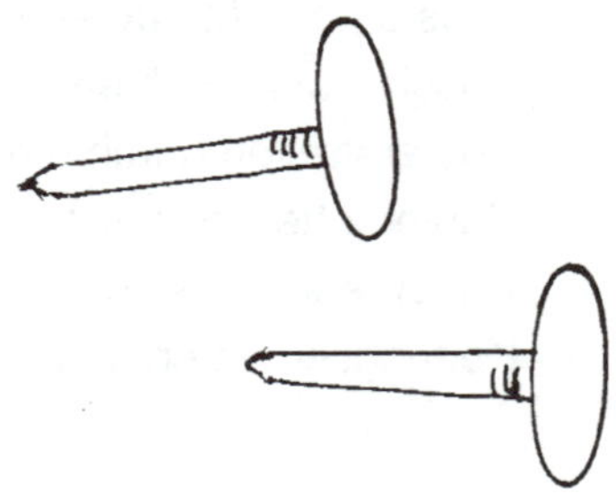

Musterbrett für Gummibänder

Geben Sie Kindern einen Hammer, Nägel und bunte Haushaltsgummis, dann wird das Entwerfen von Mustern leicht und macht besonders viel Spaß.

Muster
Basteln

Material

- ein Brett, ca. 30 x 30 cm groß und 3 cm dick
- mindestens 16 Nägel mit großen Köpfen, ca. 4 cm lang
- verschiedenfarbige Haushaltsgummis

Anleitung

1. Mit Hilfe eines Erwachsenen hämmern die Kinder die Nägel gleichmäßig verteilt in das Brett. Die Nägel sollten Reihen bilden (siehe Abbildung) und nur noch ca. 2 cm herausragen. Achten Sie darauf, dass das Brett nicht auf die Arbeitsfläche genagelt wird.
2. Dann sortieren die Kinder Haushaltsgummis nach ihrer Farbe auf dem Tisch.
3. Nun überlegen die Kinder sich ein Muster, z. B. rot, blau, rot, blau, ...; rot und blau horizontal, gelb und grün vertikal. Alle Muster sind geeignet – am Anfang die einfachen, später können die Kinder, wenn sie möchten, mehr Farben verwenden.
4. Dann nehmen die Kinder den ersten Gummiring, legen ihn über einen Nagel und spannen ihn über das Brett zu einem zweiten Nagel.
5. Genauso verfahren sie mit weiteren Gummiringen, bis sie das gewünschte Muster haben.
6. Die Gummiringe können für neue Muster entfernt werden oder es werden weitere hinzugefügt, sodass ein komplexeres Muster entsteht.

Variation

- Das Brett selbst kann verziert oder verändert werden. Es kann z. B. vor dem Nageln angemalt oder mit Geschenkpapier, Folie oder anderen Materialien bedeckt werden. Die Abschnitte zwischen den Nägeln können angemalt oder das ganze Brett mit nassem Krepppapier gefärbt werden.

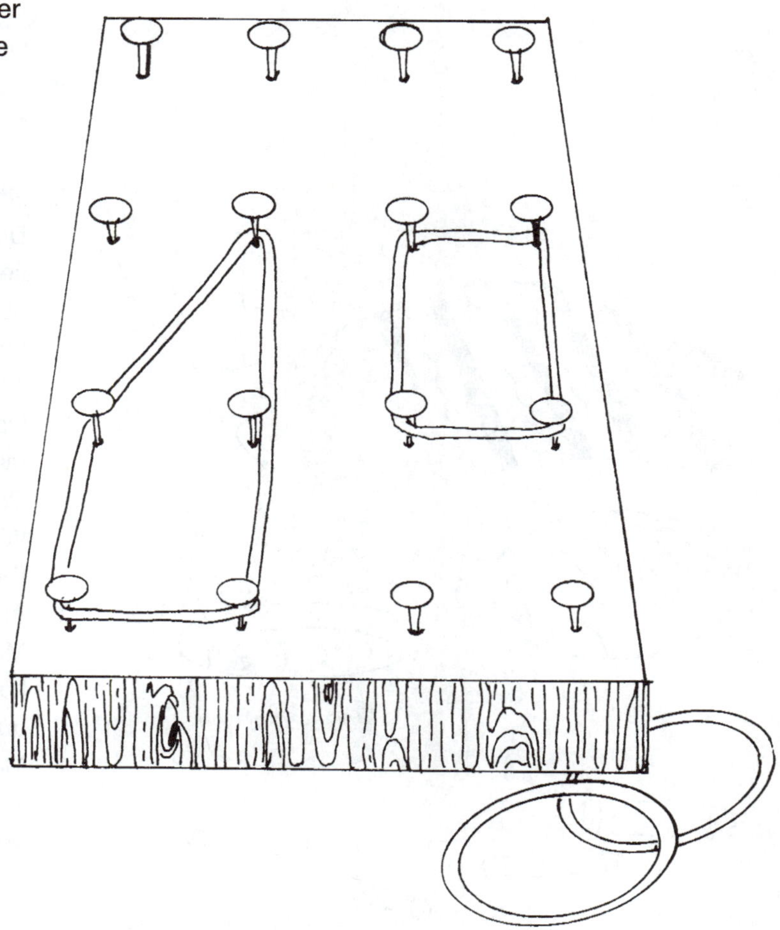

Zweikomponentenmuster

Mit Wachsstiften wird ein Muster gemalt. Dieses bekommt anschließend ein völlig neues Aussehen, wenn die Kinder Wasserfarbe auftragen.

Material

- Wachsstifte
- Papier
- Wasserfarbe
- weiche Pinsel
- Scheren
- große Papierbögen

Anleitung

1. Die Kinder zeichnen mit Wachsstiften ein selbst entworfenes, farbiges Streifenmuster auf das Papier. Jedes Muster ist geeignet und das ganze Blatt wird mit dem Muster bedeckt.
2. Dann tragen die Kinder auf das Wachsstiftmuster mit dem Pinsel Wasserfarbe auf. Dabei können sie beobachten, wie die Wasserfarbe von der Wachsschicht abperlt. Die Farbe muss kurz trocknen.
3. Anschließend können die Kinder aus dem Musterpapier eine Form schneiden. Das kann ein Kreis, eine Wolke, eine Blume oder auch eine abstrakte Form sein.
4. Mehrere dieser Bilder können effektvoll auf kontrastierendes Buntpapier oder einen passenden Hintergrund geklebt werden.

Variationen

- Für ältere Kinder nummerieren Sie die Stifte mit Etiketten und lassen die Kinder ein Muster nach Nummern entwerfen, z. B. das „1,2,3-Muster“; das „5,5,5,1,2-Muster“ etc.
- Legen Sie gleichfarbige Stifte in je einen Behälter. Dann können die Kinder ein Muster nach der Reihenfolge herstellen, in der die Behälter auf dem Tisch angeordnet sind.

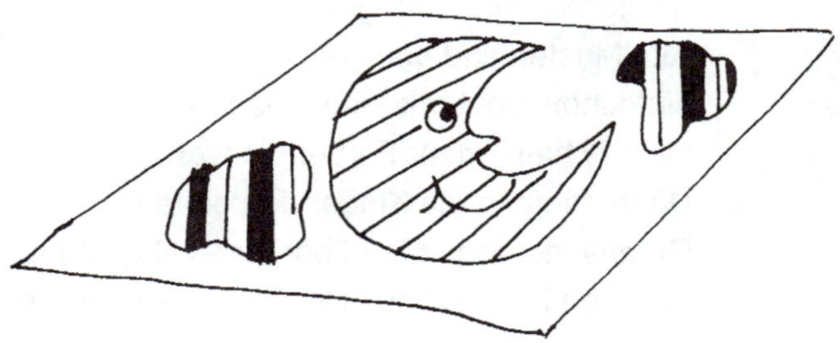

Gemustertes Lesekissen

Muster
Basteln

Die Kinder verschönern eine Kissenhülle mit einem bunten Muster aus Stoffresten.

Material

- in beliebige Formen geschnittene Stoffreste
- Stoffklebefolie zum Aufbügeln
- Bügeleisen (nur unter Aufsicht eines Erwachsenen)
- Kissenhüllen
- Kisseneinlage

Anleitung

1. Die Kinder ordnen auf einer Kissenhülle die Stoffreste in einem durch Farbe, Form oder Gestaltung bestimmten Muster an.
2. Dann werden die Stoffreste zusammen mit der Klebefolie nach der Anweisung auf der Packung auf die Kissenhülle gebügelt. Hier sollte ein Erwachsener helfen!
3. Wenn die Hülle abgekühlt ist, kann sie über das Kissen gezogen werden.
4. Verwenden Sie das Kissen als Dekoration oder als ganz besonderes Lesekissen. Da man dieses Kissen nicht gut waschen kann, sollte es nicht als normales Kopfkissen benutzt werden.

Variationen

- Die Kinder schneiden die Stoffreste in kleine Quadrate. Dann bekommen sie ein ganz buntes Patchworkkissen.
- Anstelle der Stoffreste kann man auch Stofffarben verwenden. Dieses Kissen können Sie gut waschen.
- Die Kinder kleben den Stoff mit Stoffkleber auf die Hülle.
- Die Kinder kleben den Stoff auf Fotokarton oder Pappe.

3+

Muster
Basteln

Farbsandgläser

Die Kinder stellen Gläser mit gefärbtem Sand in von ihnen erdachten Mustern auf und lernen so, nach Gemeinsamkeiten oder Unterschieden und mit Abstufungen zu sortieren.

Material

- hellen Sand
- Pigmente (Erdpigmente)
- Schüsseln zum Anrühren, eine für jede Farbe
- Rührstöckchen
- Löffel
- durchsichtige Gläser mit Deckeln in unterschiedlichen Größen

Anleitung

Den Sand färben

1. Schütten Sie etwas Sand in die Schüsseln.
2. Fügen Sie jeweils etwas Pigmentpulver hinzu. Rühren Sie mit dem Stöckchen gut um, damit sich die Farbe gleichmäßig verteilt. Stellen Sie so viele Farbtöne her, wie Sie mögen.

Die Farbsandgläser ordnen

1. Die Kinder füllen mit den Löffeln Sand in die Gläser, immer eine Farbe in ein Glas.
2. Dann stellen sie die Farbsandgläser in einem Muster auf, wobei sie sie nach Größe oder Farbe ordnen.
3. Stellen Sie die Gläser auf ein Regal oder Fensterbrett, das sieht hübsch aus.

Variationen

- Schütten Sie den Farbsand auf kleine Teller. Dann bestreichen die Kinder ein Kartonstück in Postkartengröße mit Klebstoff. Die Karten können in verschiedene Formen geschnitten sein. Anschließend drücken die Kinder die Klebstoffseite der Karte in den Farbsand, nehmen sie wieder heraus und lassen sie trocknen. So können Karten in allen Farben hergestellt werden. Die Karten können dann zum Sortieren und Anordnen nach Farbe oder Form benutzt oder auch auf einem größeren Stück Pappe zu einem Muster geklebt werden.
- Verwenden Sie Spulen oder kleine Holzklötze, die die Kinder an einem Ende in Klebstoff und dann in Farbsand tauchen. Lassen Sie sie trocknen. Dann sortieren die Kinder sie und ordnen sie auf einem größeren Holzbrett an. Die Klötze können auch auf das Brett geklebt werden.

Malen nach Punkten

3+

Reihenfolge
Malen

Die Kinder entwerfen ein Bild, bei dem Punkte verbunden werden müssen, und machen so eigene Erfahrungen mit dem Begriff der Reihenfolge.

Material

- runde Aufkleber
- Buntstifte
- Papier

Anleitung

1. Die Kinder kleben die Aufkleber in einer beliebigen Anordnung auf das Papier. Für einen ersten Versuch sind etwa zehn Aufkleber gut geeignet.
2. Kleine Kinder beginnen bei einem beliebigen Aufkleber und ziehen zu einem weiteren Aufkleber eine Linie. So verbinden sie nach und nach alle Aufkleber zu einem Muster ihrer Wahl. Ältere Kinder, die schon Zahlen kennen und Ziffern schreiben können, nummerieren zunächst die Aufkleber und verbinden sie dann in der richtigen Reihenfolge.
3. Um das Bild zu vervollständigen, können die Kinder es noch weiter verzieren oder bemalen. Sie können z. B. die Zwischenräume anmalen, Muster, Linien, Karos o. Ä. in die Zwischenräume zeichnen oder die Aufkleber solange umkringeln, bis das ganze Papier mit Linien gefüllt ist.

Variationen

- Anstatt Aufkleber zu benutzen, zeichnen oder malen die Kinder selbst Punkte auf das Papier.
- Die Kinder kleben anstelle von Punkten andere Papierformen oder Collagematerialien auf das Bild.
- Die Kinder zeichnen mit Glitterklebstoff statt mit Stiften.
- Die Kinder entwerfen mit Kreide ein Punktebild im Hof oder auf dem Bürgersteig.

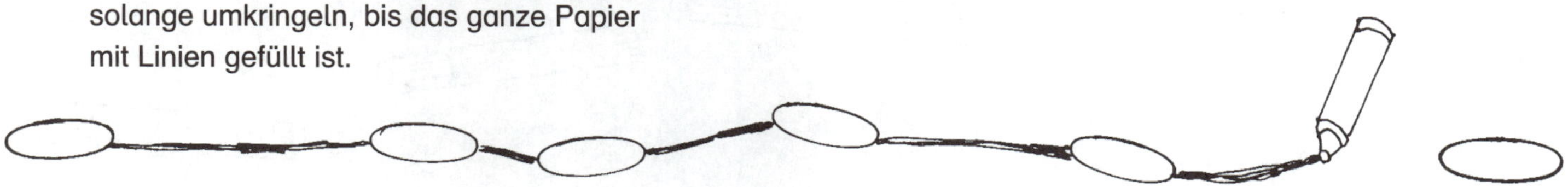

Verbinde die Punkte

Reihenfolge
Malen

Wenn die Kinder Punkte verbinden, die in einem bestimmten Muster angeordnet sind, können die Ergebnisse vollkommen unterschiedlich sein, auch wenn das Ausgangsmuster gleich ist.

Material

- Papierbogen mit vorher aufgezeichneten oder aufgeklebten Punkten
- Buntstifte
- Papierreste, Klebstoff, Scheren, Garn (nicht unbedingt notwendig)

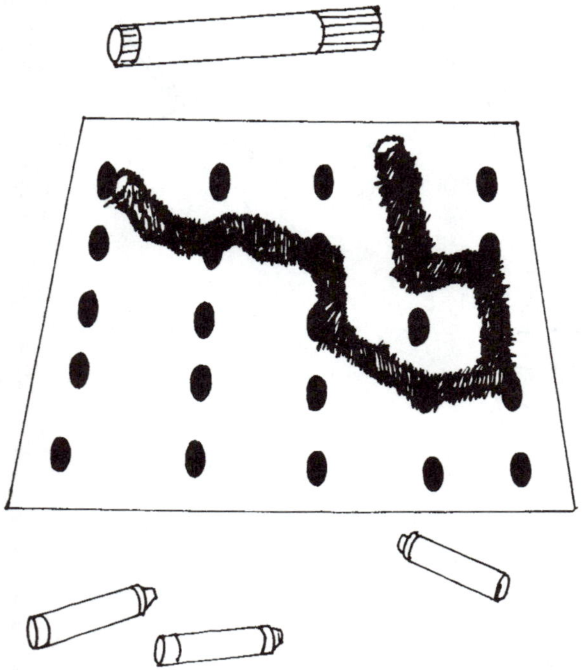

Anleitung

1. Ein Erwachsener bereitet das Papier mit den Punkten vor. Zeichnen oder kleben Sie Punkte wie auf der Abbildung gezeigt in regelmäßiger Anordnung auf das Papier. Mit einem Fotokopierer können Sie mit wenig Aufwand viele Vorlagen herstellen.
2. Die Kinder verbinden die Punkte mit Buntstiften. Sie können so viele oder wenige Punkte verbinden, wie sie möchten und dabei auch Punkte überspringen.
3. Zusätzliche Wirkung erzielen die Kinder, wenn sie die entstandenen Formen ausmalen oder wenn sie Papierreste ausschneiden und in die Zwischenräume zwischen Punkten und Linien kleben. Die Linien kann man hervorheben, indem man Garn auf sie klebt.

Variationen

- Die Kinder entwerfen ein Verbindungsbild mit Garn, das sie auf das Papier kleben.
- Für ältere Kinder können die Punkte nummeriert werden.

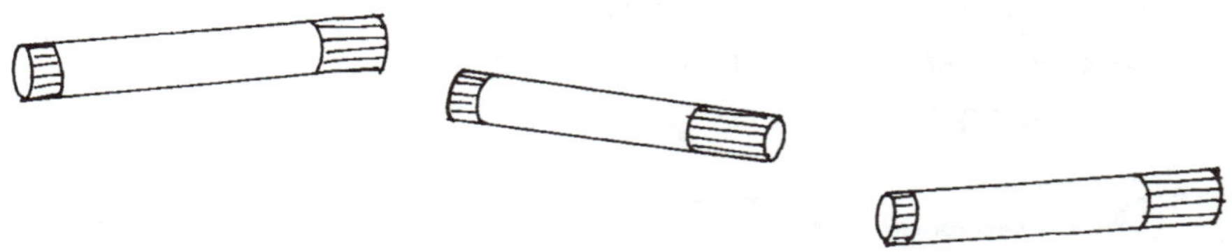

Tagesablaufbilder

Reihenfolge

Die Kinder bringen Bilder von ihren eigenen Tageserlebnissen in eine zeitliche Reihenfolge und vertiefen so diesen Begriff.

Material

- 3 Blatt Papier
- Klebeband
- Buntstifte

Anleitung

1 Am Morgen malen die Kinder eine Morgenszene auf das erste Blatt Papier, ein Bild also, auf dem z. B. das Aufwachen, das Frühstücken oder ein Sonnenaufgang zu sehen ist.

2. Am Nachmittag malen die Kinder eine Nachmittagsszene auf das zweite Blatt Papier, z. B. ein Bild, das die Mittagspause oder das Spielen im Hof zeigt.
3. Am Abend malen die Kinder ein drittes Bild, z. B. vom Schlafengehen, einer sternklaren Nacht oder dem Schmusen mit den Eltern.
4. Gemeinsam mit den Kindern kleben Sie am nächsten Tag die drei Szenen in der richtigen Reihenfolge aneinander. Dabei betrachten Sie die drei angeordneten Szenen und sprechen darüber, als wäre es eine Geschichte.
5. Ein Erwachsener kann, wenn das Kind dies möchte, die Erzählung über die Bilder aufschreiben.

Variationen

- Kleine Kinder können Bilder für die verschiedenen Szenen aus einer Zeitschrift ausschneiden.
- Ältere Kinder können
  - ein Vier-Jahreszeiten-Bild aus vier Blättern Papier anfertigen;
  - ein Feiertagsbild rund ums Jahr mit zwölf Blättern Papier anfertigen;
  - ein Bild von jedem eigenen Geburtstag anfertigen, an den sie sich selbst erinnern können, und diese Bilder in die richtige Reihenfolge bringen.

3+

Geschichtenring

Reihenfolge
Malen

Die Kinder basteln einen Pappring, auf dem Bilder einer fortlaufenden Geschichte in der richtigen Reihenfolge zu sehen sind. So wird ihr Verständnis für das Konzept der Reihenfolge gefördert.

Material

- einen langen Pappstreifen
- Klebeband
- Stifte
- einen Locher
- vier gleich lange Stücke Garn
- Büroklammern

Anleitung

1. Der Pappstreifen wird auf den Tisch gelegt.
2. Dann malen die Kinder einzelne Ereignisse einer Geschichte in der richtigen Reihenfolge auf den Pappstreifen: Sie beginnen am linken Rand mit dem ersten Ereignis. Dann malen sie den zweiten Teil, dann den dritten usw. Die Geschichte kann wahr oder erfunden sein.
3. Wenn die Geschichte fertig ist, erzählen die Kinder die Geschichte noch einmal, um sicherzustellen, dass alle Elemente aufgemalt worden sind. Wenn nötig, malen sie das eine oder andere Ereignis hinzu.
4. Biegen Sie den Pappstreifen zu einem Ring, und kleben Sie die beiden Enden aneinander.
5. Lochen Sie vier Löcher in gleichmäßigen Abständen an den oberen Rand des Rings. Knoten Sie die vier Garnstücke durch die Löcher an den Ring und über dem Ring zusammen.
6. Bringen Sie eine Büroklammer als Aufhänger an dem Knoten an. Dann hängen Sie den Geschichtenring so niedrig auf, dass die Kinder die Geschichte sehen und sich immer wieder daran erfreuen können.

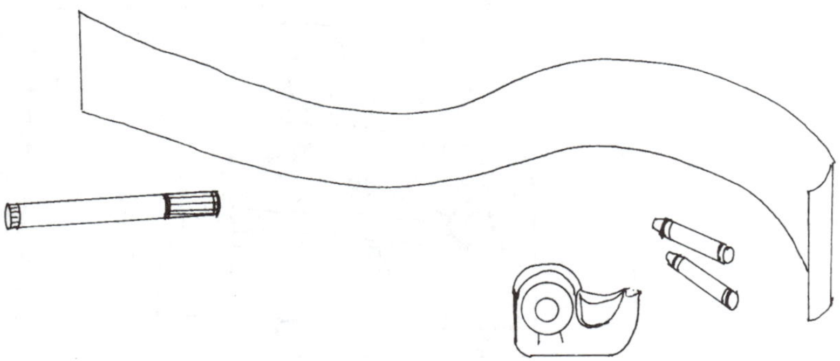

Variationen

- Mit kleineren Kindern nehmen Sie Bilder aus Zeitschriften für den Geschichtenring.
- Die Kinder kleben Fotos in einer sinnvollen Reihenfolge auf den Geschichtenring.
- Die Kinder malen einzelne Bilder auf Papier und befestigen sie mit Büroklammern an dem Geschichtenring. So kann die Geschichte immer wieder verändert werden.
- Basteln Sie mit den Kindern Geschichtenstirnbänder.

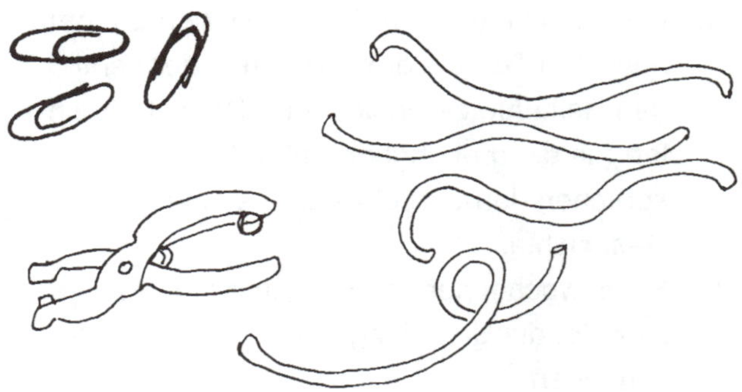

Fotoausstellung

Reihenfolge
Collage

Für eine Ausstellungswand mit alltäglichen Ereignissen fotografieren die Kinder Vorgänge aus dem Alltag. Wenn der Film entwickelt ist, werden die Fotos in der Reihenfolge angeordnet, in der die Ereignisse geschehen sind.

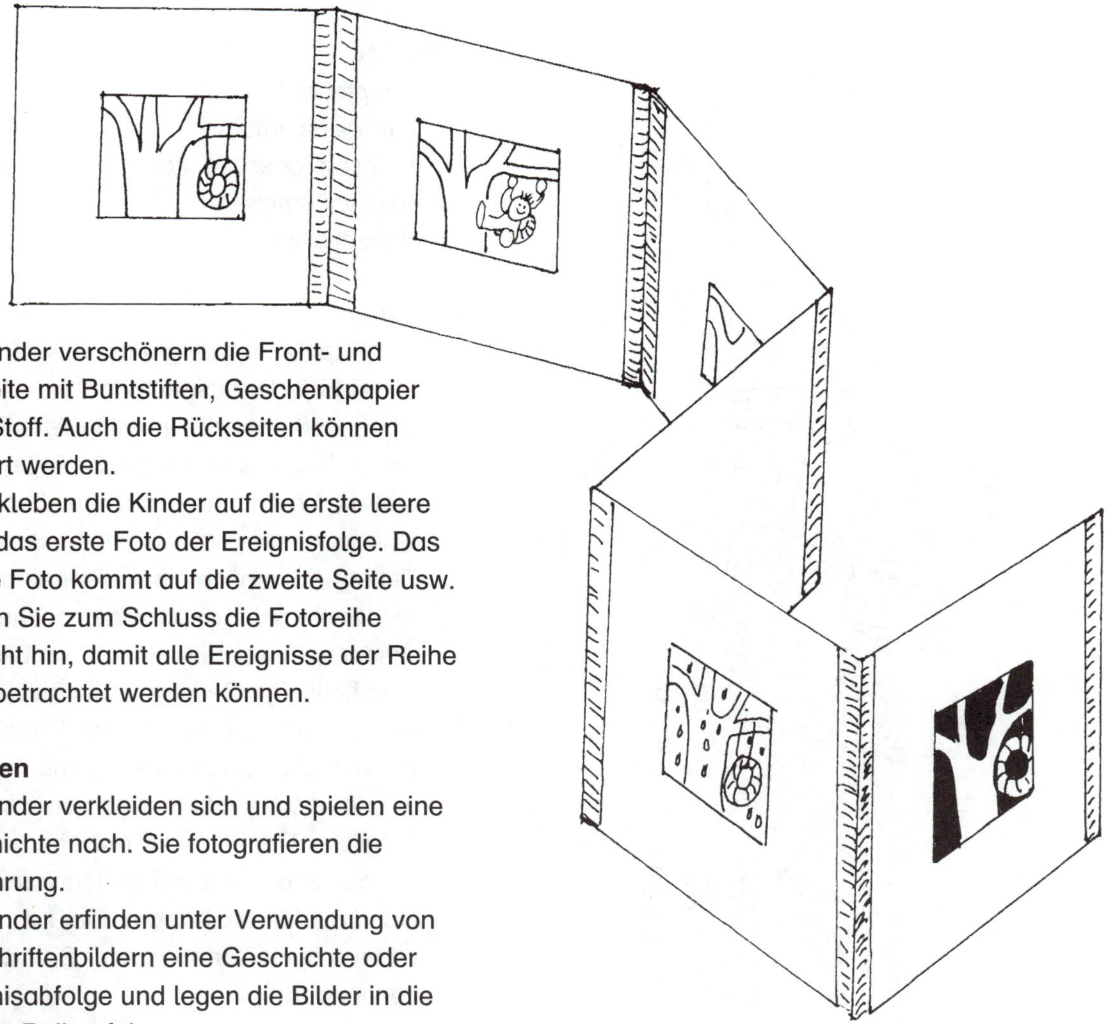

Material

- einen Fotoapparat oder eine Sofortbildkamera
- einen Film
- rechteckige, gleich große Fotokartonstücke als Untergrund für die Fotos
- Kreppklebeband
- Klebstoff oder Tesafilm
- Buntstifte, Geschenkpapier oder Stoff zum Verzieren der Front- und der Endseite

Anleitung

1. Die Kinder fotografieren ca. fünf alltägliche Ereignisse.
2. Lassen Sie den Film möglichst über Nacht entwickeln, damit die Ereignisse noch in frischer Erinnerung sind.
3. Ein Erwachsener klebt die Fotokartonstücke mit Kreppklebeband zusammen: eine Seite pro Foto sowie eine Front- und eine Endseite. Lassen Sie zwischen den Fotokartonstücken immer einen kleinen Zwischenraum, damit sie sich besser auf- und zusammenfalten lassen.
4. Breiten Sie die Fotokartonreihe flach auf dem Tisch aus.
5. Die Kinder verschönern die Front- und Endseite mit Buntstiften, Geschenkpapier oder Stoff. Auch die Rückseiten können verziert werden.
6. Dann kleben die Kinder auf die erste leere Seite das erste Foto der Ereignisfolge. Das zweite Foto kommt auf die zweite Seite usw.
7. Stellen Sie zum Schluss die Fotoreihe aufrecht hin, damit alle Ereignisse der Reihe nach betrachtet werden können.

Variationen

- Die Kinder verkleiden sich und spielen eine Geschichte nach. Sie fotografieren die Aufführung.
- Die Kinder erfinden unter Verwendung von Zeitschriftenbildern eine Geschichte oder Ereignisabfolge und legen die Bilder in die richtige Reihenfolge.

Geschichtenteller

Reihenfolge
Basteln

Die Kinder erfinden unter Verwendung von Zeitschriftenbildern eine vierteilige Geschichte und bringen die Bilder in die richtige Reihenfolge.

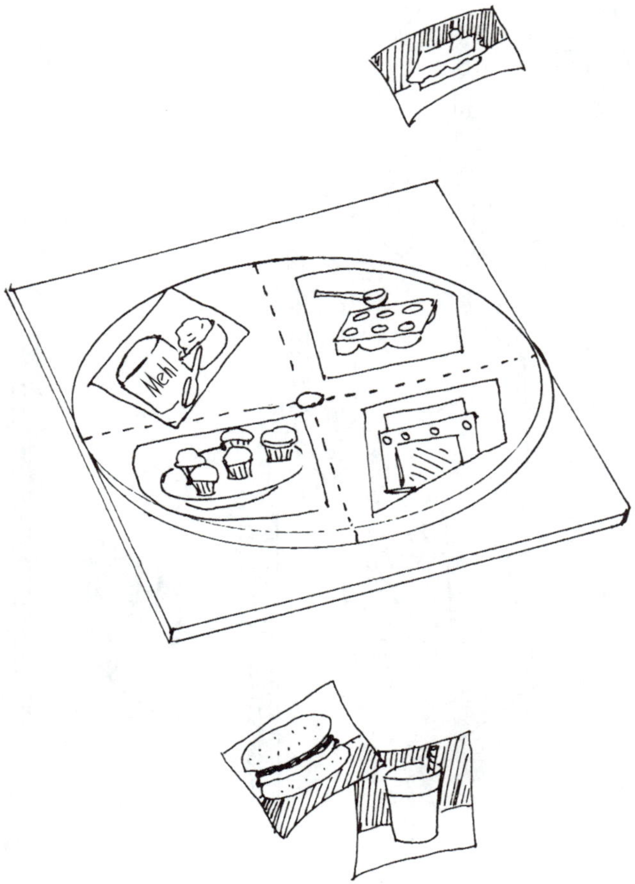

Material

- Pappteller
- alte Zeitschriften
- Klebstoff oder Kleister
- Musterklammern
- Plakatkarton

Anleitung

1. Der Pappteller wird genau in der Mitte gefaltet und wieder ausgebreitet.
2. Dann wird er noch einmal in der Mitte gefaltet, sodass vier gleich große Tellerteile entstehen. Wenn man den Pappteller nun auseinander faltet, hat man vier Abschnitte. Der Teller wird zunächst beiseite gelegt.
3. Mit Hilfe eines Erwachsenen suchen die Kinder in Zeitschriften nach vier Bildern, die eine beliebige Geschichte erzählen und auf die einzelnen Abschnitte des Papptellers passen. Die Geschichten können wahr, erfunden oder vollkommen verrückt sein. Mögliche Themen sind: anziehen, ins Bett gehen, eine Ausflugsfahrt machen, einen Hund ausführen, backen oder kochen. Sie können auch Cartoons oder Comics verwenden.
4. Die Kinder schneiden die vier Bilder aus.
5. Dann kleben sie sie hintereinander in die vier Abschnitte des Tellers.
6. Stechen Sie eine Musterklammer durch die Mitte des Papptellers und befestigen Sie ihn damit auf dem Karton.
7. Nun können die Kinder den Teller drehen, um die Reihenfolge der Ereignisse auf den Bildern zu zeigen, und dazu die Geschichte erzählen.

Variation

- Die Kinder befestigen einen Pfeil aus Bastelpapier mit einer Musterklammer in der Mitte des Papptellers und zeigen mit dem Pfeil nacheinander auf die Ereignisse, um die Reihenfolge deutlich zu machen.

Holzklotzmuster

Reihenfolge
Basteln

Die Kinder legen selbst bemalte Holzklötze in eine durch Farben, Formen oder Bildern bestimmten Reihenfolge.

Material

- Holzklötze (z. B. Bauklötze, gekauft oder selbst hergestellt)
- Acrylfarben und Pinsel
- Zeitungspapier
- Klebstoff
- ein langes, schmales Brett
- mindestens zwei Schraubösen (nicht unbedingt notwendig)
- Garn, Kordel oder Draht (nicht unbedingt notwendig)

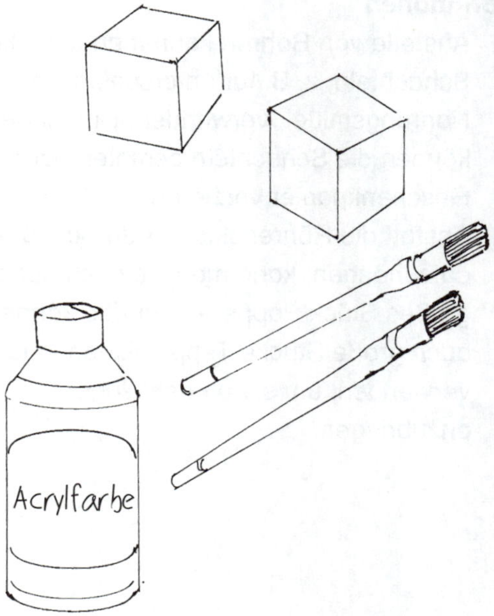

Anleitung

1. Die Kinder bemalen die Holzklötze mit Acrylfarben, ganz wie sie möchten: einfarbig, mit Mustern oder Bildern, …
2. Lassen Sie die Klötze über Nacht auf Zeitungspapier trocknen.
3. Wenn die Holzklötze getrocknet sind, ordnen die Kinder einige Klötze in einer von Farben, Formen oder Bildern bestimmten Reihenfolge an. Dann wiederholen sie die Folge. So entsteht ein Muster.
4. Anschließend kleben die Kinder die Holzklötze in diesem Muster auf das schmale, lange Brett. Die Holzklötze müssen über Nacht antrocknen.
5. Befestigen Sie auf der Oberseite des Bretts rechts und links je eine Schrauböse. Nun führen Sie Draht, Kordel oder Garn durch die Schlaufen, damit Sie das Holzklotzmuster aufhängen können.

Variationen

- Anstatt die Klötze aufzukleben, kann man sie auch in einer Kiste aufbewahren. So können die Kinder immer wieder neue Muster legen.
- Die Kinder legen andere Materialien zu einem Muster, z. B. Krepppapierreste, ein altes Kartenspiel, Flaschenverschlüsse, Blätter von Büschen und Bäumen. Zum Teil können sie die Materialien auch vorher noch zu Formen schneiden. Dieses Muster kleben sie auf ein Holzbrett.
- Anstelle von Acrylfarbe kann man auch Wasser- oder Stoffmalfarbe benutzen.

Röhrenskulptur

Reihenfolge
Skulptur

Bei dieser Aktivität ordnen die Kinder unterschiedliche Pappröhren der Größe nach an. Beim Vergleichen müssen sie genau hinschauen!

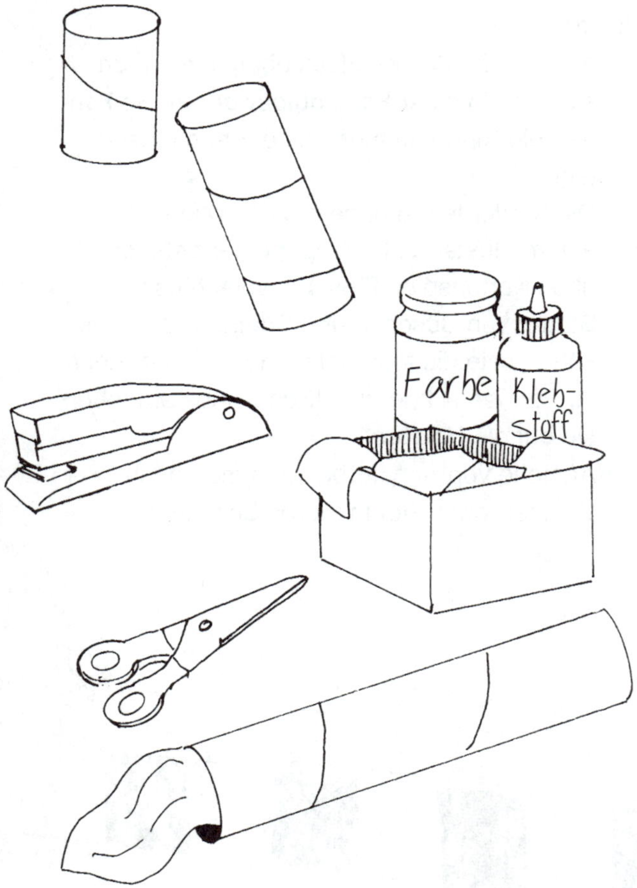

Material

- Pappröhren von Toilettenpapier oder Küchenkrepp
- Scheren
- Farbe
- Klebstoff
- einen Hefter
- einen Locher
- Garn oder Kordel
- farbiges Seidenpapier

Anleitung

1. Die Kinder schneiden die Röhren in verschiedenen Längen zu. Von sehr kurz bis sehr lang sollte alles dabei sein.
2. Dann ordnen sie die Röhrenteile der Länge nach in einer Reihe an, von ganz kurz zu ganz lang. Die Röhren stehen dabei aufrecht. Damit sie nicht umkippen, müssen unter Umständen die Enden zugeschnitten werden.
3. Nun kleben sie die nebeneinander stehenden Röhrenabschnitte zusammen. Damit dies besonders gut hält, sollten die Röhren zusätzlich an beiden Enden zusammengeheftet werden. Dazu brauchen die Kinder vielleicht die Hilfe eines Erwachsenen.
4. Wenn der Klebstoff getrocknet ist, können die Kinder die Röhren anmalen. Anschließend muss die Farbe trocknen.
5. Zusätzlich können die Kinder Seidenpapierstücke in die Enden der Röhren stopfen, dann sieht das Ganze noch schöner aus.
6. Jetzt kann man noch jeweils ein Loch in die Enden rechts und links lochen, dann kann das Röhrenarrangement an Schlaufen aus Garn oder Kordel aufgehängt werden.

Variationen

- Anstelle von Röhren kann man auch kleine Schachteln, z. B. für unterschiedliche Nahrungsmittel, verwenden. Die Kinder können die Schachteln bemalen oder mit Geschenkpapier verzieren.
- Anstatt die Röhrenskulptur an Schnüren aufzuhängen, kann man sie auch auf ein großes Stück Pappe heften. Sie können auch große Stücke Teppichklebeband verwenden, um sie an der Wand anzubringen.

Röhrenkette

3+

Reihenfolge
Basteln

Die Kinder sortieren Pappröhren verschiedener Größen und Farben nach ihren Eigenschaften und basteln aus ihnen dann eine gemusterte Girlande.

Material

- Pappröhren von Toilettenpapier und Küchenkrepp
- Scheren
- Temperafarben (Schul-Tempera)
- Pinsel
- Kordel oder Bindfaden
- Zeitungspapier zum Abdecken der Arbeitsfläche

Anleitung

1. Die Kinder schneiden die Pappröhren in verschiedene Längen.
2. Dann bemalen sie sie mit den Temperafarben und stellen sie zum Trocknen aufrecht hin.
3. Anschließend arrangieren sie die Pappröhren nach unterschiedlichen Kriterien, z. B. von leuchtend zu matt; von einfachen zu komplexen Mustern; von klein nach groß.
4. Die Kinder ziehen die Röhren dann in der gewählten Anordnung auf Kordel oder Bindfaden auf. So kann die Röhrenkette als Dekoration aufgehängt werden.

Variation

- Die Kinder schneiden die Pappröhren mit der Schere zu schmalen Ringen und fädeln diese zu einem Armband oder einer Halskette auf.

3+

Raffinierte Pausensnacks

Reihenfolge
Collage

Die Kinder stellen Snacks her, die künstlerische und mathematische Fähigkeiten erfordern. Am meisten Spaß macht dann das Probieren.

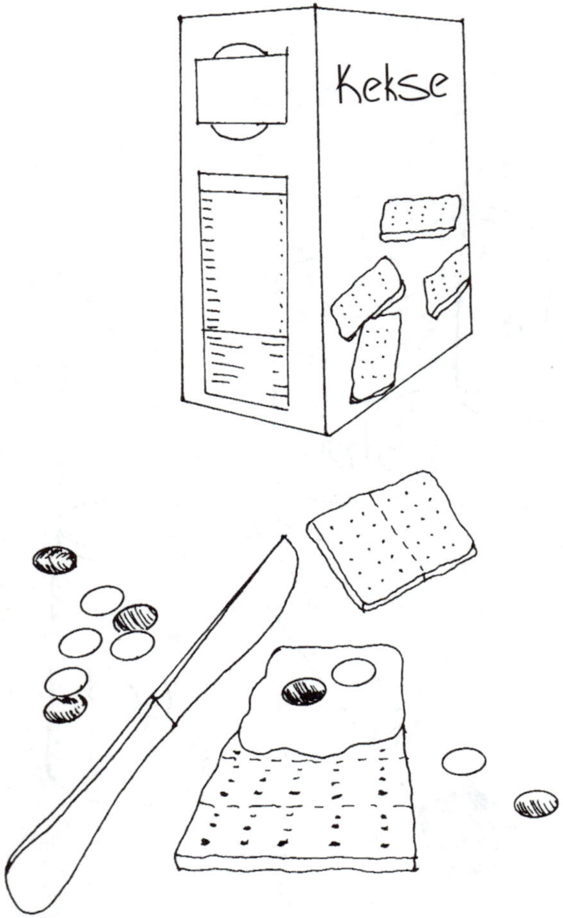

Material

- bunte Schokolinsen und andere kleine Süßigkeiten
- Butter (oder Erdnussbutter)
- einfache Kekse (z. B. Butterkekse)
- Messer
- Teller

Anleitung

1. Schütten Sie die Süßigkeiten aus ihrer Verpackung auf einen sauberen, abgedeckten Tisch.
2. Die Kinder betrachten die Unterschiede und legen die Süßigkeiten dann in eine selbst gewählte Reihenfolge, z. B. von hellen zu dunklen Farben; von warmen zu kalten Farben; vom besten zum schlechtesten Geschmack.
3. Nun werden die Kekse mit Butter bestrichen und die Süßigkeiten in der gewählten Reihenfolge darauf gelegt.
4. Dann heißt es nur noch: Lasst es euch schmecken!

Variationen

- Eine gesündere Variante ist es, die Kekse mit Mustern aus Nüssen, Rosinen und Stücken von Äpfeln und anderen Früchten zu verzieren.
- Man kann auch Staudensellerie mit Frischkäse bestreichen und Gemüsestückchen in unterschiedlichen Reihenfolgen darauflegen. Geeignet sind Möhren, Erbsen, Mais, Käsewürfel u. Ä.

Die Leckerschmeckerskulptur

Die Kinder stellen künstlerische, leckere Gesundheitssnacks aus Obst her und beschäftigen sich gleichzeitig mit dem Konzept des Musters.

Muster
Skulptur

Material

- einen flachen Styroporblock auf einem Teller oder Tablett
- Alufolie
- Klebeband (nicht unbedingt notwendig)
- verschiedene Früchte (gewaschen und zerkleinert), z. B. Bananen, Äpfel, Orangen, Ananas, Kirschen
- eine große Schüssel
- Pappteller oder Pappschalen
- Zahnstocher oder lange Partyspieße aus Plastik oder Holz

Anleitung

1. Zunächst wird der Styroporblock mit Alufolie bedeckt. Dies ist der Sockel der Skulptur. Kleben Sie, wenn nötig, die Enden der Alufolie auf die Unterseite des Blocks und legen Sie ihn beiseite.
2. Stellen Sie die gewaschenen und klein geschnittenen Früchte in einer großen Schüssel auf den Tisch.
3. Die Kinder nehmen die Fruchtstücke aus der Schüssel und stecken sie einzeln oder jeweils mehrere auf einen Zahnstocher oder Partyspieß. Mehrere Fruchtstücke sollten in einem Muster oder einer bestimmten Reihenfolge (z. B. von klein zu groß) aufgereiht werden.
4. Anschließend stecken die Kinder die Fruchtspieße in einem Muster auf den Styroporblock.
5. Die Leckerschmeckerskulptur kann sofort gegessen oder als Partysnack, Appetithäppchen oder leichtes Mittagessen serviert werden.

Variation

- Die Kinder kreieren aus Möhren, Paprika, Sellerie, Zucchini und Pilzen eine Gemüseskulptur. In die Mitte der Skulptur kann man ein Schälchen mit einem Dip aus Hüttenkäse und Kräutern stellen.

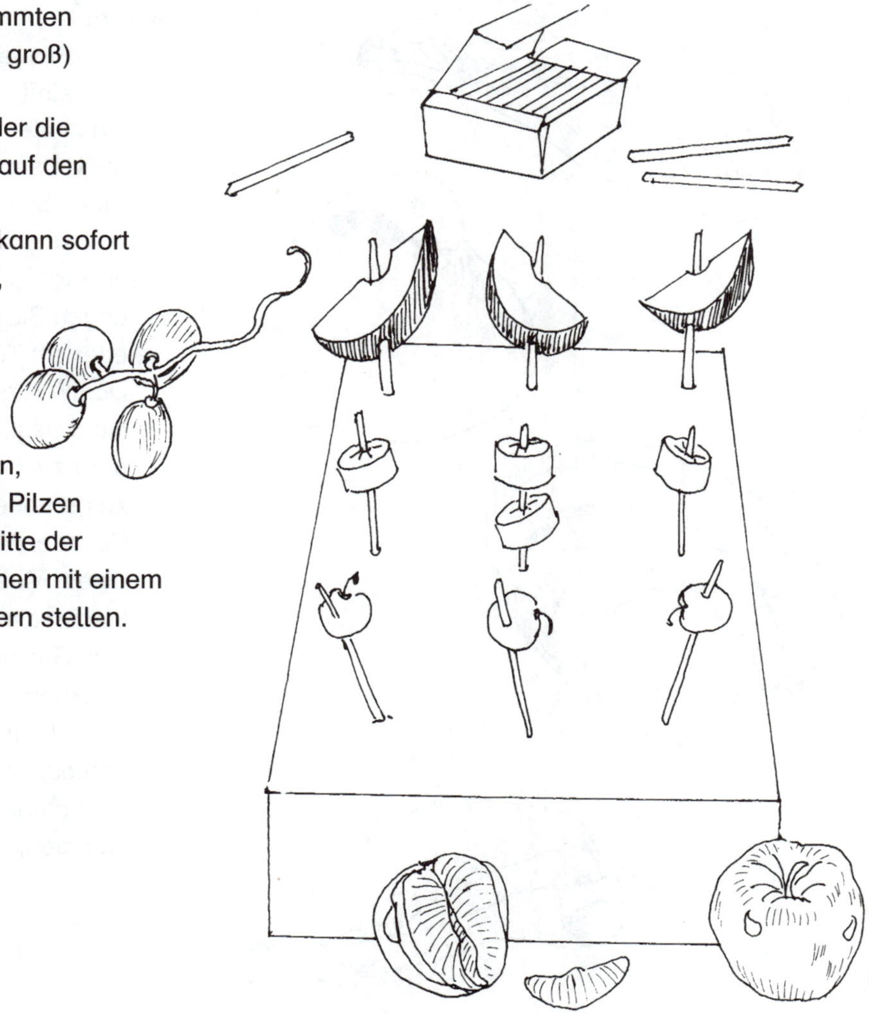

Muschelarrangement

Reihenfolge
Collage

Die Kinder ordnen Muscheln nach Größe, Farbe, Form oder Maserung an.

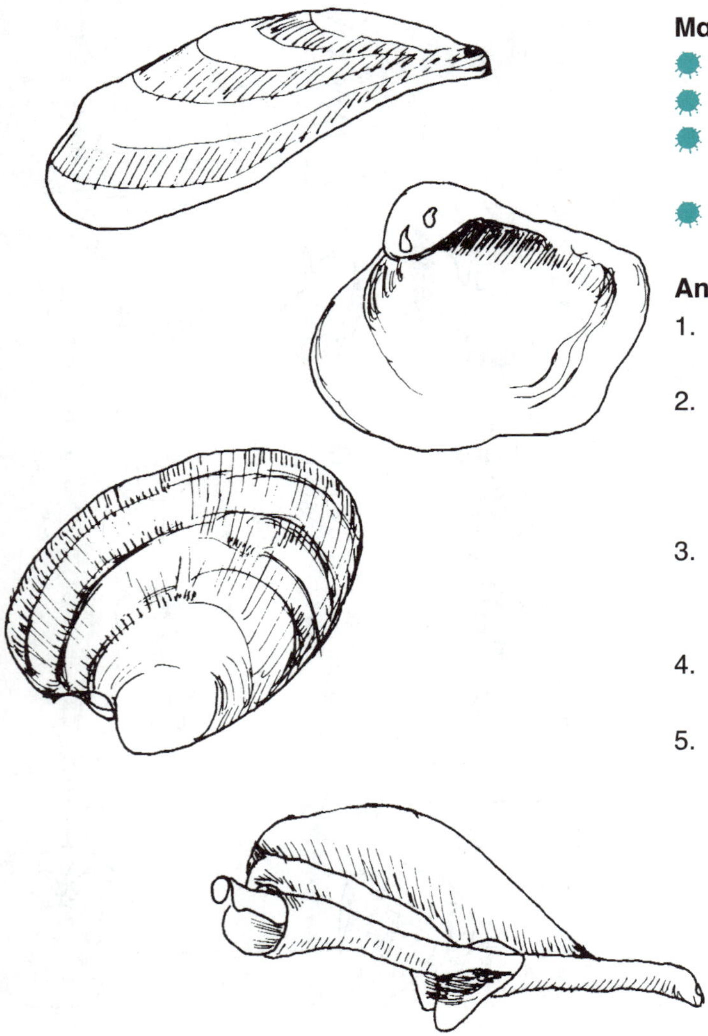

Material

- verschiedene Muscheln
- Klebstoff
- ein glattes Stück Holz oder dicke Pappe als Untergrund
- Klarlack, Pinsel (nicht unbedingt notwendig)

Anleitung

1. Legen Sie alle Muscheln auf einen Tisch oder ein Tablett.
2. Dann ordnen die Kinder die Muscheln in einer bestimmten Reihenfolge an, z. B. von groß zu klein; von dunkel zu hell; von flach zu gerundet; von glatt zu aufgeraut.
3. Eine der Muschelanordnungen legen sie zu einem Muster auf den Untergrund und kleben die Muscheln dort fest.
4. Das Ganze muss mindestens eine Nacht trocknen.
5. Dann können die Kinder die Muscheln anmalen oder mit Klarlack lackieren, damit die natürlichen Farben besser zur Geltung kommen.

Variation

- Ein Erwachsener kann mit dem Handbohrer vorsichtig ein kleines Loch in jede Muschel bohren. Dann können die Kinder aus den Muscheln ein Mobile, eine Girlande oder eine Halskette basteln, die eine bestimmte Reihenfolge aufweist.

Blätterarrangement

Reihenfolge
Collage

Mit Laub können die Kinder bunte Arrangements auf Papier legen.

Material

- Blätter in verschiedenen Formen und Größen, gepresst und getrocknet
- Zeitungspapier zum Abdecken der Arbeitsfläche
- Klebstoff
- Plakat- oder Fotokarton
- Buntstifte
- durchsichtige Plastikfolie
- Klebeband

Anleitung

1. Die Blätter werden auf einem großen Zeitungsbogen ausgebreitet.
2. Dann legen die Kinder die Blätter in eine bestimmte Reihenfolge, z. B. von glatten zu rauen Rändern; von einem zu vielen Flecken; von klein zu groß; von einfarbig zu mehrfarbig.
3. Anschließend kleben sie ein Blätterarrangement in einer dieser Reihenfolgen auf die Pappe.
4. Mit Buntstiften können sie das Arrangement weiter verzieren.
5. Um das Ganze sicher aufbewahren zu können, spannen Sie durchsichtige Plastikfolie über das Arrangement und kleben diese an der Rückseite der Pappe fest.

Variation

- Die Kinder schneiden aus Tapete, Geschenkpapier, alten Postern und anderen Papiermaterialien blattähnliche Formen aus. Mit diesen Papierblättern führen sie dann die oben beschriebene Aktivität durch.

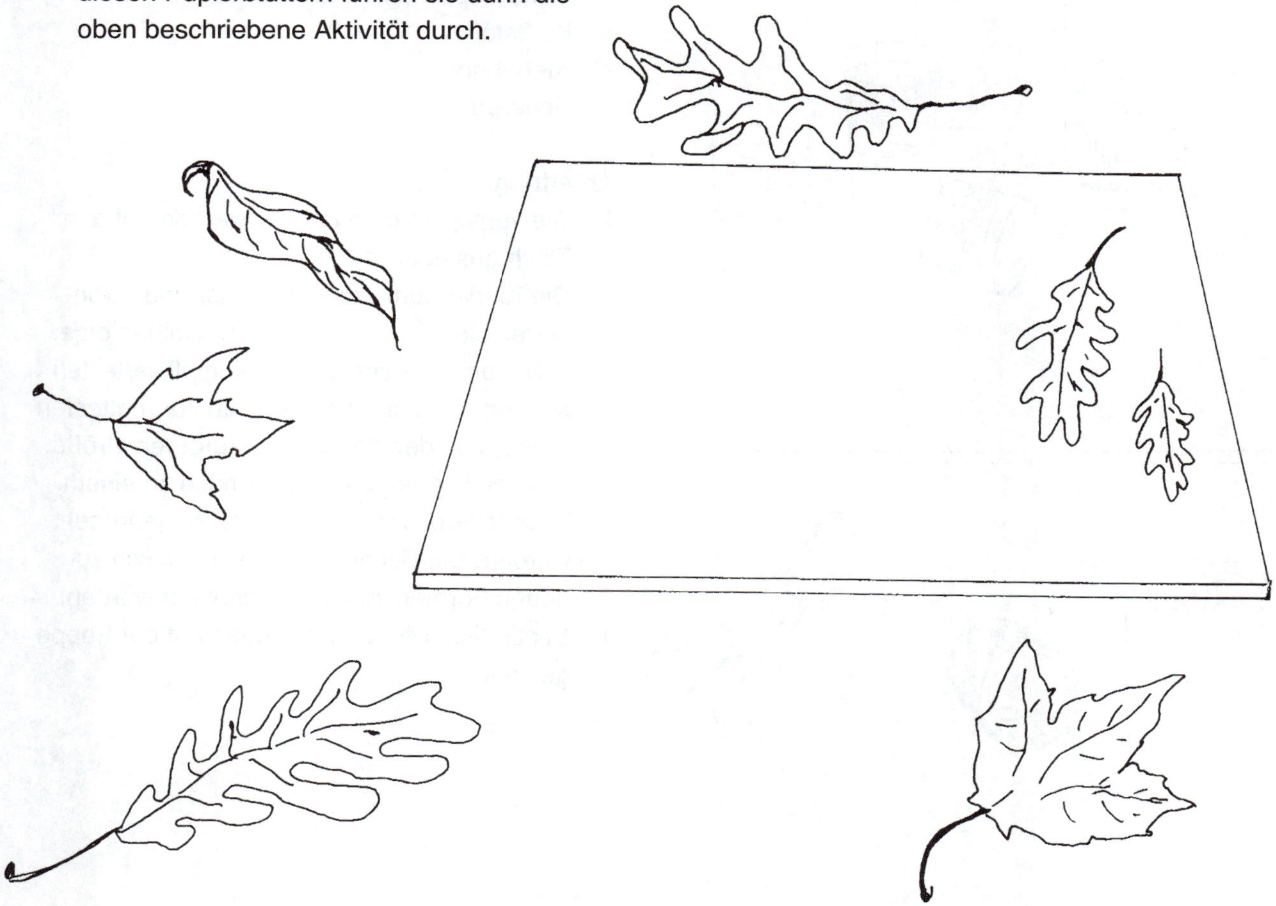

3+

Pappbecher-Relief

Reihenfolge
Collage

Pappbecher werden zu einem dreidimensionalen Kunstwerk auf Pappe angeordnet.

Material
- Pappbecher, Styroporbecher oder kleine Plastikbecher in verschiedenen Farben, Größen und Mustern
- dicke Pappe oder Plakatkarton
- Klebstoff
- Klebeband
- Scheren

Anleitung
1. Die verschiedenen Becher werden auf den Tisch gestellt.
2. Die Kinder sortieren die Becher und arrangieren sie in einer bestimmten Reihenfolge, z. B. vom einfachsten zum kompliziertesten Muster; von der leuchtendsten zur mattesten Farbe; von der kleinsten zur größten Größe.
3. Danach können die Becher noch zu einem komplexeren Bild oder Muster angeordnet werden. Die Becher können zusätzlich zu neuen Formen zurechtgeschnitten werden.
4. Schließlich wird das Arrangement auf Pappe geklebt.

Variationen
- Die Kinder kleben Knöpfe, Glitter, farbigen Sand oder andere Collagematerialien auf die Unterseite der Becher und kleben diese dann umgekehrt auf die Pappe.
- Die Kinder bedecken das gesamte Pappbecher-Relief mit Alufolie. Dazu drücken sie die Folie vorsichtig um die Becher herum, damit sie nicht zerreißt.
- Zusätzlich zu den Bechern kann man weitere Behälter verwenden, z. B. von Jogurt oder Margarine. Sie können mit Klebeband auf der Pappe befestigt werden.

Stoffklötze

Die Kinder bekleben Hozklötze mit farbenfrohen Stoffresten und bringen diese dann in eine durch Muster, Farbe oder Beschaffenheit bestimmte Ordnung.

Reihenfolge
Basteln

Material

- Holzreste
- Stoffreste
- Scheren
- Alleskleber
- ein breiteres, flaches Brett

Anleitung

1. Die Kinder kleben jeweils ein Stück Stoff auf eine Seite der Holzreste. Dabei sollten sie darauf achten, dass die Stoffreste Unterschiede im Muster, in der Farbe und Beschaffenheit aufweisen. Der Stoff muss ganz antrocknen.
2. Dann legen die Kinder die Holzklötze in einer von ihnen bestimmten Reihenfolge nebeneinander in eine Reihe. Sie können die Klötze z. B. so anordnen, dass am Anfang die mit den einfachsten und am Ende die mit den am aufwendigsten gemusterten Stoffen liegen, oder am Anfang die gedämpftesten und am Ende die leuchtendsten Farben, oder am Anfang die weichsten und am Ende die kratzigsten Stoffe.
3. Nachdem die Kinder sich genug mit dem Anordnen der Holzklötze beschäftigt haben, wählen sie eine Reihenfolge aus, die sich gut für ein Kunstwerk eignet.
4. Sie kleben die Holzklötze in dieser Reihenfolge auf das Brett. Alles muss dann gut trocknen.

Variationen

- Die Kinder sortieren die übrigen Stoffreste und legen sie in einen Schuhkarton. Dann können die Reste für weitere Aktivitäten mit dem Schwerpunkt Anordnungen verwendet werden.

Teil 2

Auf dem besten Weg ...
... räumliche Beziehungen erkunden

Nah, fern, oben, unten ...

Kapitel 4

Die mathematischen Konzepte, die in diesem Kapitel erkundet werden, sind

die Richtung,
das Gegenüber,
die Entfernung,
das Gleichgewicht und
die Symmetrie.

Eine der ersten Gelegenheiten für kleine Kinder, mathematische Konzepte zu erkunden, ist die Erkundung der Umgebung und die Interaktion mit Objekten und Materialien. So können sie sich Schritt für Schritt das Konzept räumlicher Beziehungen aneignen, das Grundlage für das Verständnis wesentlicher mathematischer Gebiete ist, z. B.

- **Messungen**
- **Geometrie**
- **Anordnung**
- **Formen**
- **Reihenfolgen**

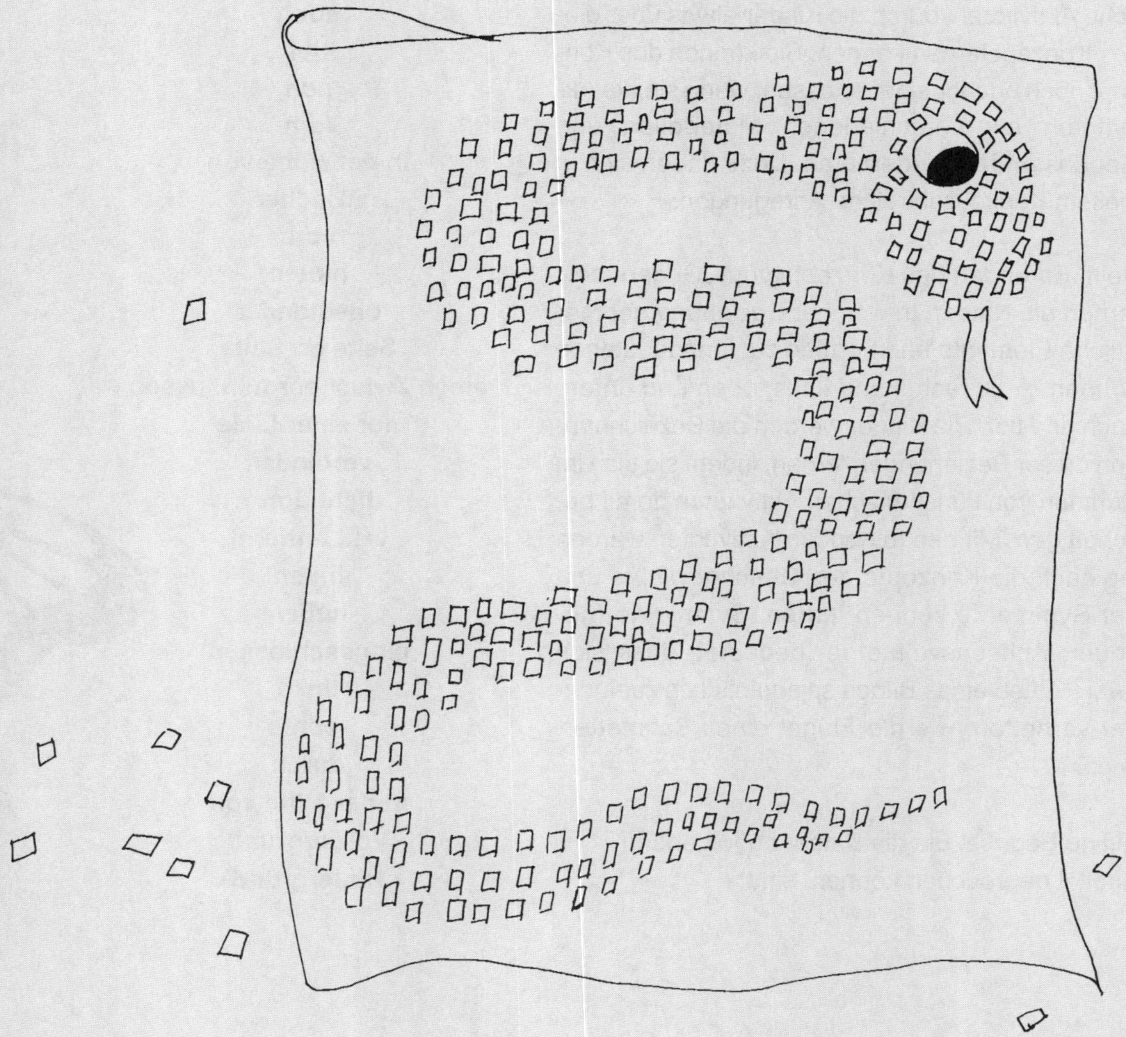

Das Konzept der räumlichen Beziehungen betrachtet einen Gegenstand im Raum und seine Lage, Richtung und Entfernung in Bezug auf andere Gegenstände. Es gibt zahlreiche künstlerische Aktivitäten, durch die Kinder etwas über dieses Konzept lernen können. Sie können das Konzept noch nachhaltiger erfassen, wenn sie die Aktivitäten mit verschiedenen Materialien und Gegenständen wiederholen. Dazu finden sich in diesem Kapitel zahlreiche Anregungen.

Beim Erkunden des Konzepts vom „Gegenüber" lernen die Kinder, in welcher Beziehung geometrische Elemente und Formen zueinander stehen können, z. B. rechts und links, oben und unten, hoch und tief. Die Kinder werden die Bezeichnungen dieser Beziehungen lernen, indem sie sich im Rahmen von künstlerischen Aktivitäten damit beschäftigen. Mit den folgenden Aktivitäten werden sie auch die Konzepte des Gleichgewichts und der Symmetrie kennen lernen. Symmetrie (genauer: Achsensymmetrie) bedeutet, dass sich zwei Hälften eines Bildes spiegelbildlich zueinander verhalten, wie die Flügel eines Schmetterlings.

Einige Begriffe, die die Kinder im folgenden Kapitel gebrauchen können, sind:

oben
unten
über
unter
hoch
tief
nah
fern
in der Nähe von
zwischen
vorn
hinten
aneinander
Seite an Seite
einen Zwischenraum lassen
auf einer Linie
verbinden
dicht daran
weit entfernt
innen
außen
eingeschlossen
links
rechts
durch
in der Mitte von
Vordergrund
Hintergrund

Wandbild mit Punkten und Linien

4+

Die Kinder bemalen ein großes Blatt Papier mit Punkten und Linien. Dabei können sie erste Erfahrungen mit räumlichen Beziehungen zwischen verschiedenen Objekten sammeln.

Räumliche Beziehungen
Malen

Material

- ein sehr großes Stück Papier oder Pappe
- Teppichklebeband
- Farben und Pinsel
- Filzstifte

Anleitung

1. Kleben Sie das Papier in Höhe der Kinder an die Wand.
2. Nun können die Kinder nach Lust und Laune das ganze Blatt mit Punkten betupfen und bemalen.
3. Dann ziehen sie Linien über, unter und zwischen den Punkten. Auch um die Punkte herum können Linien verlaufen.
4. Lassen Sie das Bild trocknen.

Variationen

- Die Kinder verzieren das Wandbild zusätzlich mit Aufklebern oder Garn.
- Die Kinder malen ein entsprechendes Bild mit bunter Kreide auf eine Tafel.
- Die Kinder malen ein Wandbild. Dazu kleben Sie einen großen Bogen Papier an einen Zaun oder eine Mauer. Dieses Wandbild können die Kinder zusätzlich mit Materialien verzieren, die sie draußen gefunden haben, z. B. mit Tannenzapfen, Pflanzensamen, Blüten, Tannennadeln, Kieselsteinen und Blättern.

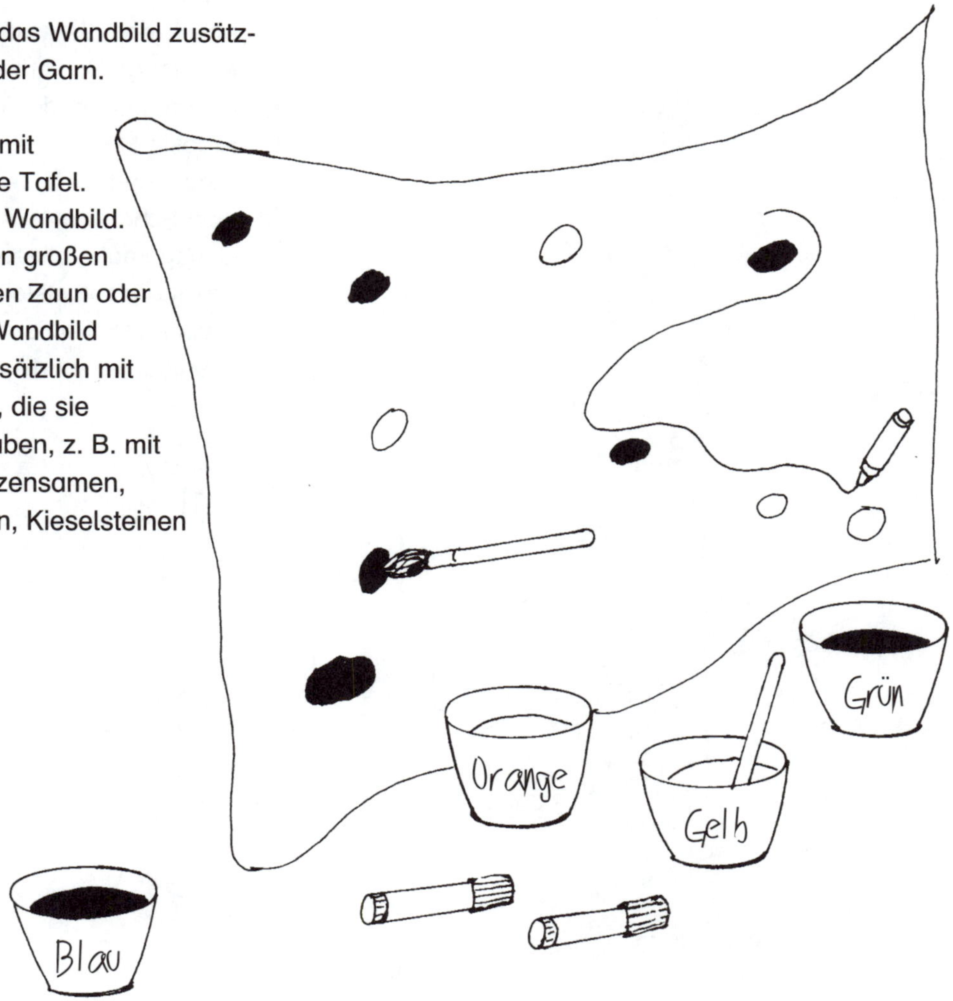

4+

Oben-und-Unten-Wandbild

Räumliche Beziehungen
Collage

Die Kinder basteln eine „Wandcollage“ auf einer langen Papierbahn, die aus einem oberen und einem unteren Abschnitt besteht.

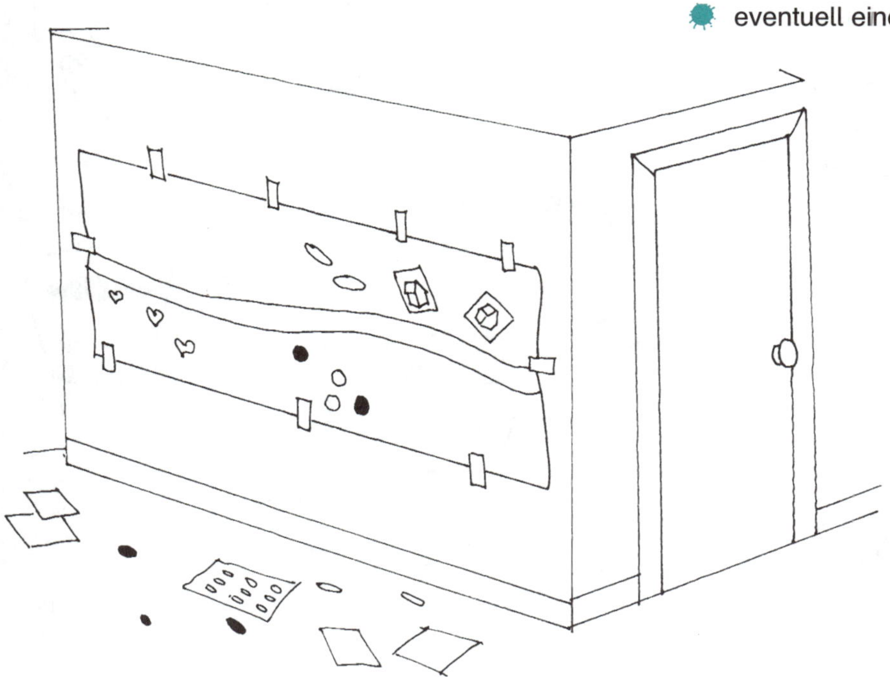

Material

- eine Wand als Arbeitsfläche
- eine lange Papierbahn (z. B. Packpapier)
- ein breites Band in derselben Länge
- Klebstoff
- Klebeband
- eine Schere
- Collagematerialien, z. B. Aufkleber, Etiketten, selbstklebendes Papier, buntes Klebeband, Papierreste, Zeitschriftenbilder
- eventuell einen dicken Stift

Anleitung

1. Kleben Sie die Papierbahn in Kinderhöhe an die Wand.
2. Kleben Sie über die gesamte Länge ein breites Band in die Mitte des Papiers. Es kann gerade oder geschlängelt aufgeklebt werden. Wichtig ist nur, dass die Papierbahn in „oben“ und „unten“ geteilt wird. Die Unterteilung kann natürlich auch mit einem dicken Stift vorgenommen werden.
3. Dann kleben die Kinder die Collagematerialien ober- und unterhalb der Abgrenzung zu Mustern oder Bildern zusammen.

Variationen

- Die Kinder stellen eine „Drunter-und-drüber-Collage“ her, indem sie an einem dicken Stück Pappe auf der einen Seite mit Garn Collagematerialien befestigen, die von der Pappe herunterhängen und auf der anderen Seite Gegenstände aufkleben, die aufrecht auf der Pappe stehen.
- Die Kinder können auch weitere räumliche Gegensätze mit Hilfe von Collagen untersuchen, z. B. innen und außen, oben und unten, hoch und tief, vorwärts und rückwärts, links und rechts, innerhalb und außerhalb …

Salzige Überraschungsbilder

4+

Räumliche Beziehungen
Malen

Mit Wasserfarben und Salz stellen die Kinder leuchtende Bilder auf Papierkreisen her, die dann zu Fantasieformen, Kuppeln oder Kugeln zusammengeheftet werden.

Material

- Papier
- Wasserfarben und Pinsel
- Wasser in einem Gefäß
- Salz
- Scheren
- Bleistifte
- Kreisschablonen (der Plastikdeckel einer Kaffeedose eignet sich gut)
- Klebstoff oder Hefter

Anleitung

Die salzigen Überraschungsbilder malen

1. Die Kinder malen mit Wasserfarben Flecken auf das Papier und lassen dabei die Farben auch ineinander laufen.
2. Dann streuen sie Salz auf die nasse Farbe. Sie können viel oder wenig Salz verwenden, die Farbe kann sehr nass oder relativ trocken sein – mit allem erzielt man gute Ergebnisse. Wenn die Farbe trocknet, werden die Überraschungsbilder langsam sichtbar und das Salz kann abgeschüttet werden.

Die Kreisskulpturen herstellen

1. Die Kinder ziehen auf den getrockneten Salzbildern mit der Schablone Bleistiftkreise. Dann schneiden sie die Kreise aus.
2. Nun falten die Kinder die Ränder der Kreise so, wie es auf der Abbildung gezeigt ist. Sie können drei oder mehr Ränder umknicken. Es sollte aber bei allen Kreisen dieselbe Anzahl sein.
3. Dann heften oder kleben die Kinder zwei Kreise an den aufgefalteten Rändern aneinander (s. Abb.).
4. Danach befestigen sie mit derselben Technik weitere Kreise, bis sie mit ihrer Kreisskulptur zufrieden sind.
5. Die Skulptur kann aufgehängt oder auf eine Unterlage geklebt und aufgestellt werden.

Variation

- Mit größeren Kindern können Sie eine Kreiskonstruktion mit vier oder fünf Rändern falten. Befestigen Sie die Kreise dann so aneinander, dass sie eine Kugel bilden.

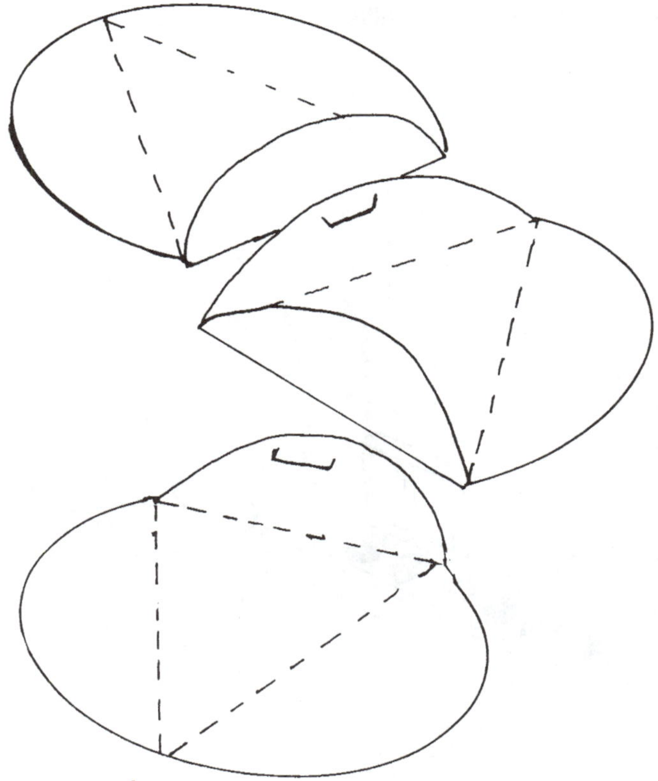

Entdeckungen mit Wasserfarbe

Räumliche Beziehungen
Malen

Die Kinder malen Wasserfarben-Bilder, auf denen die Farben ineinanderfließen und so neue Farben und Formen entstehen. Dies ist eine spannende Gelegenheit, mit der räumlichen Beziehung zwischen Farbklecksen zu experimentieren.

Material

- Wasserfarben: rot, blau, violett, gelb, grün und orange
- Wasser in einem großen Plastikgefäß
- Pinsel
- dickes, weißes Papier
- schwarze Filzstifte

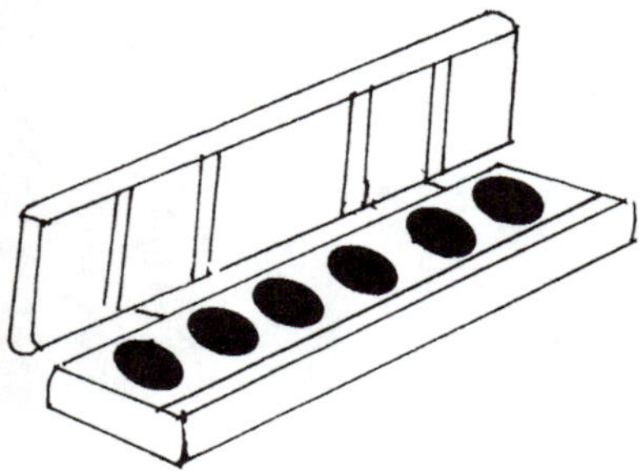

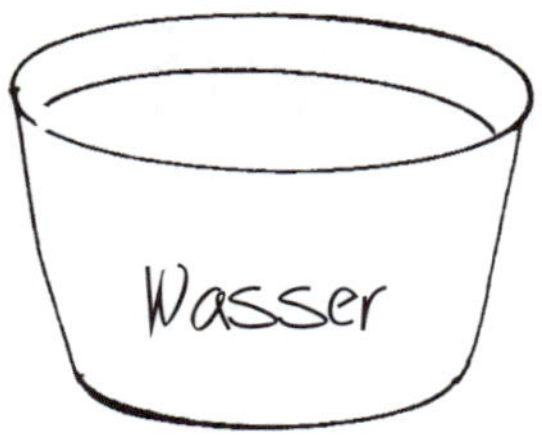

Anleitung

1. Die Kinder bedecken einen tropfend nassen Pinsel mit einer Farbe.
2. Dann malen sie mit der tropfenden Farbe eine Farbpfütze oder eine Schlangenlinie auf das Papier.
3. Anschließend wird der Pinsel ausgespült und dann eine andere Farbe direkt neben der ersten aufgetragen. Die Kinder können dabei beobachten, wie sich die beiden Farben berühren und vermischen und ihre geringe Entfernung wird deutlich.
4. Das ganze Blatt wird mit leuchtenden Wasserfarben bemalt, wobei auch einige weiße Zwischenräume bleiben sollten. Die Farbe muss über Nacht trocknen.
5. Am nächsten Tag umranden die Kinder jeden Farbfleck mit schwarzem Filzstift, vor allem da, wo die Farben sich verändern.
6. Dann gehen sie einen Schritt zurück und schauen sich an, welche überraschenden Formen in der Farbe hervortreten. Das kann ein Gesicht sein, ein seltsames Wesen, ein Monster oder ein wunderschöner Vogel.

Variationen

- Die Kinder schneiden die Formen aus und kleben sie auf ein anderes Blatt Papier oder sie kleben sie zwischen zwei Bögen selbstklebender Klarsichtfolie.
- Die Kinder können die Effekte in den umrandeten Bereichen mit Glitterklebstoff oder anderen Materialien verstärken.
- Bevor die Kinder mit dem Malen beginnen, können sie mit weißem Wachsstift auf dem Papier zeichnen. Dann bekommt das Entdeckungsbild Stellen, an denen die Farbe abperlt.

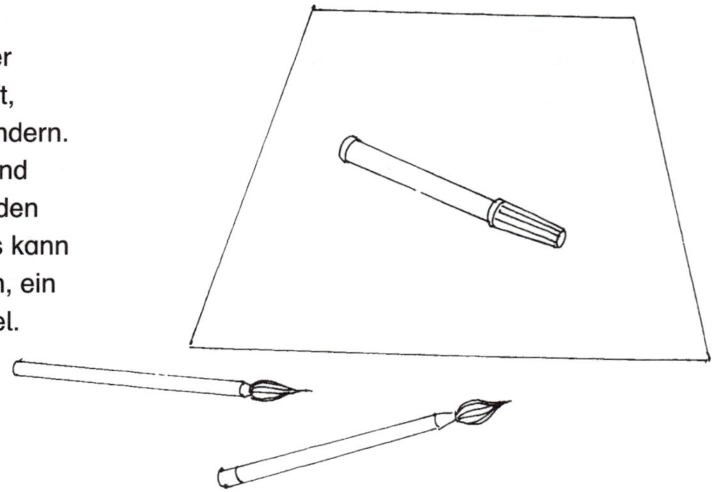

Stempel aus Schaumstoff-Klebeband

4+

Räumliche Beziehungen
Drucken

Bei dieser Druckmethode beschäftigen sich die Kinder mit Lagebeziehungen zwischen Abdrücken, die dicht zusammen, weit auseinander oder überlappend gedruckt worden sind.

Material

- eine Rolle Klebeband zum Abdichten von Fenstern, Türen etc.
- kleine Holzklötze
- Scheren
- Locher
- Stempelkissen in verschiedenen Farben
- Zeitungspapier
- Papierbögen

Anleitung

Den Stempel herstellen

Die Kinder schneiden ein Stück Klebeband ab, lochen es und kleben dann die ausgelochten Punkte auf die Holzklötze, sodass die Seite mit dem Schaumstoff nach außen zeigt. Sie können auch andere Formen aus dem Klebeband ausschneiden.

Den Druck anfertigen

1. Die Kinder pressen den Stempel auf ein Stempelkissen, am besten gleich mehrere Male, damit sich die Tinte gleichmäßig verteilt.
2. Dann drücken sie den Stempel auf das Papier – fest, aber vorsichtig und möglichst ohne zu rutschen. Das Ergebnis wird nicht besser, wenn man den Stempel mit Gewalt auf das Papier drückt!
3. Bevor die Kinder eine neue Farbe nehmen, drücken sie den Stempel mehrere Male auf das Zeitungspapier, bis die alte Farbe nicht mehr druckt.

Variationen

Die Kinder können mit den folgenden Mustern experimentieren oder eigene Muster entwerfen:

- Gesichtsdruck: Die Kinder kleben aus den Klebebandpunkten ein Gesicht als Stempel. Nachdem sie das Gesicht auf Papier gedruckt haben, fügen sie Details wie Haare, Schmuck, Wimpern und Lippen oder den ganzen Körper mit Filzstift hinzu.

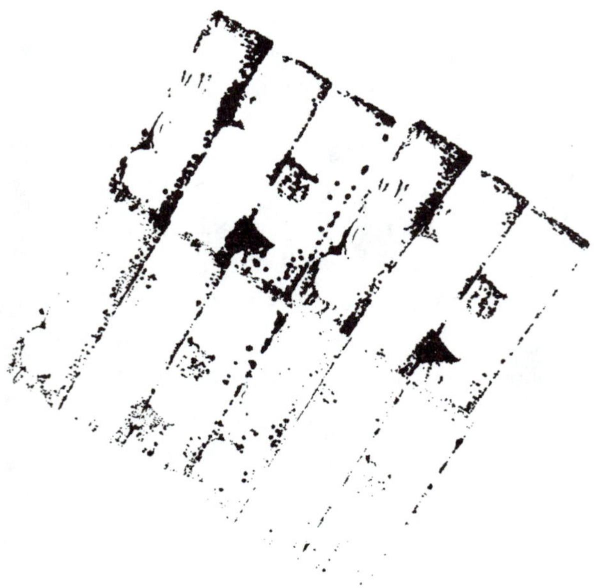

- Ausbleichender Druck: Die Kinder stempeln mit demselben Stempel wieder und wieder, und zwar so, dass sich die einzelnen Drucke überlappen. Die Abdrücke werden immer schwächer, weil sich die Tinte verbraucht.
- Geschichtetes Quadrat: Die Kinder stempeln ein Quadrat aus lauter rechteckigen Schichten. Dazu können sie auch das gelochte Klebeband als Stempel verwenden.
- Backsteingebäude: Die Kinder stempeln Rechtecke in einer Reihe und darüber eine zweite Reihe so, dass die einzelnen Abdrücke wie die Steine eines Gebäudes leicht nach rechts oder links versetzt sind.
- Schachbrett: Die Kinder stempeln Quadrate stufenförmig so übereinander, dass sich immer zwei Ecken berühren (s. Abb.).

Geschnitzte Wachsstempel

Beim Drucken können die Kinder die räumlichen Beziehungen zwischen verschiedenen Bildern untersuchen, und zwar sowohl die Beziehung des einen Abdrucks zum anderen als auch deren gemeinsame Wirkung als Gesamtbild.

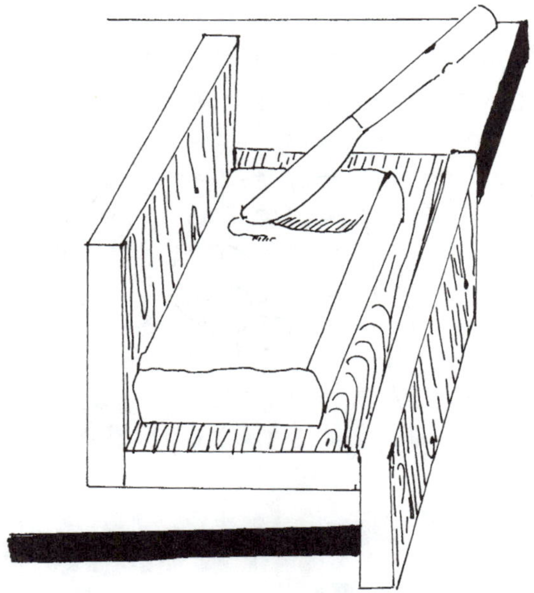

Material

- ein Stück Paraffin, erhältlich im Bastelgeschäft
- Werkzeug zum Schnitzen und Einritzen: z. B. Küchenmesser, Linoleummesser (Künstlerbedarf), Schraubendreher, Nägel, Kartoffelschäler, andere Küchenutensilien, Zahnstocher (Benutzung dieser Instrumente nur unter Aufsicht eines Erwachsenen!)
- Druckfarben, z. B. Plaka- oder Temperafarbe (Schul-Tempera)
- Papier
- Zeitungspapier zum Abdecken der Arbeitsfläche
- Pinsel zum Auftragen der Druckfarbe

Anleitung

1. Die Kinder schnitzen vorsichtig ein Druckbild aus dem Stück Wachs.
2. Dann drücken sie den Stempel in die Druckfarbe und anschließend auf ein Blatt Papier
3. Die Kinder können auch versuchen, die Vorschläge zur vorhergehenden Aktivität (Isolierbandstempel) mit den Wachsstempeln umzusetzen.

Variationen

Als Material für die Stempel eignet sich auch:

- Seife. Nehmen Sie ein flaches Stück. Dieser Stempel riecht angenehm!
- Holz: Weichholz kann von älteren Kindern bearbeitet werden. Jüngere Kinder nutzen dann die fertigen Stempel.
- Styropor oder Pappe: Die Kinder schneiden Styroportabletts oder Pappe in verschiedene Formen und kleben diese dann auf ein Stück Holz oder Pappe.
- Schaumstoff: Die Kinder schneiden Stücke aus selbstklebendem Schaumstoff zu und kleben sie auf ein Stück Holz.

Tipps zum Schnitzen

- Scharfe Gegenstände sollten nur mit Erlaubnis eines Erwachsenen und am besten unter dessen Aufsicht benutzt werden.
- Mit Messern und anderen scharfen Gegenständen darf nur vom Körper weg und nicht zum Körper hin gearbeitet werden.
- Den zu schnitzenden Gegenstand muss man stets so halten, dass das Messer nicht gegen die Finger geführt wird.
- Bauen Sie ein Werkbrett mit Rand, damit der zu schnitzende Gegenstand während der Arbeit nicht wegrutscht. Dazu nimmt man ein Stück Holz (ca. 30 x 30 cm groß) und nagelt schmale Holzleisten an jede Seite (siehe Abbildung). Eine Leiste hält den zu schnitzenden Gegenstand, die andere hält das Werkbrett am Tisch fest. Gegen seitliches Verrutschen kann man das Brett mit einer Schraubzwinge am Tisch fixieren.

4+

Kieselbild

Räumliche Beziehungen

Kinder platzieren kleine Steine in einem Schuhkarton und beschäftigen sich so mit dem Konzept räumlicher Beziehungen. So kommen sie mit dem mathematischen Teilbereich der Geometrie in Berührung.

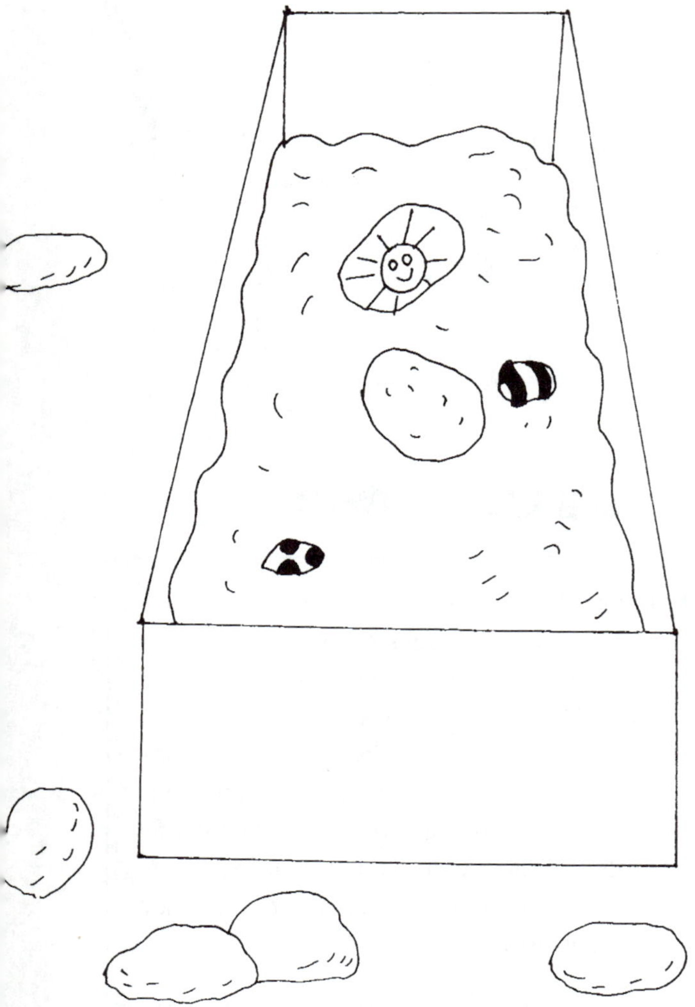

Material

- glatte, runde Kieselsteine in verschiedenen Größen
- einen größeren, in Folie gewickelten oder angemalten Stein
- Knetmasse
- Temperafarben (Schul-Tempera) oder Buntstifte
- einen Schuhkarton

Anleitung

1. Die Kinder bedecken den Boden und die Innenseiten des Kartons mit der Knetmasse.
2. Dann legen sie den „besonderen" Stein in den Karton und nach und nach die anderen Steine dazu. Dabei ordnen sie die Steine in verschiedenen räumlichen Bezügen zum besonderen Stein an, wobei folgende Begriffe relevant werden sollten: zwischen, neben, bei, innen, außen, unter, über, vor, hinter.
4. Wenn die Kinder eine bestimmte Anordnung dauerhaft zeigen wollen, drücken sie die Kiesel und den glänzenden Stein tief in die Knetmasse.
5. Mit Temperafarben oder Buntstiften können sie die Steine zum Schluss noch verzieren.

Variation

- Die Kinder entwerfen im Schuhkarton eine Landschaft aus Knetmasse – real oder erfunden. Sie können auch Collage-materialien hinzufügen, um das Bild zu vervollkommnen. Als Unterlage kann auch ein Backblech oder ein Stück dicke Pappe dienen.

Kugelhaufenskulptur

4+

Die Kinder formen und bearbeiten Kugeln aus Knetmasse. Dann bauen sie eine Fantasieskulptur und vertiefen dabei Begriffe zum Konzept räumlicher Beziehungen.

Räumliche Beziehungen
Skulptur

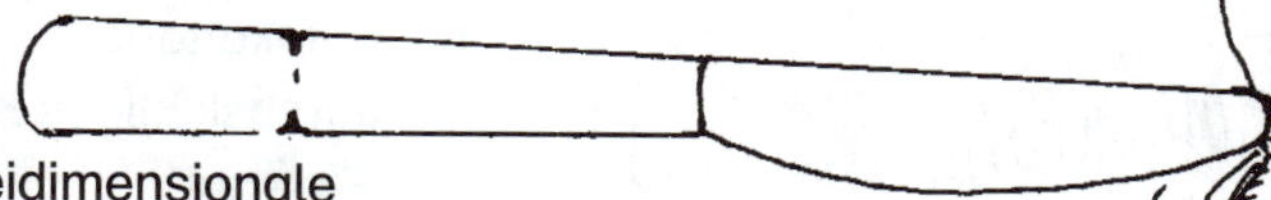

Material

- Knet- oder Modelliermasse in verschiedenen Farben (siehe auch den „Perlenteig" auf den Seiten 70 oder 78)
- Werkzeug zum Modellieren, z. B. Plastikmesser, kleine Spielzeugteile, Holzklötze, Nudelholz, Backförmchen, Zahnstocher

Anleitung

1. Die Kinder rollen Stücke aus Knetmasse zu Kugeln in verschiedenen Größen.
2. Dann legen sie die bunten Kugeln aufeinander und gestalten mit ihnen eine Skulptur, die vom Tisch hochragt.
3. Anschließend können sie die Skulptur mit den Modellierwerkzeugen bearbeiten oder andere Grundformen (z. B. mit Backförmchen) herstellen. Diese können zu einer neuen Skulptur zusammengebaut oder in die Kugelskulptur integriert werden.

Variation

- Die Kinder bauen aus folgenden Gegenständen (eventuell mit Klebstoff oder Klebeband) eine dreidimensionale Skulptur: Garnröllchen, Schachteln, Bauklötze, Dosen, Papp- oder Jogurtbechern.

Tipps

- Die Skulptur ist nicht von Dauer, da die Knetmasse nicht hart wird und mit der Zeit austrocknet und zerbröckelt.
- Wenn Sie die Knetmasse wieder verwenden wollen, nehmen Sie die Skulptur auseinander, wenn die Kinder sie genügend bewundert haben.
- Knetmasse kann man gut in einem luftdichten Behälter aufbewahren.

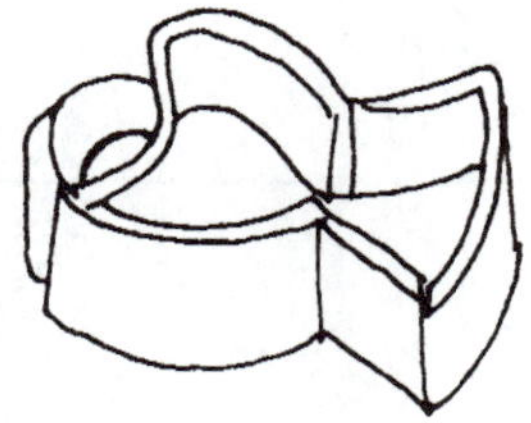

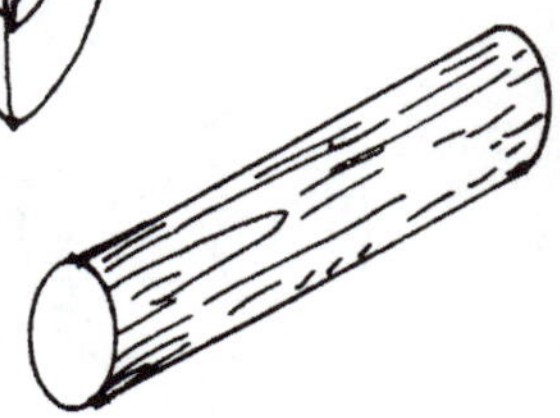

4+

Glanz- und Glittercollage

Räumliche Beziehungen
Collage

Bei dieser Aktivität kleben die Kinder einzelne Alufolienstücke auf Fotokarton und beschäftigen sich dabei mit räumlichen Lagebeziehungen.

Material

- Alufolie
- Fotokarton
- durchsichtiges Klebeband
- Scheren
- Metallic-Aufkleber (nicht unbedingt notwendig)

Anleitung

1. Die Kinder schneiden oder reißen die Alufolie in Streifen.
2. Dann kleben sie die Streifen in beliebiger Anordnung auf den Fotokarton. Die Streifen können auch gebogen und verdreht werden. Sie sollten einander berühren oder neben, über, unter oder zwischen anderen Streifen liegen.
3. Um zusätzliche Glitzer-Effekte zu erzielen können die Kinder noch Metallic-Aufkleber auf das Bild kleben.

Variationen

- Man kann auch Geschenkpapier, Bänder und Süßigkeitenverpackungen im Metallic-Look verwenden, um ein glitzerndes und glänzendes Kunstwerk zu erschaffen.
- Die Kinder können auch Formen aus der Alufolie ausschneiden, anstatt sie in Streifen zu reißen.
- Benutzen Sie statt der Folie Bastelpapier und lassen Sie die Kinder damit eine Farbencollage herstellen.

Mosaik-Deckchen

Die Kinder kleben bunte Papiervierecke auf ein Stück selbstklebende Klarsichtfolie. Dabei beschäftigen sie sich mit den räumlichen Beziehungen der bunten Vierecke zueinander.

Material

- selbstklebende Folie (Farbe und Muster beliebig), ca. DIN A3
- einen Bogen selbstklebende Klarsichtfolie in derselben Größe oder etwas größer
- Klebeband
- eine Schere
- Buntpapier in verschiedenen Farben, zugeschnitten in ca. 2 x 2 cm große Quadrate

Anleitung

1. Ziehen Sie die Schutzabdeckung von der Klebefolie und legen Sie sie mit der klebrigen Seite nach oben auf den Tisch.
2. Kleben Sie die Ecken am Tisch fest, damit die Folie nicht verrutscht.
3. Nun kleben die Kinder ein Mosaik aus Buntpapierquadraten auf die Klebefolie. Dabei sollten kleine Zwischenräume zwischen den Quadraten bleiben. Die Kinder können auch zusätzlich andere Formen aus Buntpapier verwenden.
4. Wenn das Mosaik fertig ist, wird die Schutzabdeckung von der Klarsichtfolie gezogen und die Folie über das Mosaik geklebt. Dabei ist die Hilfe eines Erwachsenen erforderlich. Knicke und Falten lassen sich leider trotzdem nicht ganz vermeiden.
5. Nun müssen nur noch die Ränder zurechtgeschnitten werden.

Die Mosaikfolie kann als abwaschbares Platzdeckchen oder als Wanddekoration benutzt werden.

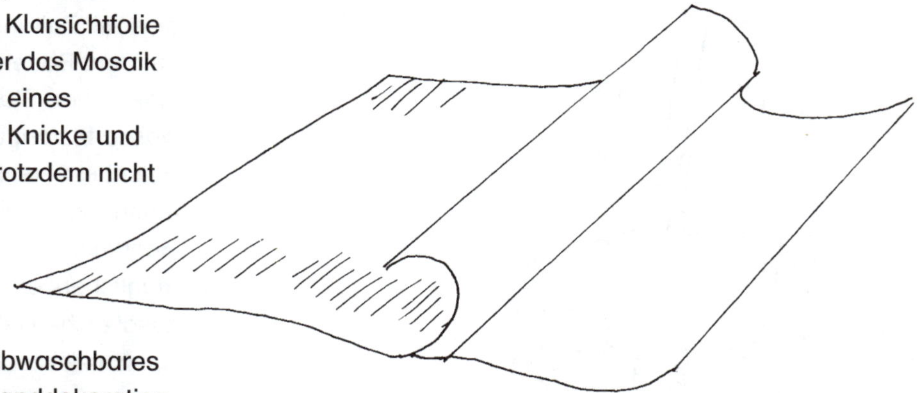

Variation

- Anstelle von Buntpapier kann man auch Seidenpapier verwenden.

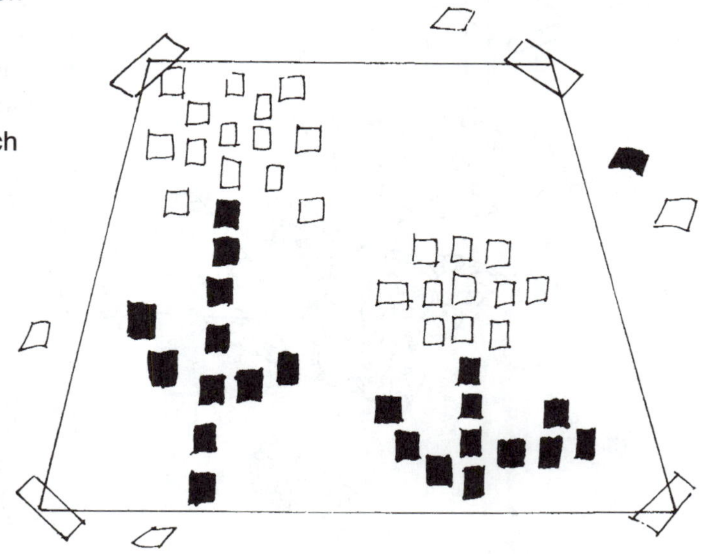

Räumliche Beziehungen
Basteln

Spiel mit zauberhaften Stühlen

Mit Holzlack und Dekorationsmaterialien verwandeln die Kinder alte Stühle in zauberhafte Einzelstücke, mit denen sie ein Spiel spielen können, bei dem es um räumliche Beziehungen geht.

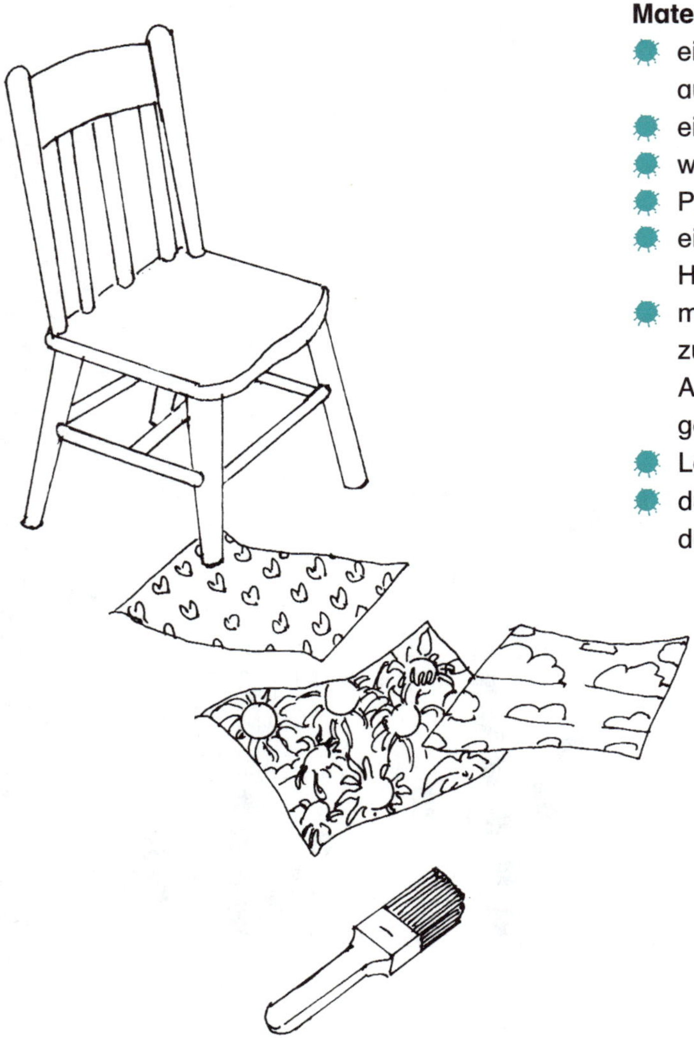

Material

- eine mit Zeitungspapier abgeklebte Fläche auf dem Boden
- einen alten Stuhl oder Hocker aus Holz
- wasserfesten, ungiftigen Holzlack
- Pinsel in verschiedenen Größen
- einen Eimer mit Seifenlauge und alte Handtücher
- möglicherweise folgende Materialien als zusätzliche Dekoration: Bilder von Ansichtskarten, Tapetenreste, Stoffreste; gemusterte Klebefolie
- Leim oder Alleskleber
- durchsichtige Holzversiegelung (nicht unbedingt notwendig)

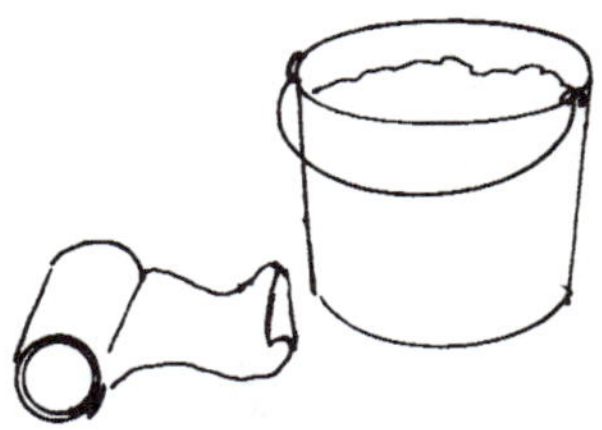

Anleitung

1. Bedecken Sie die Arbeitsfläche auf dem Boden mit Zeitungspapier, das Sie am Boden festkleben. Stellen Sie den Stuhl in die Mitte der Fläche.
2. Nun können die Kinder den Stuhl bemalen: einfach farbig oder zusätzlich mit Bildern, z. B. großen Tupfen, Spiralen oder einem Regenbogen. Die Farbe muss trocknen bis sie nicht mehr klebt – am besten über Nacht.
3. Dann kann der Stuhl weiter verziert werden, zum Beispiel so:
   Die Kinder schneiden Bilder aus Ansichtskarten oder Formen aus Stoff- oder Tapetenresten aus, kleben sie auf den Stuhl und lackieren den Stuhl dann mit durchsichtiger Holzversiegelung.
   Die Kinder schneiden Formen aus der gemusterten Klebefolie aus und kleben sie auf den Stuhl.

4. Wenn auch die zusätzlichen Dekorationen angetrocknet sind, kann man mit dem Stuhl folgendes Spiel spielen: Ein Kind sagt einem anderen, was es tun soll, z. B. sich auf den Stuhl setzen, unter den Stuhl kriechen, zwischen Stuhl und Wand hindurchgehen, am Stuhl vorbeigehen usw. Danach tauschen die Kinder die Rollen.

Variationen

- Nähen Sie für den Stuhl ein Kissen. Das kann von den Kindern dann mit Stofffarben verziert werden.
- Bauen Sie mit den Kindern eine Vorrichtung zum Ablegen von Büchern, Stiften etc. für den Stuhl.
- Schreiben Sie die Namen der Kinder auf den Stuhl.

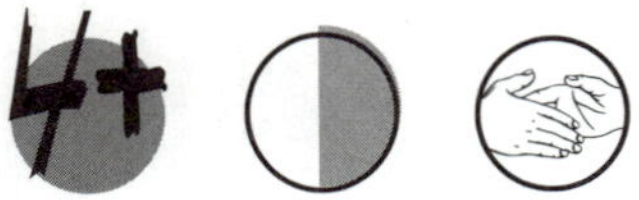

Suchspiel mit Handabdrücken

Räumliche Beziehungen
Drucken

Die Kinder suchen Abdrücke ihrer eigenen Hände und beschreiben dann deren Versteck.

Material

- Tempera- oder Fingerfarben in einer flachen Schüssel
- Pappteller
- Teppichklebeband
- ein großes Stück Pappe oder Tonkarton
- Buntstifte
- einen Eimer mit Seifenlauge und alte Handtücher

Anleitung

1. Die Kinder tauchen eine Handinnenfläche in die Farbe und drücken sie dann auf einen Pappteller, um einen Abdruck zu machen. Auf diese Weise stellen sie so viele farbige Handabdrücke her, wie sie möchten – jeden auf einem eigenen Teller.
2. Dann lassen sie die Pappteller trocknen.
3. Verstecken Sie sie anschließend drinnen und draußen. Sie können sie auch mit einem Stück Teppichklebeband festkleben.
4. Nun versuchen die Kinder, alle Handabdrücke wieder zu finden und ihren Besitzern zuzuordnen. Sie sammeln die Abdrücke ein und erzählen hinterher, wo sie sie gefunden haben.
5. Abschließend kann mit den Abdrücken noch eine der folgenden Aktivitäten veranstaltet werden:
   - eine Wand, ein Tisch oder eine Tür wird mit allen Handabdrücken bedeckt;
   - mit den Handabdrücken wird ein Wandbild oder eine Wandbordüre hergestellt.

Variationen

Die Kinder schneiden die Handabdrücke aus und verwenden sie für weitere Aktivitäten, z. B:

- Sie kleben sie so zusammen, dass sie wie ein Blumenstrauß aussehen;
- sie kleben sie auf ein Stück Tonpapier, um ein Poster herzustellen;
- sie legen sie unter ein Stück Pauspapier und machen mit Wachs- oder Buntstiften ein Rubbelbild.

Bürgersteigbilder

Richtung
Malen

Die Kinder malen mit Kreide bunte Bilder auf den Bürgersteig oder Hof und springen, gehen und laufen dann um die Bilder herum.

Material

- dicke Pflasterkreide
- einen Bürgersteig oder Hof

Anleitung

1. Die Kinder malen viele verschiedene Bilder auf den Bürgersteig: Bilder, die nah oder fern zueinander, zwischen oder neben, unter oder über anderen Bildern sind.
2. Wenn sie mit dem Malen fertig sind, geht, hüpft, schleicht oder springt jedes Kind über und um verschiedene Bilder oder zwischen ihnen hindurch.

Variationen

- Gießen Sie Wasser über den Bürgersteig und lassen Sie die Kinder dann mit der Kreide darin malen. Mit einem Schwamm können sie die Farben miteinander vermischen.
- Die Kinder malen mit Kreide verschiedene Bilder auf einen langen Streifen Packpapier, den Sie auf dem Boden festgeklebt haben. Dann bewegen sich die Kinder auf Strümpfen um die Bilder herum. Sie können die Kreide auch mit den Strümpfen verwischen und die Farben so vermischen – das sieht hübsch aus. Aber Achtung: Verwenden Sie alte Strümpfe, denn möglicherweise lässt sich die Kreide nicht ganz herauswaschen.

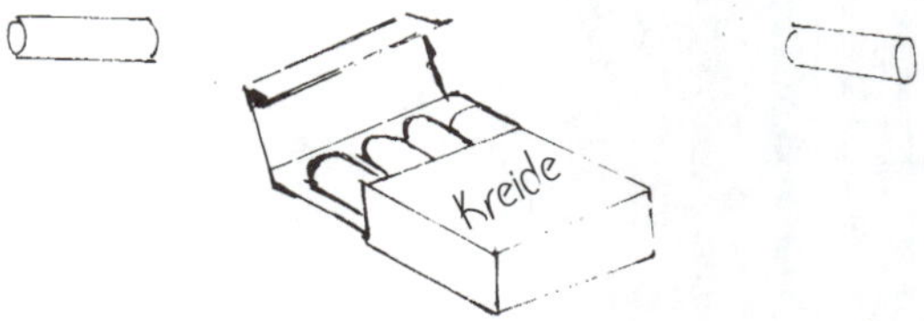

Links Sonne, rechts Wolke

Richtung
Malen

Die Kinder schminken sich die Gesichter oder Hände. Dabei kommen auf die rechte und die linke Seite gut unterscheidbare Bilder.

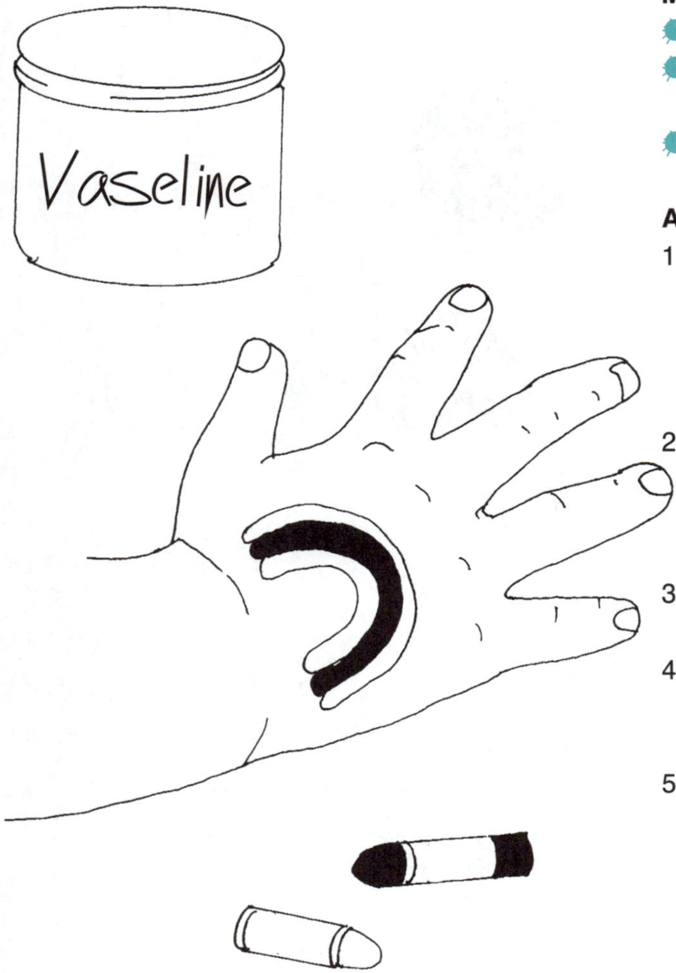

Material

- Theater- oder Karnevalsschminke
- Abschminkcreme oder Vaseline und weiche Kosmetiktücher
- Pinsel, Make-up-Pinsel, Wattebäusche

Anleitung

1. Zeigen Sie den Kindern, welches ihre rechte und welches ihre linke Körperseite ist. Malen Sie einen gelben Punkt auf die linke Wange oder Hand der Kinder. Auf die rechte Wange oder Hand malen Sie einen blauen Punkt.
2. Dann malen die Kinder (vielleicht gegenseitig) aus dem gelben Punkt auf der linken Seite eine Sonne oder ein anderes gelbes Bild.
3. Auf ihre rechte Seite malen die Kinder eine Wolke oder ein anderes blaues Bild.
4. Nun können sie noch weitere Bilder rechts oder links dazumalen. Beim Malen sollten sie die Wörter rechts und links wiederholen.
5. Am Ende wird die Farbe vorsichtig mit Creme und Wattebäuschen oder Papiertüchern abgewischt.

Variationen

- Die Kinder malen andere Bilder, die die linke oder rechte Seite des Körpers bezeichnen, auf Knie, Zehen, Füße und Beine.
- Die Kinder basteln Armbänder oder verzieren ihre Schnürsenkel in gelb und blau, sodass sie leicht erkennen, wo rechts und wo links ist.
- Die Kinder schneiden gelbe und blaue Fußabdrücke aus Papier oder Klebefolie und kleben sie auf den Boden. Dann hüpfen sie mit dem linken oder rechten Fuß auf den gelben oder blauen Fußabdruck.

Bunte Leinenschuhe

4+

Die Kinder malen mit Stofffarben unterschiedliche Bilder auf ihren rechten und linken Schuh, um die Seiten leichter unterscheiden und bezeichnen zu können.

Richtung
Malen

Material

- weiße Leinenschuhe, z. B. Espandrilles
- Stofffarben
- Pinsel
- Zeitungspapier zum Abdecken der Arbeitsfläche

Anleitung

1. Zeigen Sie den Kindern, welches der rechte und welches der linke Schuh ist. Nehmen Sie zunächst einen Schuh und stellen Sie ihn auf das Zeitungspapier, damit er bemalt werden kann.
2. Nachdem die Kinder diesen Schuh bemalt haben, nehmen sie sich auch den zweiten Schuh vor und bemalen ihn so, dass er sich deutlich vom ersten unterscheidet. Die Schuhe können sich in der Farbe oder Auswahl der Bildmotive unterscheiden und Gegenstände, Buchstaben, Symbole oder Zahlen als Dekoration aufweisen. Falls vorhanden, können auch die Schnürsenkel verziert werden.
3. Wenn die Schuhe trocken sind, können die Kinder sie anziehen und beim Gehen, Drehen, Tanzen und Hüpfen auf die unterschiedlichen Seiten achten.

Variationen

- Die Kinder bemalen mit Stofffarben ein einfaches T-Shirt mit ganz unterschiedlichen Bildern auf Vorder- und Rückseite.
- Die Kinder bemalen das rechte und linke Bein von Hosen oder Shorts unterschiedlich.
- Die Kinder nähen Knöpfe oder Perlen auf Handschuhe, um rechts oder links anzuzeigen.

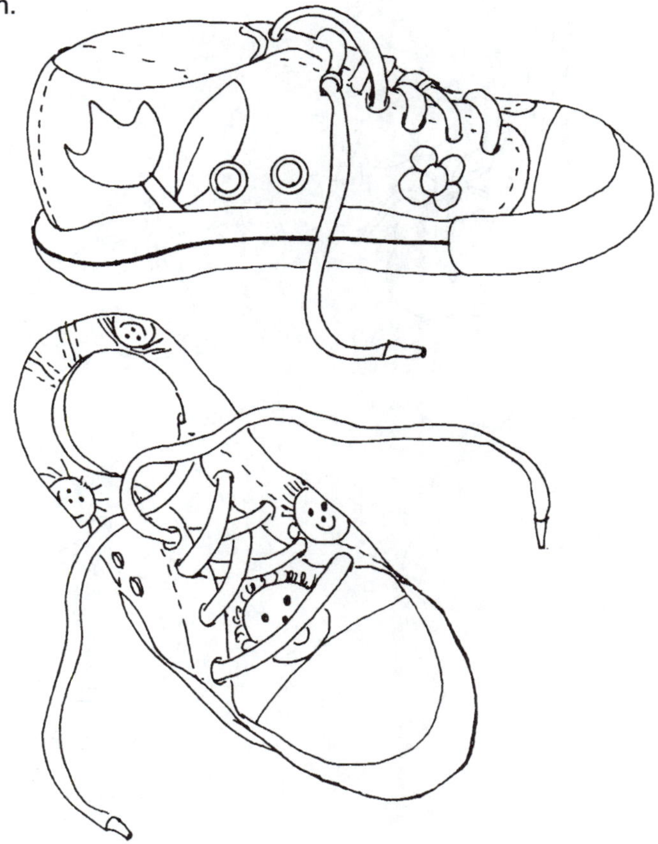

Skulptur aus Müllbeuteln

4+

Richtung
Skulptur

Die Kinder stellen ausgestopfte Müllbeutel draußen zu einer riesigen Skulptur auf und beschäftigen sich dabei mit dem Richtungskonzept.

Material
- Müllbeutel aus Plastik
- Zeitungspapier
- Schnüre und Bänder
- eine Wiese, einen Hof o. Ä.

Anleitung
1. Die Kinder stopfen die Beutel mit Zeitungspapier aus und binden sie zu.
2. Dann verzieren sie die Beutel mit den Bändern. Sie können Schleifen binden, die Bänder flattern lassen, …
3. Anschließend stellen sie die Beutel in einer bestimmten Anordnung draußen auf einer großen Fläche auf. Mit etwas Abstand wird das Arrangement immer wieder betrachtet.
4. Nun gehen, rennen, hüpfen, springen oder kriechen die Kinder durch die Skulptur. Sie können sich auch anders um die Beutel herum bewegen.
5. Am Ende der Aktivität räumen Sie das Arrangement fort. Geben Sie das Zeitungspapier zum Altpapier oder verwenden Sie es für andere Projekte. Die Müllbeutel können wieder verwendet werden.

Variationen
- Die Kinder wickeln die Bänder so um die gefüllten Plastikbeutel, dass diese verschiedene Formen bekommen. Dazu können sie auch Klebeband oder Kordel benutzen.
- Spannen Sie lange Schnüre (z. B. Wäscheleine) von einem Beutel zum nächsten und bilden Sie damit ein Labyrinth oder Gänge. Dann veranstalten die Kinder einen lustigen Hindernislauf durch das Labyrinth.

Das bewegliche Spielmobile

Richtung
Basteln

Ein Mobile zum Anfassen vermittelt den Kindern praktische Erfahrungen mit den Richtungen auf, ab und rundherum.

Material

- eine lange, stabile Papprröhre
- Garnstücke (ca. 60 cm lang)
- Collagematerialien, die man an das Garn hängen kann, z. B. Filmdöschen, Knöpfe, Tannenzapfen, Muttern und Unterlegscheiben
- Klebeband

Anleitung

1. Die Kinder kleben oder knoten je einen Gegenstand an ein Garnstück.
2. Dann werden die Garnstücke an der Pappröhre befestigt. Sie sollen in einer Reihe, jedoch mit Abstand, angebracht werden.
3. Nun wird die Röhre waagerecht gehalten und so aufgedreht, dass sich die Schnüre aufrollen. Man kann das Garn ganz aufwickeln und dann wieder abrollen.
4. Hängen Sie die Röhre als Mobile auf, indem Sie eine Schnur hindurchziehen. So können die Gegenstände immer wieder auf- und abgerollt werden.

Variationen

- Stecken Sie ein Rundholz durch die Röhre, dann kann sie besser gedreht werden.
- Befestigen Sie das Garn an einem Stock anstatt an einer Röhre.

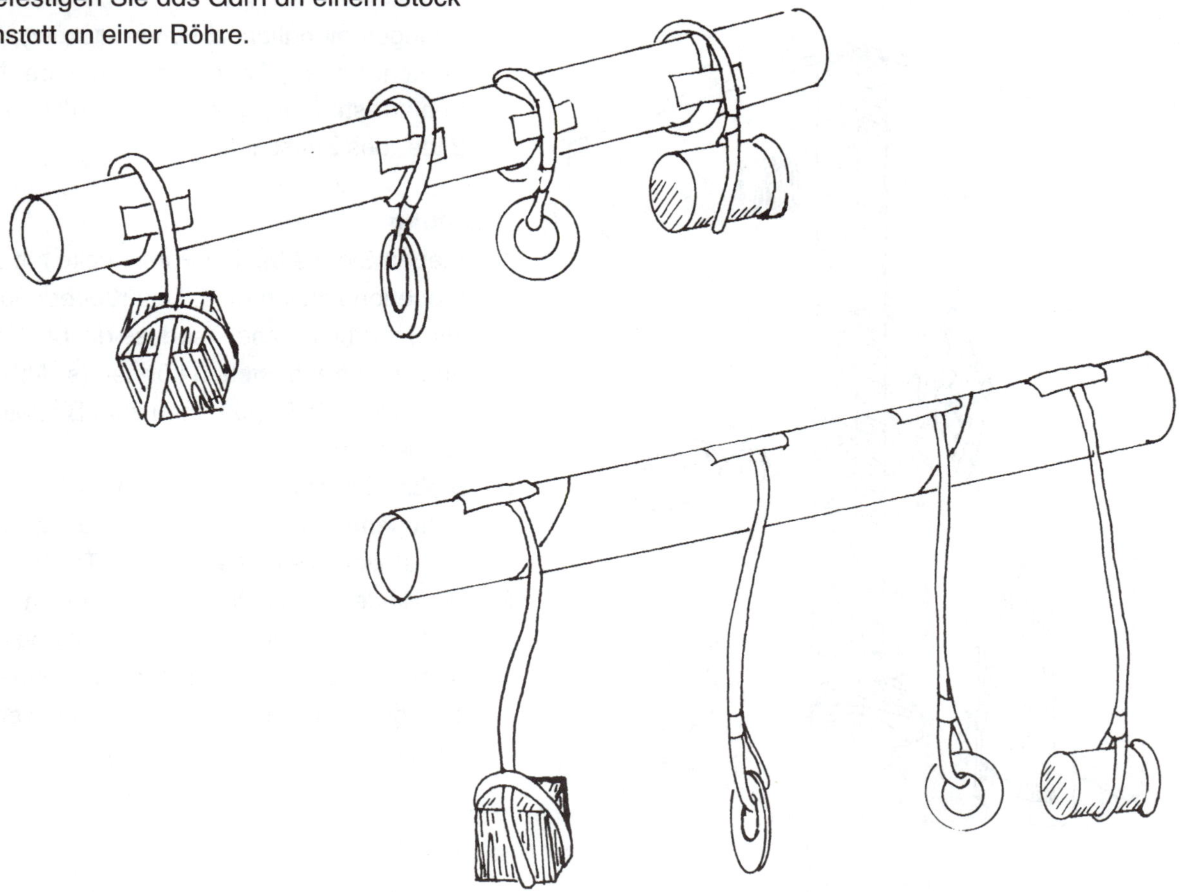

4+ ◐

Gegenüber
Collage

Gegensatzcollage

Die Kinder fertigen eine Collage mit gegensätzlichen Bildern an und setzen sich so handelnd mit dem Begriff der „Gegenüberstellung" auseinander.

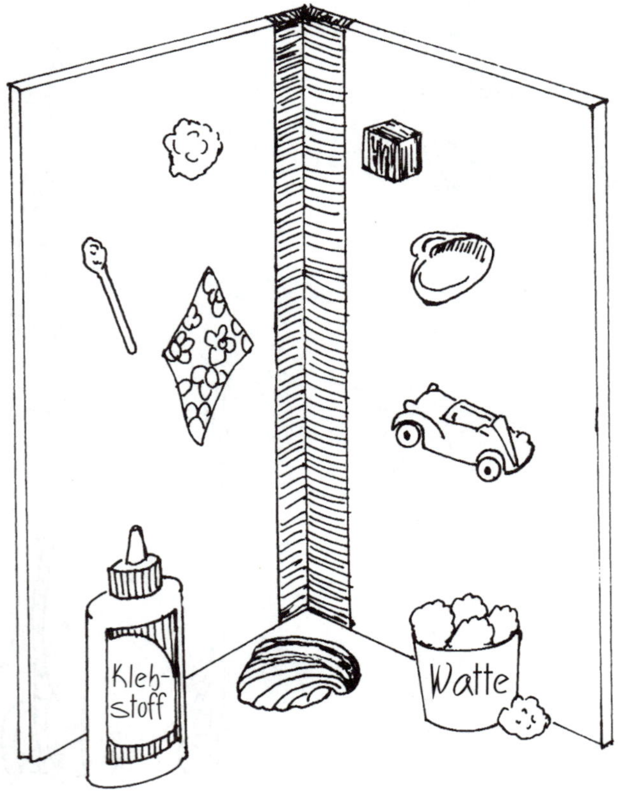

Material

- zwei gleich große Stücke Pappe
- breites Klebeband
- Klebstoff
- Collagematerialien, z. B. Verpackungen, Korken, Perlen, Gegenstände aus der Natur, Papierreste (auch gemustert), Aufkleber, Bilder aus Zeitschriften.

Anleitung

1. Kleben Sie die beiden Pappstücke mit dem Klebeband zusammen. Das Klebeband soll als Scharnier dienen, sodass die beiden Stücke aufrecht stehen können (s. Abb.). Legen Sie die Pappe dann zum Basteln flach auf den Tisch.
2. Breiten Sie eine Auswahl von Collagematerialien auf einem Tablett aus und stellen Sie dieses auf den Tisch.
3. Die Kinder betrachten die Materialien und suchen solche heraus, die sie mit gegensätzlichen Begriffen beschreiben können, z. B. groß und klein, kurz und lang, weich und hart, flauschig und kratzig.
4. Dann kleben sie jeweils zwei gegensätzliche Dinge auf die gegenüberliegenden Seiten der Pappe. Ein Wattebausch z. B. kommt auf eine Seite, weil er weich ist, ein Kieselstein kommt auf die andere Seite, weil er hart ist.
5. Stellen Sie die Gegensatzcollage so auf einen Tisch oder ein Regal, dass sie von selbst steht.

Hinweis: Möglicherweise kommen die Kinder auf Gegensätze, an die Erwachsene nicht denken würden. Gestehen Sie den Kindern auch für uns schwer verständliche Gegensatzpaare zu. Ein Kind mag z. B. der Meinung sein, ein Pferd sei ein Gegensatz zu einem Hund, ein Ozean ein Gegensatz zu einem See, ein Flaschenverschluss ein Gegensatz zu einer Perle. Diese Art der Einteilung sollte erlaubt sein, damit unkonventionelles Denken gefördert wird.

Bilderstein

Die Kinder verzieren einen flachen Stein auf beiden Seiten und sammeln dabei Erfahrungen mit dem Begriff „Gegenüber".

Material
- flache, glatte, relativ große Kieselsteine
- Handtücher
- eine Auswahl an Zeitschriftenbildern
- mit Wasser verdünnten Kleister in einem Gefäß
- Pinsel
- Zeitungspapier zum Abdecken der Arbeitsfläche

Anleitung
1. Kiesel säubern und abtrocknen.
2. Dann schneiden die Kinder ein Bild aus einer Zeitschrift so zu, dass es auf eine Seite des Steins passt.
3. Anschließend bestreichen sie den Stein mit dem Kleister und legen das Bild darauf.
4. Die Kinder sollten dann noch zusätzlichen Kleister auf das Bild geben, die Falten glätten und das Bild fest andrücken. Es muss über Nacht trocknen.
5. Wenn der Stein trocken ist, wird die Rückseite entsprechend mit einem anderen Bild beklebt.

Variation
- Statt der Zeitschriftenbilder kann man folgende Materialien verwenden: Ansichtskarten, ein Bild aus einem alten Buch, eine kleine Buntstiftzeichnung, Aufkleber und Etiketten.

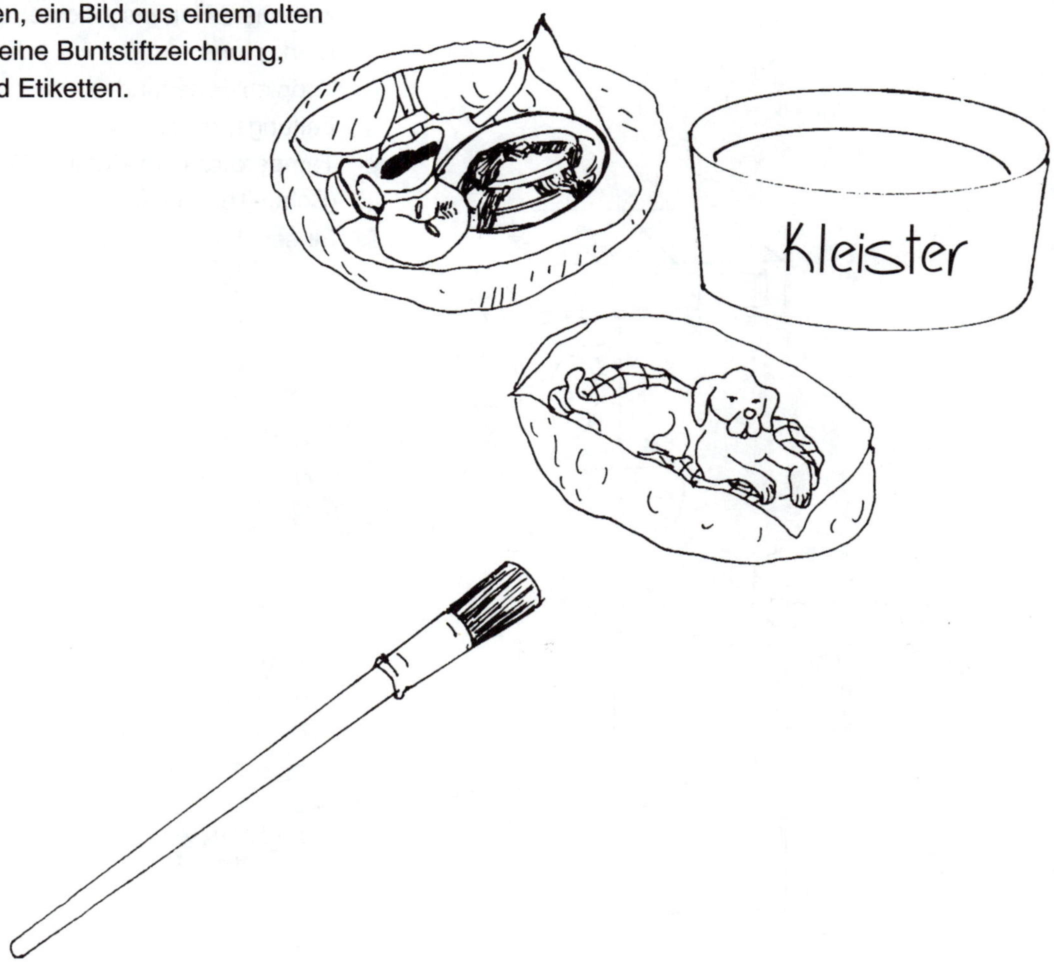

Gleichgewicht
Skulptur

Turmskulptur

Die Kinder kleben Schachteln zu einer Skulptur zusammen und finden dabei heraus, welche Lage die Schachteln zueinander haben müssen, damit ein hohes, stabiles Bauwerk entstehen kann.

Material

- leere Pappbehälter und Schachteln, z. B. kleine Schachteln von Frühstückszerealien, Seifenschachteln, Schuhkartons, Eierkartons
- Teppichklebeband
- Zeitungspapier
- Temperafarbe in stabilen Gefäßen (Schul-Tempera)
- Pinsel

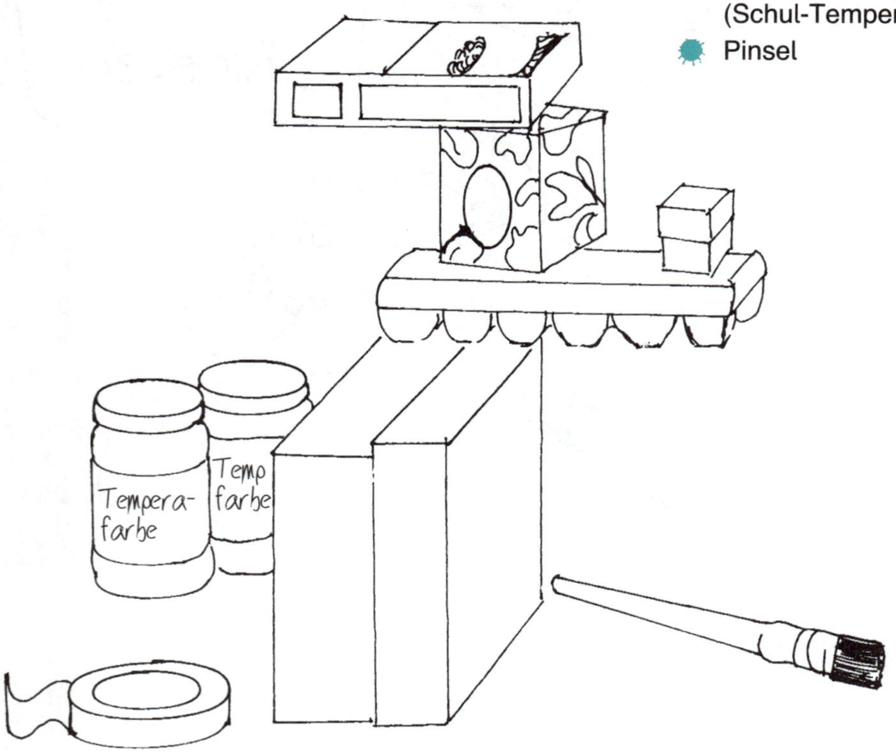

Anleitung

1. Die Kinder bemalen die Schachteln in beliebiger Art und Weise. Zeitungspapier dient als Unterlage, damit der Boden oder Tisch geschützt ist.
2. Die Schachteln müssen trocknen.
3. Dann stapeln die Kinder die Schachteln so in- und aufeinander, dass Türme, Burgen, Häuser oder andere Gebilde entstehen.
4. Wenn sie mit ihrer Skulptur zufrieden sind, kleben die Kinder die Schachteln in dieser Form mit Teppichklebeband zusammen, damit sie eine dauerhafte Skulptur bekommen.

Variationen

- Die Kinder bemalen anstelle von Pappschachteln kleine Holzklötze und kleben die trockenen Klötze zu einer Turmskulptur zusammen.
- Auch die folgenden Materialien eignen sich für eine Turmskulptur: Pappbecher, Filmdöschen, Pappröhren, zusammengerolltes Zeitungspapier, Steine.

Spirobile

4+

Die Kinder untersuchen das Konzept des Gleichgewichts, indem sie Holzspäne an Fäden kleben und dann an einem Stickrahmen aufhängen.

Gleichgewicht
Basteln

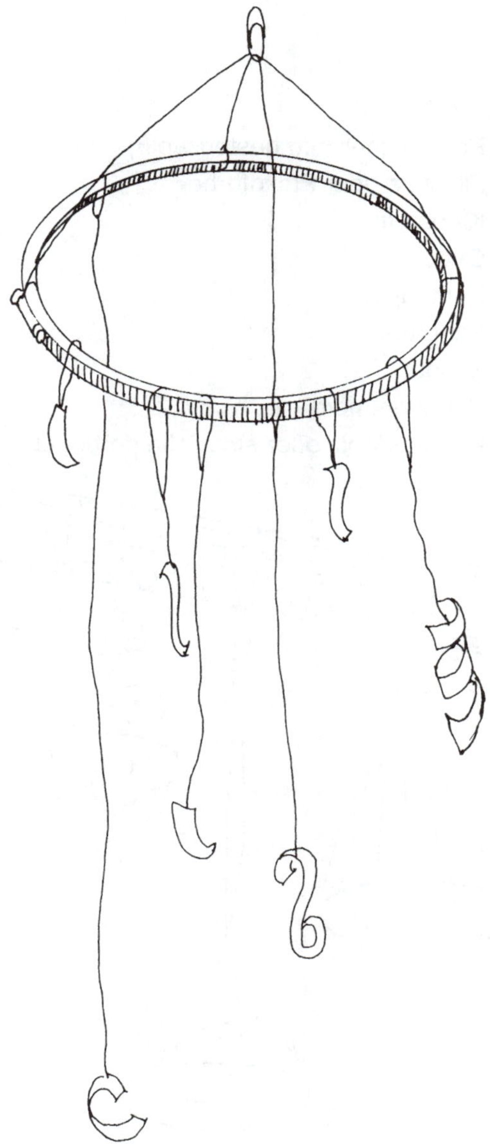

Material

- Holzspäne (vom Schreiner oder Abfall von eigenen Holzarbeiten)
- Faden oder Kordel
- Büroklammern
- zwei 30 cm lange Stücke Faden für die Aufhängung des Mobiles
- Klebstoff
- einen Stickrahmen

Anleitung

1. Die Kinder schneiden für jeden Holzspan einen Faden ab. Die Fäden können alle gleich oder auch unterschiedlich lang sein.
2. Dann tropfen sie etwas Klebstoff auf einen Holzspan und drücken ein Ende des Fadens in den Klebstoff. Das Ganze muss ruhig liegenbleiben, bis der Klebstoff trocken ist. Auf diese Art und Weise werden mehrere Holzspäne mit Fäden versehen.
3. Anschließend knoten die Kinder das freie Ende der Fäden um den Ring des Stickrahmens. Die Knoten sollten so locker sein, dass sich die Fäden verschieben lassen.
4. Um das Mobile aufzuhängen, wird ein Stück Faden an den Ring geknotet. Das andere Ende wird direkt gegenüber festgeknotet (siehe Abbildung). Der zweite Faden wird so befestigt, dass er den ersten Faden überkreuzt.
5. Nun legt man den Stickrahmen auf den Tisch und nimmt die Stelle, wo die beiden Fäden sich kreuzen, hoch. Dort befestigt man eine Büroklammer.
6. Dann wird das Mobile an der Büroklammer aufgehängt und die Holzspäne hängen herunter. Sie sollten so am Rahmen verteilt sein, dass sie einander nicht berühren und der Rahmen waagerecht hängt.
   Durch Verschieben der Fäden können die Kinder mit dem Gleichgewicht des Mobiles experimentieren.

Pappbecher-Mobile

Gleichgewicht
Basteln

Die Kinder basteln aus farbenfrohen Pappbechern, die an unterschiedlich langen Schnüren herunterhängen, ein Mobile und erkunden gleichzeitig das Konzept des Gleichgewichts.

Material

- Pappbecher (am besten weiß)
- Filzstifte oder Plakafarbe
- Klebstoff
- Glitter
- Buntpapier
- Scheren
- Schnur
- Büroklammern
- ein Rundholz oder einen Kleiderbügel

Anleitung

1. Die Kinder bemalen die Pappbecher. Dann kleben sie Glitter und kleine Stücke Buntpapier darauf.
2. Mit Hilfe eines Erwachsenen stechen sie in die Unterseite eines jeden Pappbechers ein kleines Loch.
3. Anschließend schneiden sie die Kordel in verschieden lange Stücke und knoten jeweils an ein Ende eine Büroklammer.
4. Die Schnur wird von innen durch den Boden der Becher gefädelt. Dann kann man sie herausziehen, bis die Büroklammer sie festhält.
5. Nun knoten die Kinder die Becher an ein Rundholz oder einen Kleiderbügel.
   Die Becher sollten in verschiedenen Höhen und mit unterschiedlichem Abstand zueinander aufgehängt werden.
6. Mit einem weiteren Stück Schnur, das am Rundholz oder Kleiderbügel angebracht wird, kann das Mobile aufgehängt werden. Durch Verschieben der Schnüre können die Kinder mit dem Gleichgewicht experimentieren.

Variation

- Statt der Pappbecher können die Kinder auch folgende Gegenstände verzieren und daraus ein Mobile basteln:
  Formen aus Pappe, kleine Spielzeugteile, auf Papierkreise aufgeklebte Zeitschriftenbilder, Deckel und Verschlüsse.

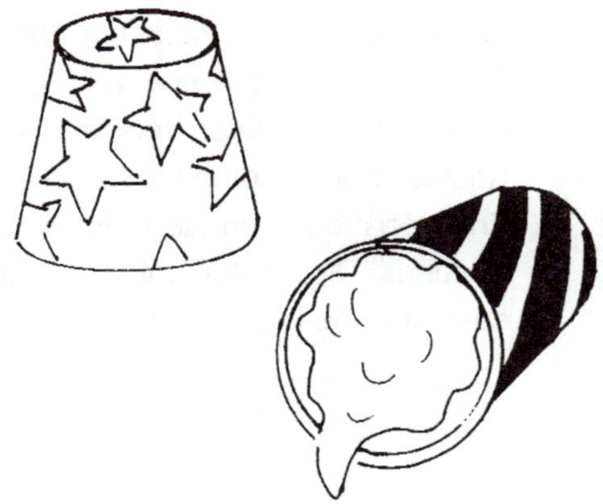

Papiertütenturm

Gleichgewicht
Skulptur

Die Kinder widmen sich einer architektonischen Herausforderung und errichten ein Bauwerk aus selbst gemachten „Papiertütensteinen". Dabei entdecken sie, wie die Blöcke miteinander in Verbindung stehen und wie sie ausbalanciert werden müssen.

Material

- viele möglichst große Papiertüten (z. B. vom Bäcker)
- Zeitungspapier
- reißfestes Klebeband (breites Paketband oder breites Teppichklebeband)
- eine Fläche zum Bauen

Anleitung

1. Die Kinder knüllen Zeitungspapier zusammen und stopfen eine Papiertüte damit aus.
2. Dann stülpen sie eine zweite Papiertüte über die Öffnung der ausgestopften Papiertüte. Mit Hilfe eines Erwachsenen können sie den Rand mit Klebeband festkleben.
3. So wird ein großer Haufen von Papiertütensteinen hergestellt.
4. Dann errichten die Kinder aus den Papiertütensteinen ein Bauwerk, z. B. einen Turm, eine Festung, einen Unterschlupf, einen Tunnel, eine Rakete, ein Labyrinth, Zäune, eine Höhle oder ein Boot.
5. Wenn die „Architekten" sich darüber einig sind, dann kann das jeweilige Gebäude eingerissen und ein neues erbaut werden. Wenn die Steine nicht mehr zum Bauen gebraucht werden, können sie zerkleinert und zur Wiederverwertung aufbereitet werden.

Variation

- Die Kinder benutzen kleine Papiertüten, z. B. für Pausenbrote, um daraus zusätzlich kleinere Bausteine herzustellen.

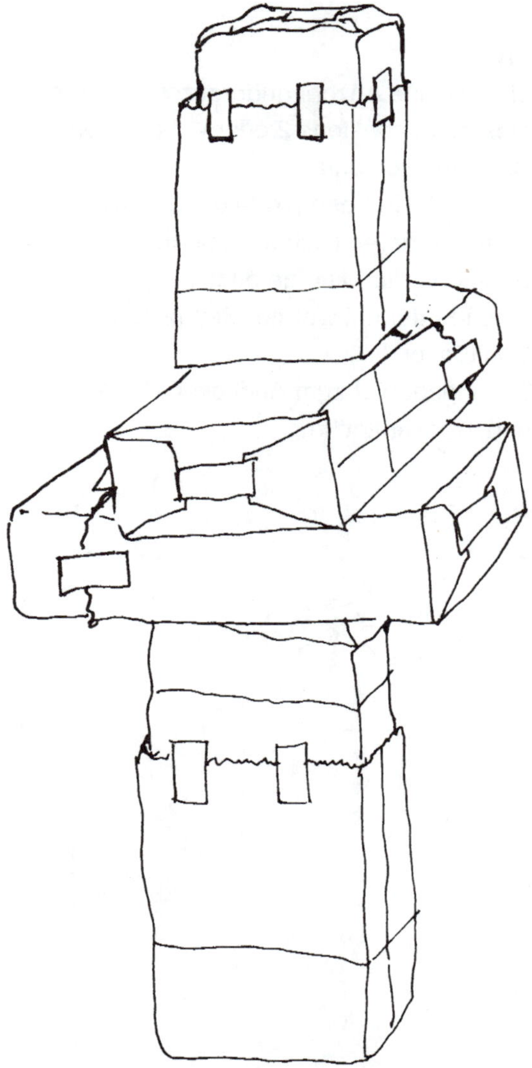

4+

Fliesensymmetriedruck

Symmetrie
Drucken

Die Kinder basteln einen Stempel aus Fliesen und stellen damit Drucke her, bei denen sie dem Phänomen der Symmetrie begegnen.

Material

- eine gerade Anzahl quadratischer Keramikfliesen (mindestens 2 oder 4, höchstens 16)
- Silikonabdichtung
- ein Stück Hartfaserplatte als Untergrund
- Temperafarben (Schul-Tempera) und Pinsel
- Papier, in der Mitte gefaltet
- einen Eimer mit warmer Seifenlauge und Spültücher
- Zeitungspapier zum Abdecken der Arbeits- und Trockenfläche

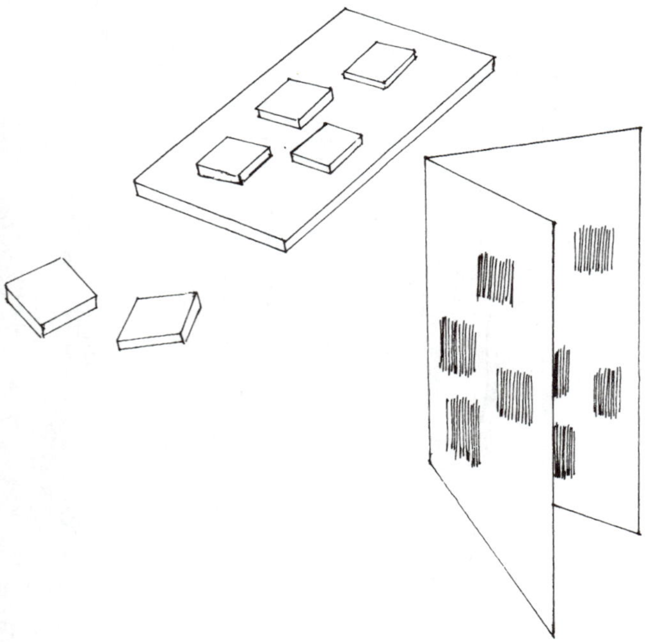

Anleitung

Den Fliesenstempel herstellen

1. Auf die Rückseite jeder Fliese wird Silikon gespritzt und die Fliesen werden dann in der gewünschten Anordnung auf die Hartfaserplatte geklebt. Dabei müssen die Rückseiten der Fliesen und die Hartfaserplatte unter jeder Fliese großzügig mit Silikon bedeckt werden, damit die Hartfaserplatte wasserdicht ist.
2. Lassen Sie den Fliesendruckstempel etwa 24 Stunden trocknen.

Den Symmetriedruck anfertigen

1. Die Kinder bedecken die Fliesen dick mit Temperafarbe.
2. Dann pressen sie eine der Außenseiten des gefalteten Papiers auf die Fliesen und lösen das Papier wieder.
3. Nun falten sie das Papier so, dass die bedruckte Seite innen ist, pressen das Papier fest zusammen und reiben mit den Händen darüber, sodass sich die Farbe auf die gegenüberliegende Seite des Papiers überträgt.
4. Wenn die Kinder das Papier jetzt auseinander falten, erscheint ein symmetrisches Muster. Das Bild muss auseinander gefaltet trocknen. Wenn die eine Hälfte des Musters sehr blass erscheint, dann sollten die Kinder beim nächsten Mal mehr Farbe auf die Fliesen auftragen.
5. Die Kinder können den Druckvorgang nun mit verschiedenen Farben wiederholen.
6. Am Ende werden die Fliesen mit Seifenlauge abgewaschen, dann können sie immer wieder zum Drucken verwendet werden.

Variationen

- Mit sehr kleinen Kindern kann man den Aspekt der Symmetrie auch weglassen. Sie bemalen einfach die Fliesen und pressen dann einen ungefalteten Papierbogen darauf, um das Fliesenmuster abzubilden.
- Auch von anderen Gegenständen können mit gefaltetem Papier symmetrische Drucke hergestellt werden.
- Die Farbe kann auch direkt mit einem Pinsel auf das Papier aufgetragen werden.

Blasenfoliendruck

Symmetrie Drucken

Es macht Spaß, die Blasen von Luftkammerverpackungen aus Plastik zu zerdrücken, doch zuerst benutzen die Kinder sie für einen interessanten Symmetriedruck.

Material

- Luftkammerverpackungen aus Plastik (z. B. aus gefütterten Versandtaschen), am besten solche mit großen Blasen
- Hefter
- Scheren
- Tabletts mit Temperafarbe in verschiedenen Farbtönen (Schul-Tempera)
- in der Mitte gefaltete Papierbögen
- Zeitungspapier zum Abdecken der Arbeits- und Trockenfläche

Anleitung

1. Die Kinder schneiden die Verpackungsfolie in zwei Stücke mit gleicher Form.
2. Dann heften sie diese so aneinander, dass die Luftkammern an den Außenseiten sind (s. Abb.).
3. Nun legen sie ein Blatt Papier, das sie vorher in der Mitte gefaltet haben, ausgebreitet auf die Arbeitsfläche.
4. Anschließend drücken die Kinder eine Seite des „Folienstempels“ in ein Tablett mit Farbe, drehen den Stempel herum und drücken auch die andere Seite in die Farbe.
5. Dann legen sie den Stempel auf das Papier, und zwar so, dass ein Rand des Stempels genau auf der Faltlinie des Papiers liegt.
6. Die Kinder falten die andere Seite des Papiers über den Stempel und drücken es mit den Händen leicht an.
6. Dann falten sie das Papier wieder auseinander, nehmen den Stempel fort und sehen sich den Symmetriedruck an.
7. Mit einem Pinsel können sie weitere Bilder auftragen, die ebenfalls symmetrisch sind. Eine echte Herausforderung!

Variationen

- Weitere Materialien, die man für Symmetriedrucke verwenden kann, sind:
  – ein in der Mitte gefaltetes Stück Pappe, das in eine Form geschnitten und dann wieder auseinander gefaltet wird;
  – in Farbe getauchtes Garn, das in die Nähe der Faltnaht auf ein Blatt Papier gelegt wird. Die Kinder falten das Papier, drücken es an und falten es wieder aus einander;
  – Farbtropfen auf der Faltnaht eines Papiers. Auch hier falten die Kinder das Papier zusammen, drücken es an und falten es wieder auseinander.

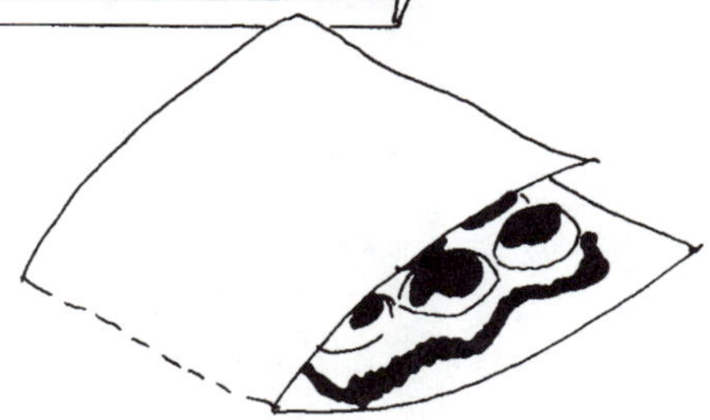

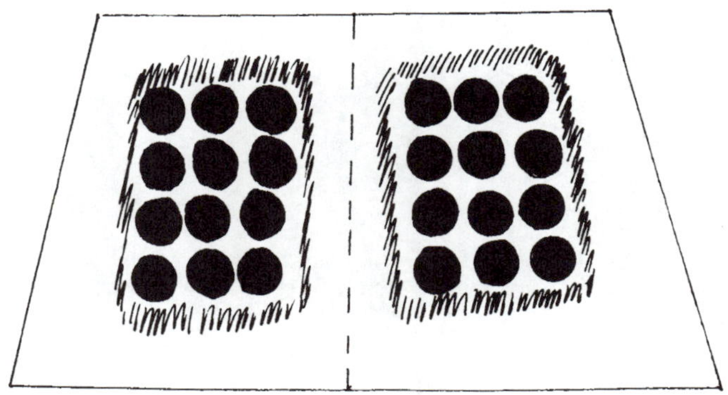

Zäune, Rahmen, Schachteln

Kapitel 5

Die mathematischen Konzepte, die in diesem Kapitel erkundet werden, sind

Rahmen und Einfassungen

Rahmen sind in diesem Zusammenhang Gegenstände, die andere Gegenstände umgeben, wie z. B. ein Kreis, der einen Stern umgibt oder Zweige, die ein Bild einrahmen. Eine Einfassung enthält oder umschließt Dinge, die dadurch zusammengehalten werden. Beispiele dafür sind Apfelsinen in einer Apfelsinenkiste, Fische in einem Aquarium, ein Butterbrot in einer Dose oder Menschen in einem Haus.

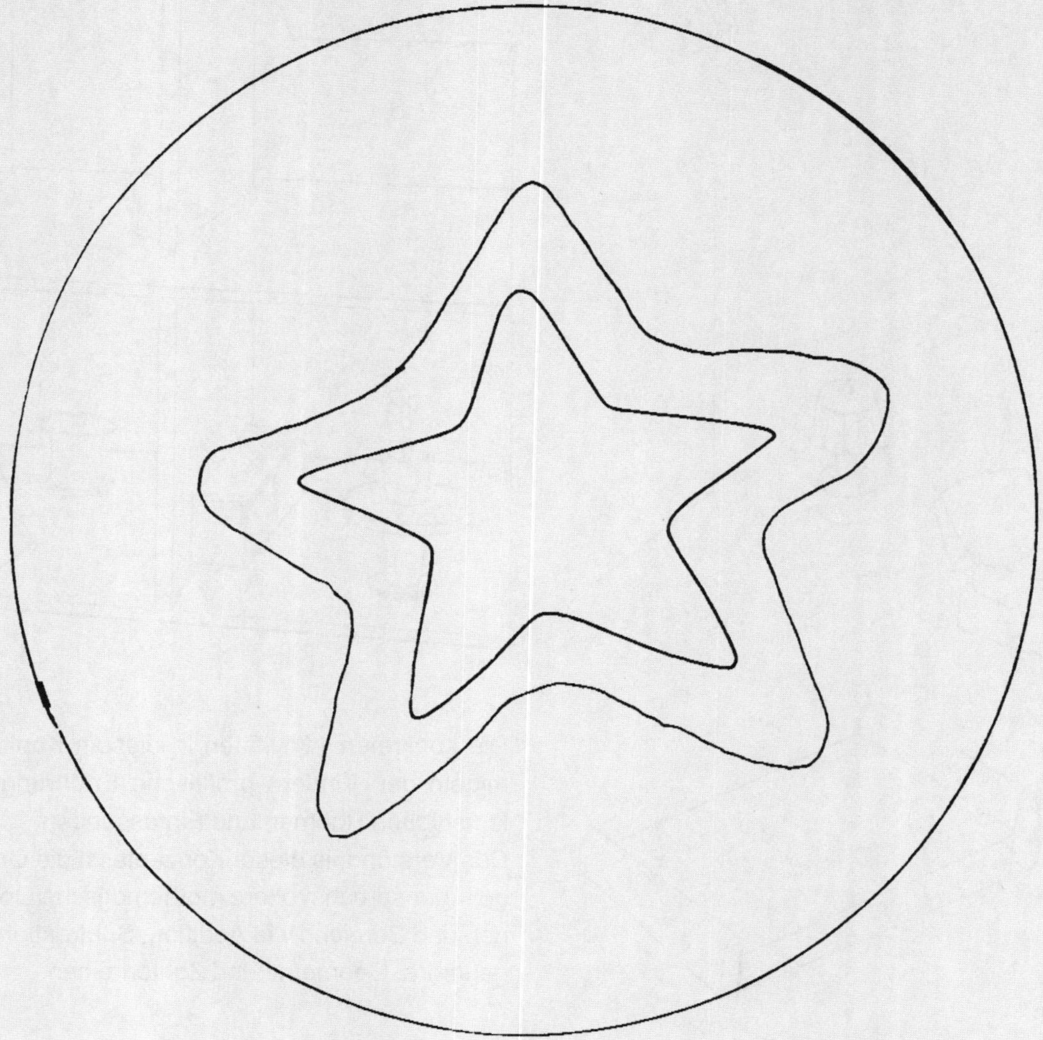

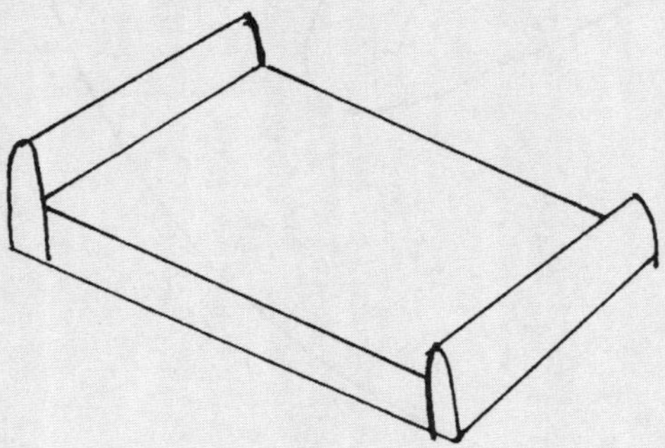

Die konkreten Aktivitäten in diesem Kapitel vermitteln den Kindern praktische Erfahrungen mit kunstvollen Rahmen und Einfassungen.
Das Verständnis dieser Konzepte ist die Grundlage für anspruchsvollere mathematische Operationen und Bereiche wie Addition, Subtraktion, Mengenlehre, Geometrie und Zahlenreihen.

Rahme mich ein!

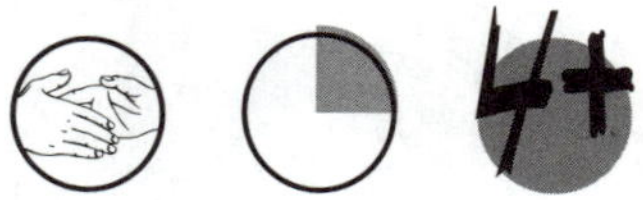

Rahmen
Malen

Die Kinder malen gegeseitig ihre Körperumrisse auf große Papierbögen und erkunden so das Konzept des Rahmens.

Material

- große Bögen Packpapier, Tapete oder Zeitungspapier
- Wachs- oder Buntstifte
- Pinsel und Wasserfarben

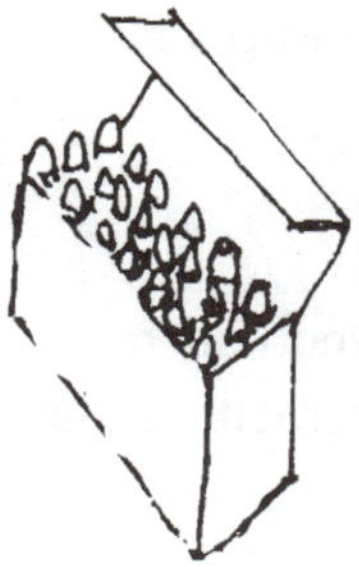

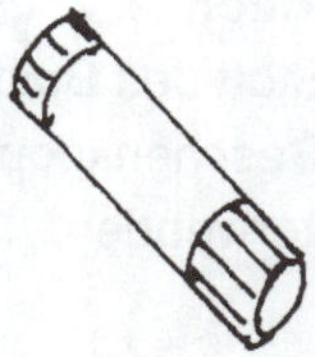

Anleitung

1. Ein Kind legt sich auf eine große Bahn Papier. Es sollte vollständig auf das Papier passen.
2. Ein zweites Kind zieht mit Stiften die Konturen des Kindes auf dem Papier nach.
3. Wenn der Umriss mehrfach nachgezogen ist, malt das erste Kind die Zwischenräume zwischen den einzelnen Umrissen mit Stiften oder Wasserfarben aus.
4. Um Platz zu sparen kann man das Bild an eine Wand oder einen Kleiderbügel hängen, bis es trocken ist.

Variation

- Die Kinder malen die Umrisse einer Gruppe kleinerer Gegenstände nach, die auf einem Stück Tonkarton oder Pappe liegen, z. B. Dosen, Küchengeräte, Hände oder Füße. Dann malen sie die Umrisse farbig an, schneiden sie aus und kleben sie in einen Kreis, den sie auf ein größeres Stück Papier gezeichnet haben.

4+

Schwarz-Weiß-Kontrastbild

Rahmen
Collage

Die Kinder stellen ein interessantes Kontrastbild her, bei dem Rahmen und Inneres als „Positiv“ und „Negativ“ erscheinen.

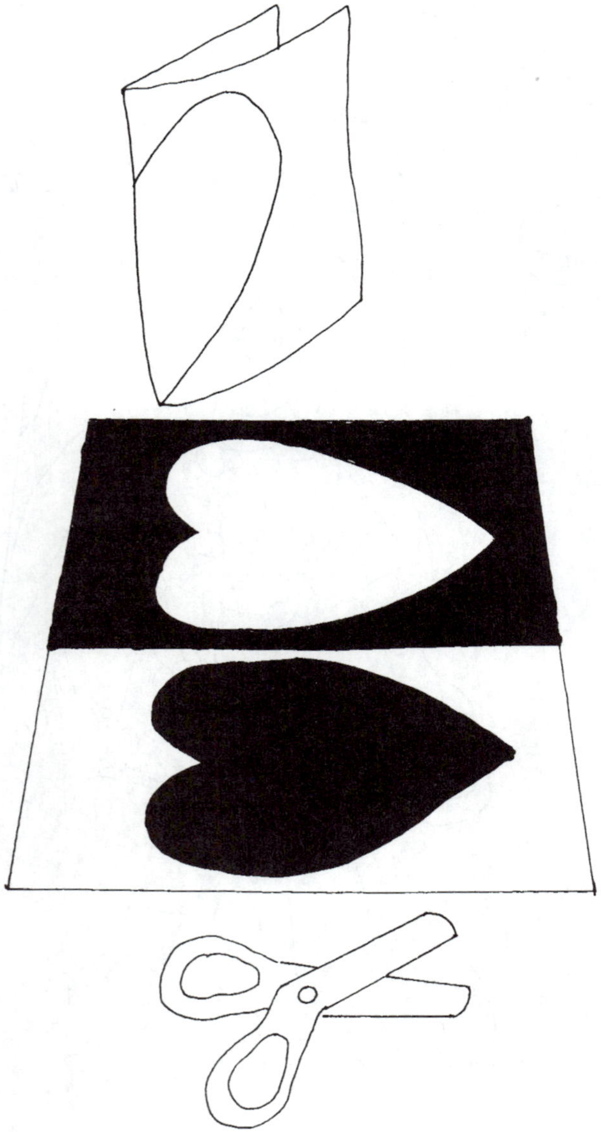

Material

- schwarzes und weißes Bastelpapier (oder zwei Kontrastfarben), das weiße halb so groß wie das schwarze (also z. B. DIN A5 und DIN A4)
- Klebstoff
- Scheren
- Bleistifte (nicht unbedingt notwendig)

Anleitung

1. Die Kinder falten ein weißes Blatt Papier in der Mitte und schneiden dann von der Faltnaht aus eine Form aus dem Papier. Diese kann abstrakt sein, dann braucht sie nicht vorgezeichnet zu werden. Die Kinder können aber auch ein Herz, ein Rechteck o. Ä. ausschneiden.
2. Anschließend falten die Kinder das Papier und die ausgeschnittene Form wieder auseinander.
3. Nun kleben sie zuerst den weißen „Rahmen“ (die Negativform) auf die eine Hälfte des schwarzen Untergrundpapiers. Die Ränder müssen an einer Seite genau aufeinander liegen (siehe Abbildung).
4. Dann kleben die Kinder die ausgeschnittene weiße Figur (die Positivform) in die Mitte der anderen Hälfte des schwarzen Papiers (siehe Abbildung).

Variation

- Statt des Bastelpapiers kann man auch Geschenkpapier oder selbst gemalte Bilder verwenden.

Glitzersterne

Rahmen
Malen

Die Kinder erkunden das Konzept der Umrahmung, indem sie glitzernde Sterne unterschiedlicher Größe aufeinander kleben.

Material

- große Papierbögen
- Temperafarben und Pinsel (Schul-Tempera)
- dicke Pappe
- Scheren
- Bleistifte
- Klebstoff oder Musterklammern
- Glitter

Anleitung

1. Die Kinder zeichnen einen großen Stern (oder eine andere große Form) auf die Pappe und schneiden ihn aus. Unter Umständen muss ein Erwachsener dabei helfen.
2. Dann zeichnen sie einen kleinen Stern (oder die entsprechende andere kleine Form) auf die Pappe, und schneiden ihn ebenfalls aus.
3. Anschließend legen sie beide Sterne als Schablone auf ein Blatt Papier. Sie ziehen beide Formen mit einem Bleistift nach. Die Schablonen können immer wieder verwendet werden.
4. Dann malen die Kinder die Papiersterne bunt an. Bevor die Farbe getrocknet ist, können sie Glitter darüber streuen.
5. Die Papiersterne sollten einige Stunden trocknen. Dann können sie ausgeschnitten werden.
6. Nun legen die Kinder den kleinen Stern auf den großen und heften beide mit Klebstoff oder einer Musterklammer aneinander. Wenn sie eine Musterklammer verwendet haben, können die Sterne gedreht werden. Das glitzert dann besonders schön!

Variation

- Die Kinder zeichnen die Sterne oder andere, selbst ausgedachte Formen direkt, ohne Schablone.

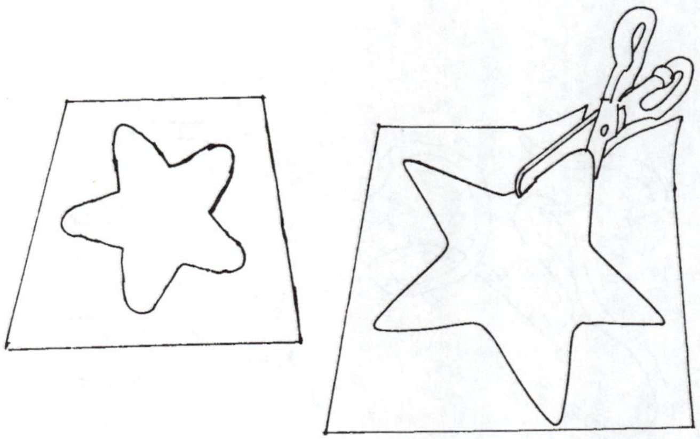

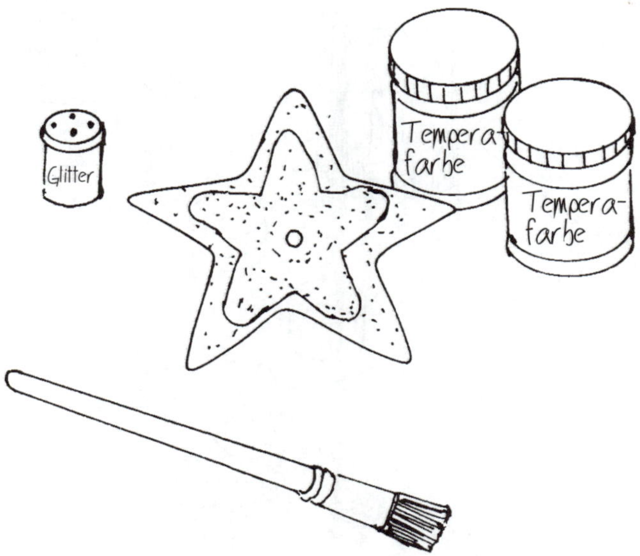

4+

Innen-außen-Collage

Rahmen
Collage

Beim Anfertigen einer Collage experimentieren die Kinder mit den mathematischen Konzepten „Rahmen“ und „Sortieren“.

Material

- zwei unterschiedliche Sorten von Collagematerialien, die geklebt werden können, z. B. Verpackungsmaterialien, Flaschenverschlüsse, gepresste Blätter, Knöpfe
- Klebstoff
- Garn
- Scheren
- ein großes Blatt Papier

Anleitung

1. Die Kinder zeichnen mit dem Klebstoff einen großen Kreis auf das Papier.
2. Dann legen sie ein Stück Garn auf den Klebstoff und bilden damit einen geschlossenen Kreis. Sollte das Garn nicht lang genug sein, fügen sie weitere Stücke hinzu.
3. Während das Garn antrocknet, sortieren die Kinder die Collagematerialien, z. B. in einen Haufen mit Blättern und einen mit Knöpfen.
4. Nun entscheiden die Kinder, welche Sorte Collagematerial in die Umrahmung des Garnkreises kommt und welche außerhalb.
5. Dann kleben sie die Gegenstände entsprechend innerhalb bzw. außerhalb des Kreises zu einem Bild oder Muster.

Variationen

- Anstelle von einem Garnkreis kann man auch einen Reifen, Stoff oder andere Materialien nehmen, um das Papier in zwei Bereiche einzuteilen.
- Die Kinder entwerfen mit Garn und Klebstoff andere Formen für die Umrahmung, z. B. Vierecke, Wolken- oder Blumenformen.

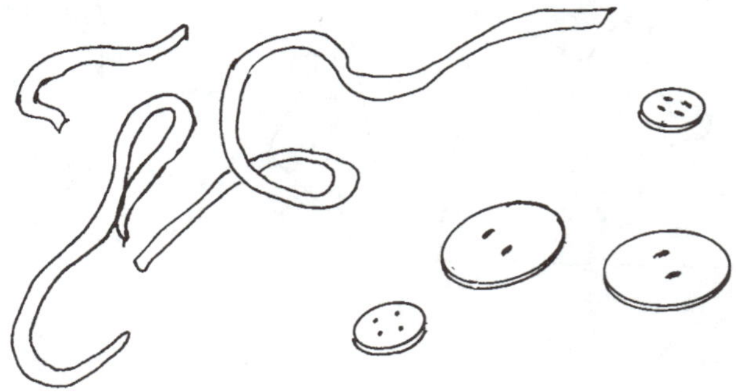

Rahmenbild

4+

Rahmen
Basteln

Die Kinder zeichnen oder malen ein Bild in einen Rahmen aus Garn, das auf ein Stück Papier geklebt wurde.

Material
- Baumwollfäden oder bunte Schnur in verschiedenen Längen (für kleinere Kinder eignen sich kurze Stücke am besten)
- Scheren
- eine flache Schale oder ein Styroportablett
- Kleister
- Filzstifte oder Wasserfarben und Pinsel
- Collagematerialien (nicht unbedingt notwendig)
- Zeitungspapier zum Abdecken der Arbeitsfläche

Anleitung
1. Geben Sie einen großen Klecks Kleister in die Schale oder auf das Styroportablett.
2. Nun rollen die Kinder ein kurzes Stück Schnur im Kleister und arrangieren die klebrige Schnur dann so auf einem Blatt Papier, dass geschlossene Formen entstehen, z. B. Kreise. Sie können auch Formen legen, bei denen die Enden des Garns sich überkreuzen. Das Ganze muss etwa eine Stunde lang trocknen.
3. Dann bemalen die Kinder die Bereiche innerhalb der Garnumrahmungen mit bunten Filzstiften oder mit Farbe. Sie können auch Collagematerialien in die Garnumrahmungen kleben.

Variationen
- Die Kinder formen aus dem Garn Namen, Buchstaben oder Wörter.
- Die Kinder formen aus dem Garn Blumen oder Fische.

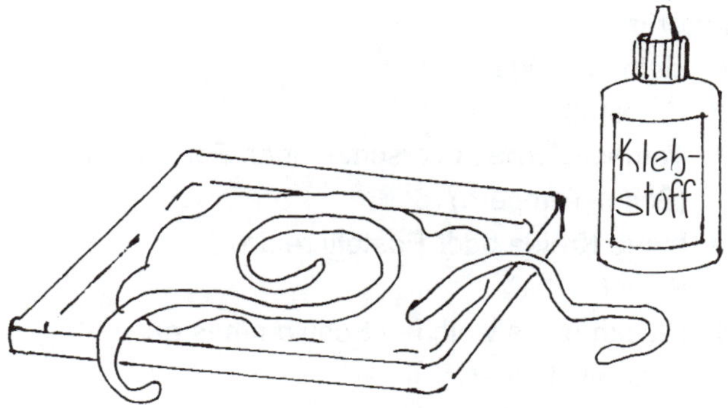

4+

Bild aus Zweigen und Kreide

Rahmen
Collage

Die Kinder stellen mit Kreide und bunten Zweigen eine Collage her, die zum Verständnis von Umrahmungen beiträgt.

Material

- kleine Zweige
- Klebstoff
- Temperafarbe in verschiedenen Farbtönen (Schul-Tempera)
- bunte Kreide oder Pastellkreide
- Pinsel
- Stücke eines weichen Schwammes oder Kosmetiktücher
- farbigen Tonkarton (Schwarz oder dunkle Farben eignen sich besonders gut)
- Zeitungspapier zum Abdecken der Arbeitsfläche

Anleitung

1. Die Kinder bemalen die Zweige mit Temperafarben und lassen sie einige Stunden trocknen.
2. Dann zeichnen sie mit der Kreide eine Form oder ein Bild auf den Tonkarton.
3. Anschließend kleben sie die bunten Zweige als Rahmen um die Kreidebilder.
4. Wenn der Klebstoff getrocknet ist, verreiben sie mit einem weichen Schwamm oder Kosmetiktuch die Kreidelinien, bis sie verschwommen sind.

Variationen

- Die Kinder bemalen statt der Zweige folgende Gegenstände: Zungenspatel, Eisstiele, Holzspießchen, dünne Holzreste, Holzspäne, Zahnstocher.
- Die Kinder kleben mit den angemalten Zweigen ein Bild auf Tonkarton.
  Dann umrahmen sie die Zweige mit einer der folgenden Techniken:
  - sie zeichnen Kreide- oder Buntstiftumrahmungen;
  - sie kleben buntes Garn darum;
  - sie umrahmen die Zweige mit aufgeklebten Collagematerialien.

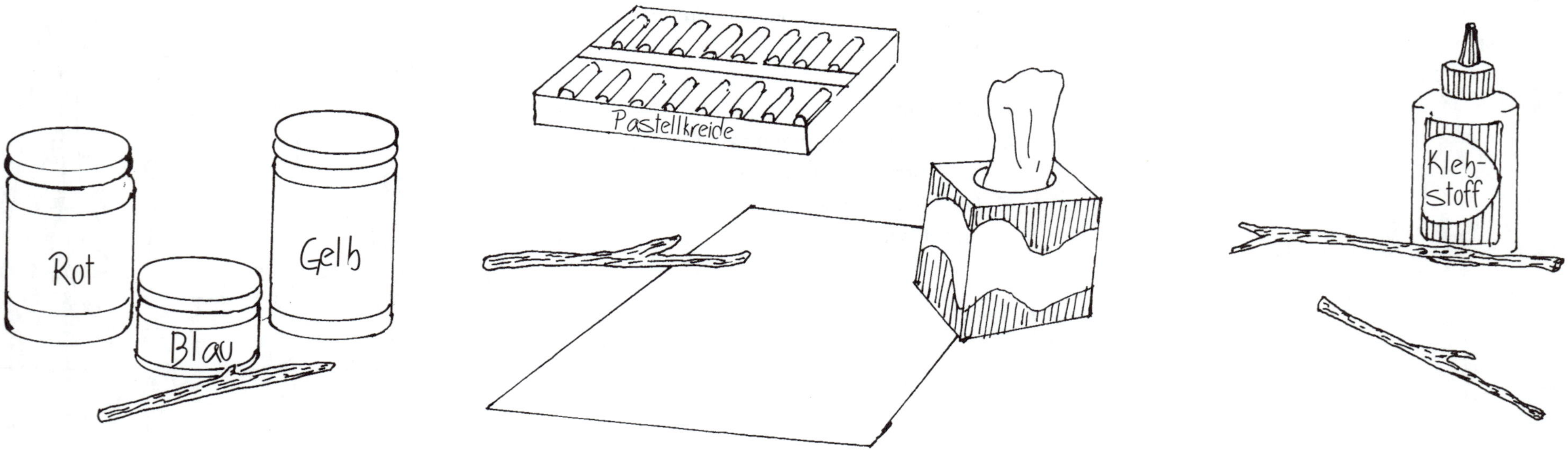

Bilderrahmen aus Pappmaschee

4+

Rahmen
Basteln

Die Kinder entwerfen und basteln einen Bilderrahmen und beschäftigen sich so ganz praktisch mit dem Konzept des Rahmens.

Material

- Lineale
- Bleistifte
- Scheren
- Pinsel
- Zeitungspapier
- Temperafarbe (mindestens zwei Farbtöne, Schul-Tempera)
- Büroklammern
- Kleisterlösung in einer Schüssel
- Styroportabletts
- Schwammstücke
- Sprühlack (nicht unbedingt notwendig)
- dickes Papier
- Teppichklebeband
- Fotos oder Bilder
- eine abgedeckte Arbeitsfläche
- ein Drahtgestell zum Trocknen des Rahmens

Anleitung

1. Mit Lineal und Bleistift zeichnen die Kinder ein Rechteck in die Mitte des Tabletts. Das Rechteck sollte etwas kleiner als das Foto oder Bild sein. Dann schneiden sie das Rechteck mit der Schere oder einem Messer aus. Dabei ist vielleicht die Hilfe eines Erwachsenen nötig.
2. Nun bedecken die Kinder die Vorder- und Rückseite des Styroporrahmens mit der Kleisterlösung.
3. Dann reißen sie aus dem Zeitungspapier Streifen, die ca. 2 cm breit und 10 bis 15 cm lang sind.
4. Nun kleben die Kinder die Streifen auf den Rahmen, indem sie zuerst Kleister auf dem Rahmen auftragen, dann die Zeitungsstreifen auf den Kleister legen und sie mit den Fingern glatt streichen. Die Streifen werden überlappend auf Vorder- und Rückseite des Rahmens geklebt, bis etwa drei Lagen übereinander liegen.
5. Auf der Rückseite des Rahmens wird mit ein paar in Kleister getauchten Papierstreifen eine Büroklammer angeklebt. Diese dient als Aufhänger. Bei großen, schwereren Rahmen sollte man mehrere Büroklammern nehmen.

6. Der Rahmen muss mehrere Tage auf einem Drahtgestell trocknen und dabei ab und zu umgedreht werden, damit er gleichmäßig trocknet und nicht anklebt.
7. Wenn der Rahmen trocken ist, überziehen die Kinder ihn mit ein oder zwei Schichten Farbe. Dann muss er wieder trocknen.
8. Die Kinder können den Rahmen noch zusätzlich verzieren, indem sie einen Schwamm mit Farbe versehen und dann den Rahmen damit abtupfen.
9. Nachdem auch die Verzierung getrocknet ist, kann ein Erwachsener Vorder- und Rückseite des Rahmens mit Sprühlack versehen. Dies sollten Sie draußen oder in einem gelüfteten Raum tun.
10. Als Rahmenhintergrund wird ein dickes Stück Papier, das etwas größer ist als die Rahmenöffnung, über die Rückseite des Rahmens gelegt und mit Tesafilm festgeklebt, wobei die obere Seite offen bleiben sollte.
12. Nun kann man durch diese Öffnung ein Bild oder Foto in den Rahmen schieben und das Bild an der Büroklammer aufhängen.

Variationen

- Die Kinder kleben dekorative Materialien wie Garn, Glitter, Pailletten, Konfetti oder Perlen auf den Rahmen.
- Sie können den Rahmen auch mit Zeitschriftenbildern oder Zeichnungen verschönern, anstatt ihn zu bemalen.

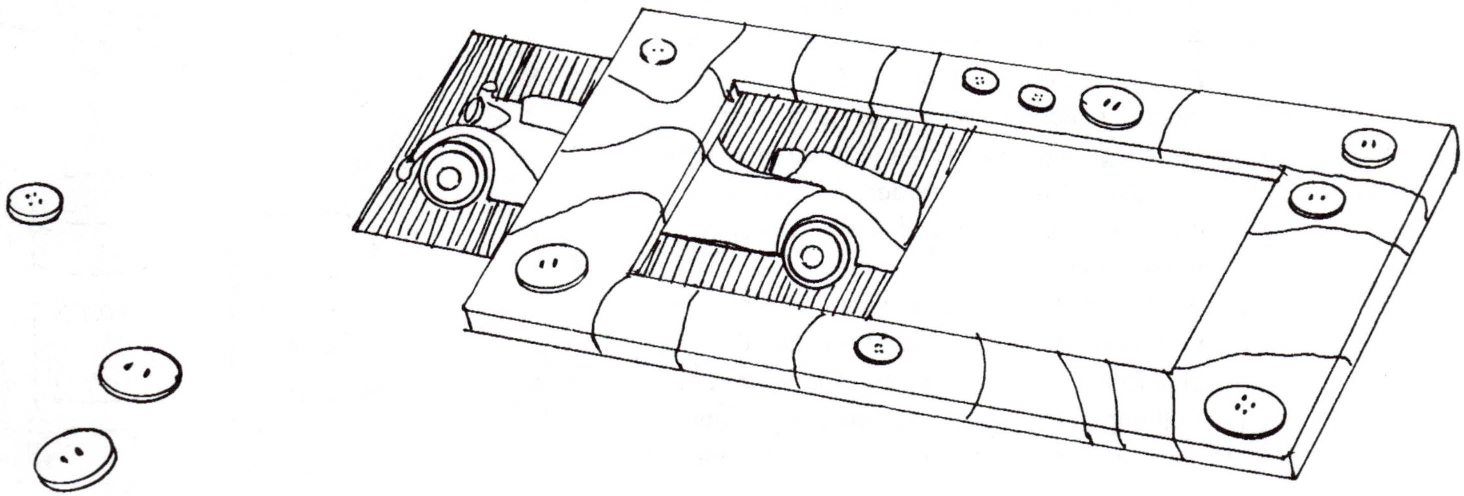

Bilderrahmen aus Garn

4+

Die Kinder beschäftigen sich mit dem Konzept des Rahmens, indem sie ein eigenes Bild einrahmen.

Rahmen
Basteln

Material

- Fotokarton
- Blei-, Filz- und Buntstifte, Wasserfarben und Pinsel
- Garn
- Scheren
- Klebstoff
- Materialien wie Glitter, Farbsand, Pailletten, Konfetti

Anleitung

1. Die Kinder malen ein Bild auf den Fotokarton.
2. Währenddessen schneiden Sie Garn in Stücke – so kurz, dass die Kinder gut mit ihnen arbeiten können.
3. Als Rahmen für das Bild kleben die Kinder dann Garn in beliebiger Anordnung auf den äußeren Rand des Fotokartons.
4. Um die Wirkung des Rahmens zu verstärken, können sie noch Glitter u. Ä. auf das Garn kleben.
5. Das Ganze sollte über Nacht trocknen.

Variationen

- Die Kinder kleben ein Foto so auf ein Stück Fotokarton, dass ein Kartonrand übersteht. Diesen Rand können sie dann als Rahmen mit lustigen Zeichnungen, farbigem Klebeband, Knöpfen, Nähmaterialien u. Ä. verzieren.
- Fragen Sie im Hobbyladen oder in einer Galerie nach Passepartoutresten. Diese verzieren die Kinder und verwenden sie dann als Rahmen für Bilder oder Fotos. Die Bilder können jederzeit ausgewechselt werden, damit der Rahmen ein neues Bild schmücken kann.
- Man kann ein Bild auch mit verzierten Holzresten aus einem Hobbyladen oder einer Galerie einrahmen.

4+

Kreisviereck, Viereckskreis

Rahmen
Modellieren

Aus Knetmasse stechen die Kinder Kreise und Vierecke unterschiedlicher Größe aus, die dann aufeinander gelegt werden und das Konzept des Rahmens veranschaulichen.

Material
- Knetmasse in verschiedenen Farben
- eine abgedeckte Arbeitsfläche
- ein Nudelholz (nicht unbedingt notwendig)
- Plastikmesser
- Fotokarton
- Scheren (nicht unbedingt notwendig)
- Klebstoff (nicht unbedingt notwendig)

Anleitung
1. Die Kinder kneten oder rollen die Knetmasse mit der Hand oder dem Nudelholz auf der Arbeitsfläche flach.
2. Dann schneiden sie mit einem Messer eine Vielzahl unterschiedlich großer Vierecke und Kreise aus der Knetmasse aus.
3. Nun legen sie jeweils eine größere Figur auf den Fotokarton und dann eine kleinere Figur darauf, also z. B. einen kleinen Kreis auf ein großes Viereck. So entstehen Stapel mit zwei oder mehr geometrischen Elementen, wobei jeweils die unteren Figuren noch unter den oberen hervorschauen.
4. Wenn die Kinder die Knetmasse fest andrücken, wird sie auf dem Karton haften bleiben.

Variationen
- Die Kinder schneiden Kreise und Vierecke aus Bastelpapier aus und kleben sie auf andere Kreise und Vierecke in Kontrastfarben.
- Weitere Materialien, aus denen Formen geschnitten werden können, sind Stoffreste, Filz, Geschenkpapier, dünner Schaumstoff und Folie.

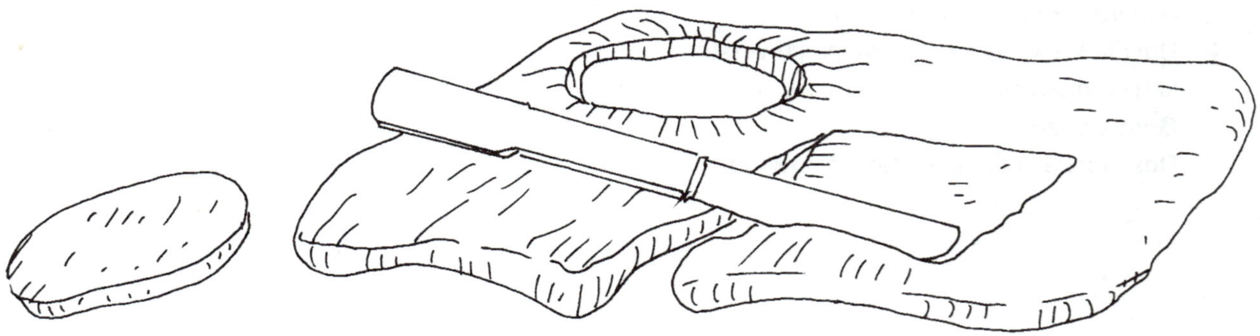

Knoten, Knoten, Knoten

4+

Rahmen
Basteln

Ein Stück Kordel wird mit Knoten versehen, in die teilweise Federn hineingesteckt werden. Die Abfolge von Knoten mit und ohne Federn ist Anlass, über Einrahmungen nachzudenken.

Material

- eine Kordel oder ein Seil
- Federn (im Bastelgeschäft erhältlich)
- Scheren

Anleitung

1. Die Kinder schneiden die Kordel in lange Stücke.
2. Dann knoten sie in beliebiger Art und Weise Knoten in die Kordel. Diese sollten allerdings nicht zu stark festgezogen sein, sodass man noch eine Feder hineinstecken kann.
3. Nun wählen die Kinder einige Knoten aus, in die sie Federn hineinstecken. Um die Federn werden die Knoten fest zusammengezogen. Die Kinder können nun untersuchen, welche Knoten von Federn eingerahmt sind und welche Federn von Knoten.
4. Die Federschnur kann eine Girlande sein, mit der man eine Wand, ein Fenster, eine Tür, ein Klettergerüst oder einen Baum schmücken kann. Sie kann aber auch eine Halskette sein.

Variationen

- Die Kinder bringen eine Feder oder Perle an jedem Knoten, an jedem zweiten Knoten, an jedem fünften Knoten etc. an.
- Die Kinder schneiden Stoffreste in lange Streifen und knoten verschiedene Knoten hinein. Jeder Knoten sollte eine Perle, einen Knopf oder eine andere hübsche Dekoration einrahmen, die zwischendurch auf das Band gefädelt wurde.
- „Perlenkette“: Breiten Sie ein langes Seil in einem Kreis als „Kette“ auf den Boden. Die Kinder stellen sich um das Seil herum auf und heben es hoch. Jedes Kind ist eine „Perle“. Rufen Sie die Kinder einzeln auf, sich in die Mitte der Perlenkette zu stellen oder wieder eine Perle zu sein.

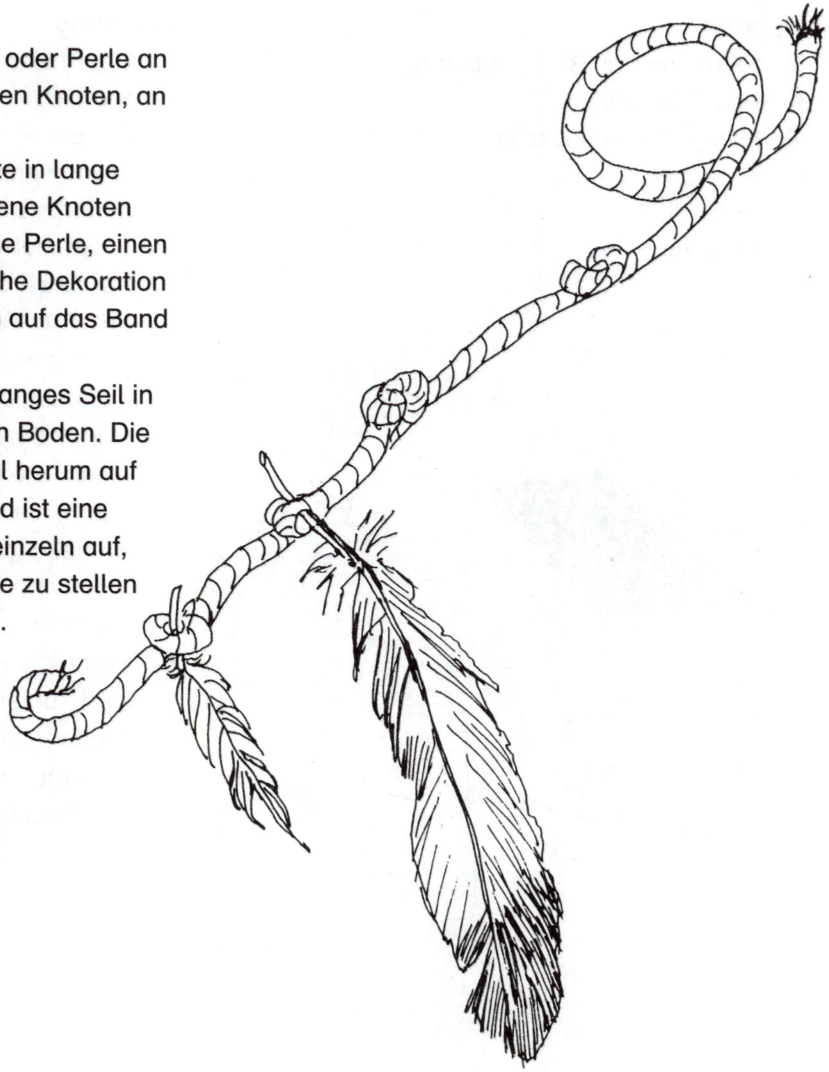

Bunte Flaschen

Einfassung
Basteln

Mit Klebeband verwandeln die Kinder eine Plastikflasche im Nu in eine hübsche Vase oder einen Behälter im Lederlook.

Material

- Klebeband (z. B. Kreppband)
- Plastikflaschen
- farbige Stempelkissen
- Schwämme
- Stofflappen
- Scheren

Anleitung

1. Die Kinder ziehen ein langes Stück Klebeband von der Rolle.
2. Ein Ende des Streifens kleben sie an den Tisch, vom anderen Ende schneiden oder reißen sie kleinere Stücke ab.
3. Diese kleben sie so auf die Plastikflasche, dass sich die Enden überlappen. Das gesamte Gefäß wird von oben bis unten mit Klebeband bedeckt – auch die Unterseite nicht vergessen!
4. Nun reiben die Kinder einen Schwamm auf einem Stempelkissen. Dann reiben und tupfen sie mit diesem Schwamm über die Klebebandstücke auf der Flasche. Wenn sie möchten, können sie verschiedene Farben mischen.
5. Wenn die Kinder mit dem Ergebnis zufrieden sind, tupfen sie die ganze Flasche mit einem Stofflappen ab, damit überschüssige Tinte entfernt wird.
6. Die Flasche ist nun z. B. eine hübsche Vase.

Variationen

- Mit Klebeband können die Kinder auch Holz, Plastik, Stein oder andere Materialien verzieren.
- Hübsche Ergebnisse erhält man auch, wenn man verschiedene Sorten Klebeband nimmt, z. B. Kreppband, Tapezierband und Isolierband, oder auch buntes Klebeband.

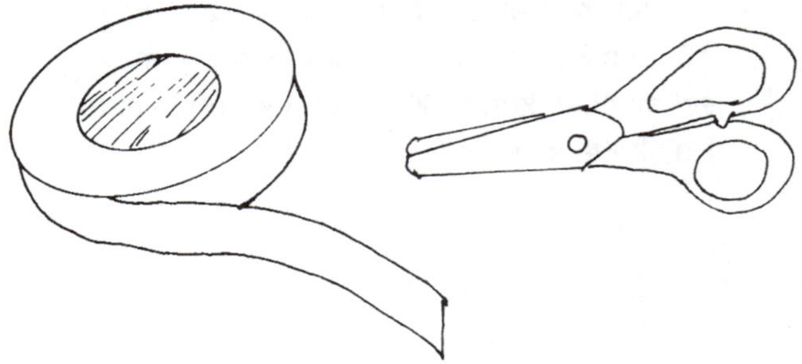

Krimskramsschachtel

4+

Mit einem Krimskramsarrangement in einer Schachtel wird das Konzept der Einfassung deutlich.

Einfassung
Basteln

Material

- einen Pappkarton oder eine Obstkiste
- Holzreste
- Krimskrams wie Dosen, Strohhalme, kleine Schachteln, Pappbecher, Perlen, Deckel von Gläsern, Passepartoutreste, Pappteller, alte Spielzeugteile
- viel Klebstoff, Hammer und Nägel, Klebeband
- eine oder viele verschiedene Farben (Schul-Tempera)
- Pinsel
- Zeitungspapier zum Abdecken der Arbeitsfläche

Anleitung

1. Stellen Sie verschiedene Holzreste und Krimskrams zusammen.
2. Die Kinder legen alles in eine Schachtel und arrangieren die Materialien, bis sie mit der Anordnung zufrieden sind. Dann kleben sie die Gegenstände mit Klebstoff und Klebeband fest. Lassen Sie den Klebstoff etwa eine Stunde lang trocknen.
3. Danach malen die Kinder das Arrangement in der Schachtel bunt oder einfarbig an. Beide Techniken haben vollkommen unterschiedliche Wirkungen. Lassen Sie das Ganze über Nacht trocknen.
4. Das Schachtelkunstwerk kann aufrecht stehend wie ein Fenster oder eine Tür präsentiert werden oder flach auf einem Tisch. Wenn die Kinder möchten, können sie dem Kunstwerk auch einen Titel geben.

Variation

- Auf der Suche nach besonderen Holzresten können Sie mit den Kindern einen Werkraum in der Schule, eine Schreinerei oder einen Trödler aufsuchen.

4+

Körbe gestalten

Einfassung
Basteln

Ein farbenfroher und kreativer Weg, das Konzept der Einfassung zu untersuchen, ist es, verschiedene Körbe zu bemalen.

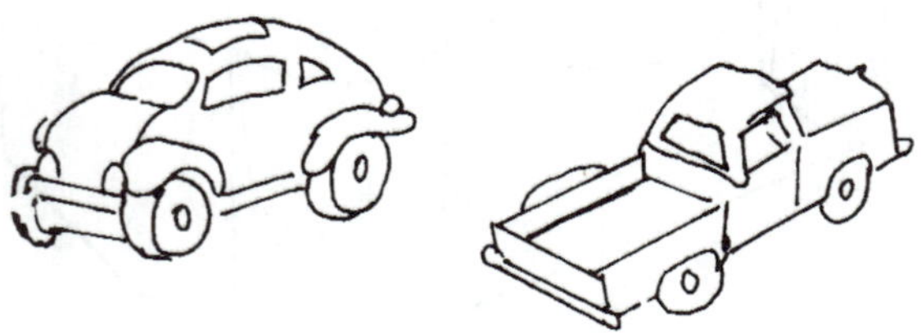

Material

- eine Auswahl von Körben aus Naturmaterialien
- ungiftige Acrylfarben und Pinsel
- eine abgedeckte Arbeitsfläche
- ein großes Glas oder einen Holzblock als Ablage zum Trocknen des Korbes
- Materialien zum Füllen der Körbe, z. B. Obst oder Nüsse, kleines Spielzeug, Modeschmuck, Murmeln, Seidenblumen oder echte Blumen
- Bänder, Bast oder Stoffstreifen (nicht unbedingt notwendig)

Anleitung

1. Die Kinder malen die Körbe ganz nach ihrem Geschmack mit den Acrylfarben an.
2. Die Körbe müssen mehrere Stunden, am besten über Nacht, trocknen. Legen Sie den Korb dazu umgekehrt über ein Glas oder einen Holzblock, damit seine Unterseite nicht am Tisch festklebt.
3. Wenn die Körbe trocken sind, können die Kinder sie mit Geschenken oder anderen Gegenständen füllen. Diese werden vom Korb eingefasst.
4. Sie können den Korb auch noch mit Bändern, Bast oder Stoffstreifen verzieren.

Variation

- Die Kinder verzieren einen Korb nach einem bestimmten Motto, z. B. schwarz und weiß, Lieblingssachen, meine schönsten Spielzeugautos, Lieblingsfarben, Weihnachten, glänzend und matt.

Flower Power

Einfassung
Basteln

Die Kinder experimentieren mit verschiedenen Blumenarrangements und erforschen die unterschiedlichen Möglichkeiten der Gestaltung innerhalb einer Einfassung.

Material

- Blumen jeglicher Art, z. B aus Seide, Stroh, Papier, Plastik; getrocknete Blätter
- einen Klumpen Knetmasse o. Ä.
- eine Vase, einen Korb oder einen anderen Behälter
- Scheren zum Schneiden der Blumenstängel (u. U. mit Hilfe eines Erwachsenen)
- Nähmaterialien (nicht unbedingt notwendig)

Anleitung

1. Breiten Sie eine Sammlung unterschiedlichster Blumen auf dem Tisch aus.
2. Die Kinder legen den Klumpen Knetmasse in die Vase und stecken dann nacheinander die Blumen und Blätter so in die Knetmasse, dass sie aufrecht stehen bleiben.
   Sie können sie in beliebiger Anordnung arrangieren. Bilder mit Blumenarrangements aus Zeitschriften oder Büchern können als Anregung dienen. Die Stängel der Blumen können auch verkürzt werden.
3. Wenn die Kinder mit ihrem Blumenarrangement zufrieden sind, können sie es entweder so lassen oder zusätzlich mit Bändern oder Nähmaterialien verzieren.

Variationen

- Die Kinder arrangieren frische Blumen oder Gräser und Kräuter.
- Die Kinder basteln Papierblumen mit Pfeifenreinigern als Stängel und arrangieren diese wie oben angegeben.
- Die Kinder basteln ausgefallene Blumen aus Krimskrams wie Filmdöschen, Lockenwicklern, Flaschenverschlüssen oder Spielsteinen.

4+

Landschaft im Karton

Einfassung
Basteln

Die Kinder basteln ein fantasievolles Arrangement aus Plastik- oder Spielzeugfiguren in einer Pappschachtel als Einfassung.

Material

- flache Pappschachteln oder die Deckel von Schuhkartons
- Tiere, Autos und Menschen aus Plastik oder andere kleine Spielzeugfiguren
- Temperafarben und Pinsel (Schul-Tempera)
- Alleskleber
- Papierreste

Anleitung

1. Die Kinder malen die Schachtel bunt an. Sie können sie auch so gestalten, dass die Grundfläche wie Gras oder ein Naturuntergrund und die Seiten wie ein Zaun aussehen.
2. Das Ganze muss mehrere Stunden lang trocknen.
3. Dann entwerfen die Kinder mit den Spielzeugfiguren ein Arrangement innerhalb der bemalten Schachtel.
4. Wenn sie mit dem Arrangement zufrieden sind, kleben sie die Figuren in der Schachtel fest. Dann fügen sie zusätzliche Objekte, z. B. Bäume aus Papierresten oder einen Teich aus Alufolie, hinzu.
5. Wenn das Arrangement getrocknet ist, kann man es als Tischschmuck verwenden oder daraus ein Diorama mit vielen eingezäunten Besitztümern bauen, die in einer riesigen Landschaft verteilt sind.

Variationen

- Die Kinder stellen einen Obstkorb aus Plastik über kleine Tierfiguren und erhalten so einen Zookäfig.
- Die Kinder basteln Straßen, Verkehrsschilder, Brücken und Parkplätze für Spielzeugautos.

Durchsichtige Ritzbilder

Einfassung
Basteln

Aus Plastikflaschen basteln die Kinder dekorative Behälter, indem sie mit scharfen Gegenständen Muster hineinritzen und diese anschließend mit Farbe betupfen.

Material

- Plastikbehälter (durchsichtig oder milchig), z. B. Getränkeflaschen
- ein scharfes Messer (nur von Erwachsenen zu benutzen)
- einen Eimer mit Seifenlauge
- Werkzeuge zum Einritzen, z. B. Nägel, kurze Schraubendreher, Büroklammern (nur unter Aufsicht eines Erwachsenen)
- Druckfarbe (z. B. für Radierungen)
- Schwammstücke
- Papiertücher

Anleitung

Das Muster einritzen

1. Ein Erwachsener schneidet mit dem Messer vorsichtig die obere Hälfte der Plastikbehälter ab.
2. Dann entfernen die Kinder die Etiketten der Behälter mit Seifenlauge.
3. Wenn die Behälter trocken sind, ritzen die Kinder mit den Ritzwerkzeugen Muster in sie hinein. Dabei sollten sie vorsichtig auf das Werkzeug drücken, damit sie nicht abrutschen oder den Behälter durchstoßen. Die ausgeritzten Plastikkrümel werden entfernt.

Das Muster färben

1. Die Kinder tragen Druckfarbe auf einen Schwamm auf.
2. Dann tupfen und reiben sie die Farbe in das geritzte Muster.
3. Bevor die Farbe angetrocknet ist, reiben die Kinder mit einem Papiertuch so viel Farbe wie möglich vom Behälter. Die meiste Farbe wird in den Ritzen bleiben und nicht auf der glatten Oberfläche.
4. Wenn die Behälter verziert sind, können die Kinder sie ineinander schachteln oder zum Aufbewahren verschiedener Dinge verwenden und der Größe nach aufreihen.

Variation

- Die Plastikbehälter kann man auch mit wasserfesten Filzstiften verzieren.

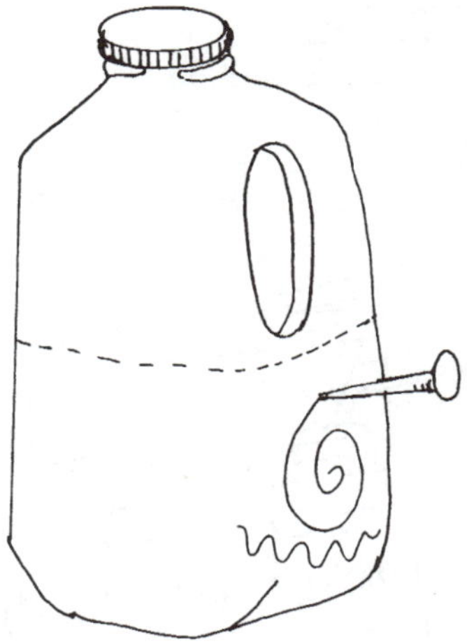

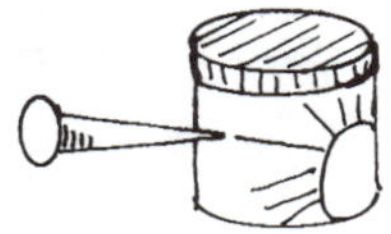

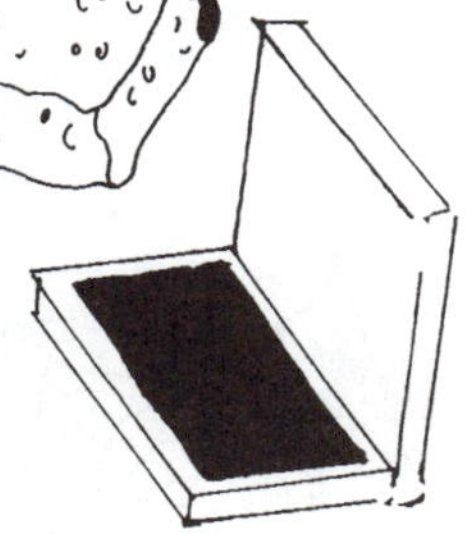

4+

Fantasiepost

Einfassung
Malen

Die Kinder verschicken Fantasiebriefe in selbst gestalteten Briefumschlägen und beschäftigen sich dabei mit dem Konzept der Einfassung.

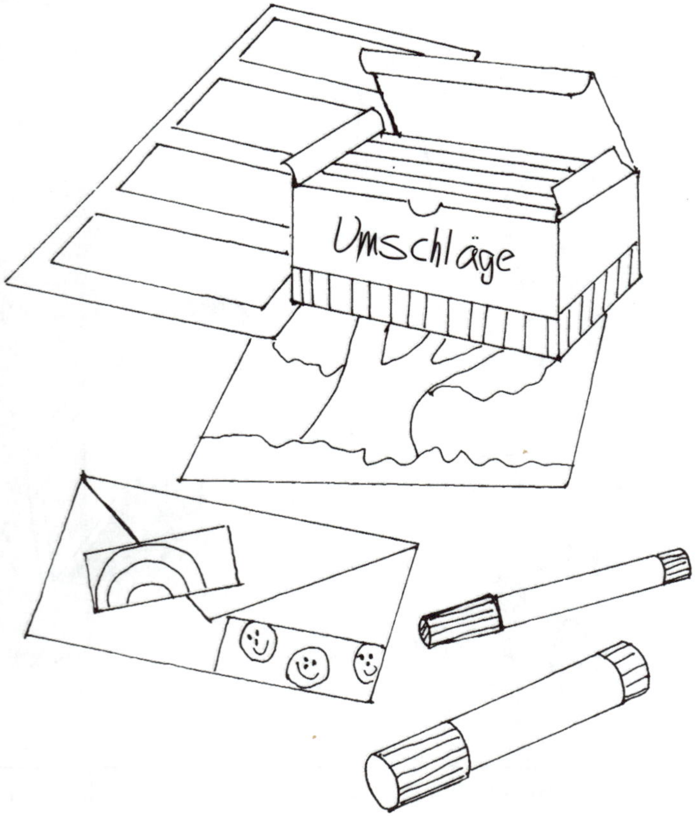

Material

- weiße Etiketten zum Aufkleben
- einfache weiße Briefumschläge
- Papier
- Wachs-, Bunt- oder Filzstifte

Anleitung

1. Die Kinder verzieren und bemalen die Briefumschläge mit farbenfrohen Bildern, Mustern, Zahlenfolgen oder Buchstaben.
2. Ein Etikett wird als Briefmarke gestaltet. Die Kinder können auch zusätzliche Etiketten bemalen und den Briefumschlag damit verzieren.
3. Dann wird das Briefmarken-Etikett oben rechts und ein weißes Etikett für die Adresse unten rechts auf den Umschlag geklebt.
4. Nun diktieren die Kinder einen Brief oder malen ein Bild oder ein Muster auf ein Blatt Papier.
5. Anschließend falten sie das Papier und legen es in den Umschlag.
6. Zum Schluss schreiben die Kinder einen Namen auf den Adressaufkleber (dabei muss vielleicht ein Erwachsener helfen). Der Brief kann persönlich abgegeben oder mit der Post verschickt werden, dann braucht er natürlich noch eine „richtige“ Briefmarke!

Variation

- Die Kinder entwerfen Karten für besondere Gelegenheiten, z. B. einen Geburtstag, den ersten Frühlingstag, den Tag, an dem jemand einen Zahn verloren hat, Muttertag.

Die Dose in einer Dose in einer Dose ...

4+

Einfassung
Malen

Die Kinder beschäftigen sich mit dem Konzept der Einfassung, indem sie nach Lust und Laune Farbe auf verschiedene Dosen tupfen und diese hinterher ineinander stellen.

Material

- ungiftige Acrylfarbe (haftet auf Metall)
- saubere Dosen ohne scharfen Rand und ohne Etiketten, die ineinander passen (z. B. eine Tomatenmark-, eine Mais-, eine Erbsen-, eine Suppen- und eine Kaffeedose)
- Schwammstücke
- Zeitungspapier
- Wasser

Anleitung

1. Geben Sie verschiedene Acrylfarben auf das Zeitungspapier.
2. Die Kinder tupfen mit feuchten Schwämmen in die Farben. Wenn sie möchten, können sie die Farben auch mischen.
3. Dann tupfen sie mit den Schwämmen Bilder und Muster auf die Dosen.
4. Während die Dosen trocknen, können Hände und Schwämme gereinigt werden.
5. Dann können die Kinder die Dosen auf verschiedene Weise ineinander und aufeinander stellen. Die Dosen können auch zum Aufbewahren von Stiften, Malutensilien oder Spielzeug verwendet werden. Dann kann man sie der Größe nach aufreihen.

Variationen

- Die Kinder können die Dosen mit Pinsel und Farbe verzieren.
- Die Kinder bekleben die Dosen mit Papier und tupfen dann Temperafarbe darauf.
- Die Kinder bekleben die Dosen mit Bildern und kleben dann durchsichtige Schutzfolie darüber.

Konfetti-Eier

Einfassung
Basteln

Ausgeblasene Eier werden mit Konfetti gefüllt. In diesem Osterbrauch aus San Antonio (Texas) steckt auch das Konzept der Einfassung.

Material

- Eier in einem Eierkarton
- eine Plastikdose mit Deckel
- Wasser und Handtücher
- Ostereierfarbe oder bunte Filzstifte
- Materialien zum Füllen und Verzieren der Eier, z. B. Krepppapier, Seidenpapier, Papierfetzen, Konfetti, Ostergras
- Locher
- Scheren
- Klebstoff
- einen Plastiktrichter mit einem etwa pfenniggroßen Loch

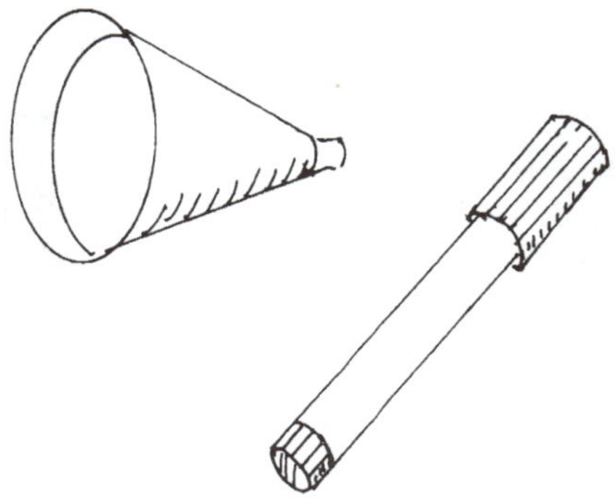

Anleitung

1. Mit Hilfe eines Erwachsenen klopfen die Kinder vorsichtig ein Ei mit der Spitze auf einen harten Untergrund, sodass ein Loch entsteht, das nicht kleiner als ein Pfennigstück und nicht größer als ein Zweipfennigstück ist (seien Sie darauf gefasst, dass das Ei ganz zerbricht!).
2. Eiweiß und Eigelb werden in die Dose geschüttet und können im Kühlschrank für später aufbewahrt werden.
3. Auf diese Weise werden mehrere Eier vorbereitet.
4. Dann werden die ausgeblasenen Eier vorsichtig mit Wasser ausgespült. Lassen Sie sie auf einem Handtuch oder im Eierkarton trocknen.
5. Anschließend bemalen die Kinder die Eierschalen vorsichtig mit Eierfarben oder Filzstiften.
6. Während die Eier trocknen, bereiten die Kinder die Füllung vor. Mit einem Locher stellen sie Unmengen von Konfetti her (oder Sie benutzen gekauftes Konfetti). Außerdem schneiden sie die übrigen Materialien in winzige Stücke. Die Materialien können gemischt oder getrennt verwendet werden.

7. Mit dem Trichter werden die Eier mit Konfetti und anderen Materialien gefüllt (dabei kann ein Erwachsener helfen).
8. Wenn die Eier voll sind, kleben die Kinder über das Loch ein rundes Stück Krepp- oder Seidenpapier. Als zusätzliche Dekoration können sie auch Papierstückchen auf die Schale kleben. Diese lassen sie im Eierkarton antrocknen.
9. Dann kommt der lustigste Teil der Aktivität: Wie die Kinder in San Antonio zu Ostern bewerfen sich die Kinder vorsichtig mit den Eiern. Die „Konfettibomben“ explodieren und sorgen für Freude und Gelächter bei allen, die an diesem Brauch teilnehmen!

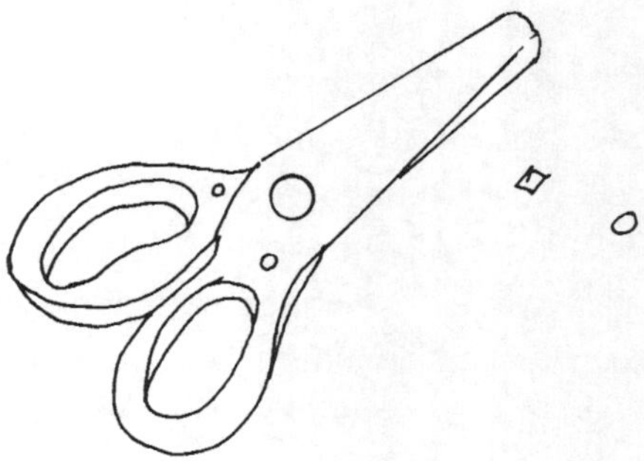

4+

Einfassung
Basteln

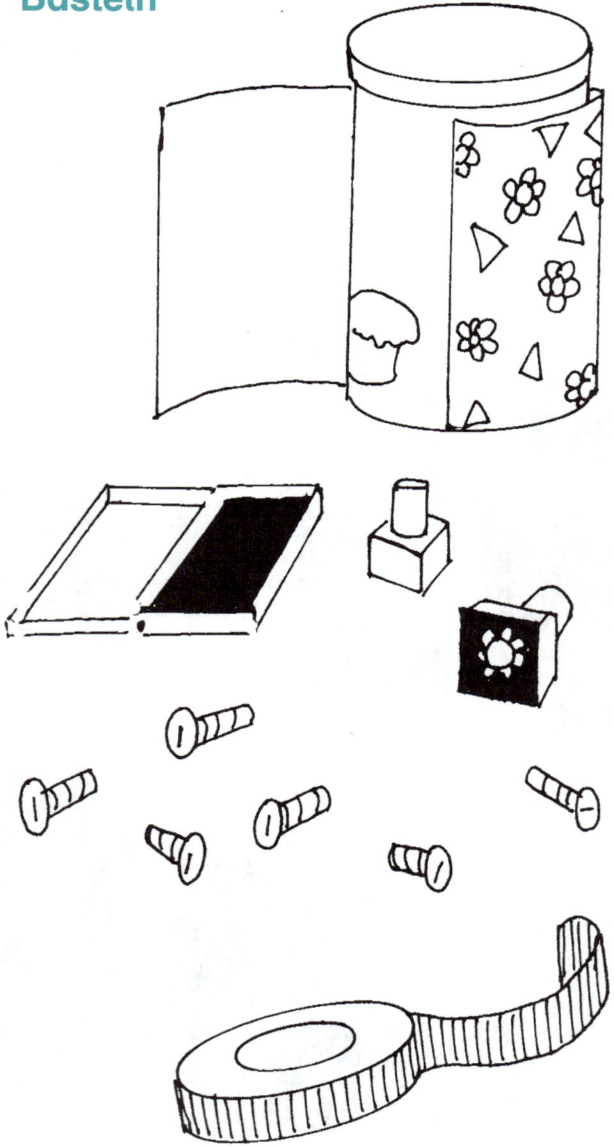

Rasseldosen

In selbst gebastelten Rasseldosen steckt nicht nur jede Menge Lärm und Spaß sondern auch das Konzept der Einfassung.

Material

- kleine, leichte Behälter mit Deckeln, z. B. Schuhkartons, Kaffeedosen, Marmeladengläser
- Scheren
- Papier
- Stempel und Stempelkissen in verschiedenen Farben
- buntes Klebeband oder Kreppband
- wasserfeste Filzstifte
- Gegenstände zum Füllen der Behälter, z. B. Münzen, Legosteine, Flaschenverschlüsse aus Plastik, Muttern und Schrauben

Anleitung

1. Die Kinder stempeln bunte Bilder und Muster auf das Papier.
2. Das verzierte Papier wird mit Klebeband um die Dose geklebt. Auch der Deckel kann verschönert werden.
3. Dann legen die Kinder ein paar Gegenstände in die Dose und verschließen diese. Der Deckel sollte mit Klebeband befestigt werden, damit die Dose nicht aufgeht.
4. Wenn die Kinder die Dose schütteln, sind rhythmische Geräusche zu hören. Jetzt kann man einen Umzug mit Musik machen oder mit den Rasseln sein Lieblingsmusikstück begleiten.

Variation

- Die Kinder schneiden mit Hilfe eines Erwachsenen einen Kürbis auf, höhlen ihn aus und füllen ihn dann mit Kieselsteinen, Reis o. Ä. Dann wird der Kürbis zusammengeklebt, bemalt und als Rassel benutzt.

Kapitel 6

Teile und Stücke

Die mathematischen Konzepte, die in diesem Kapitel erkundet werden, sind

das Ganze und seine Teile,
Trennen und Zusammenfügen und
das Aufteilen.

Die Kinder machen erste Erfahrungen mit dem Konzept des Aufteilens, wenn ein Keks in zwei Teile gebrochen wird, damit man ihn mit einem Freund teilen kann, wenn Weintrauben von der Traube abgepflückt werden oder wenn ein Puzzle auseinander genommen und wieder zusammengesetzt wird. All diese Erfahrungen führen zu einem Verständnis des Ganzen als komplette Einheit einerseits und als zerlegbare Vielheit andererseits. Gleichzeitig kann die Zahl „Eins" als Einheit – ein ganzer Gegenstand, ein Knopf, ein Laib Brot, eine Pizza – verstanden werden. Auf dieser Grundlage können die Kinder ein Verständnis für die Zerlegbarkeit in zwei oder mehr Teile entwickeln.

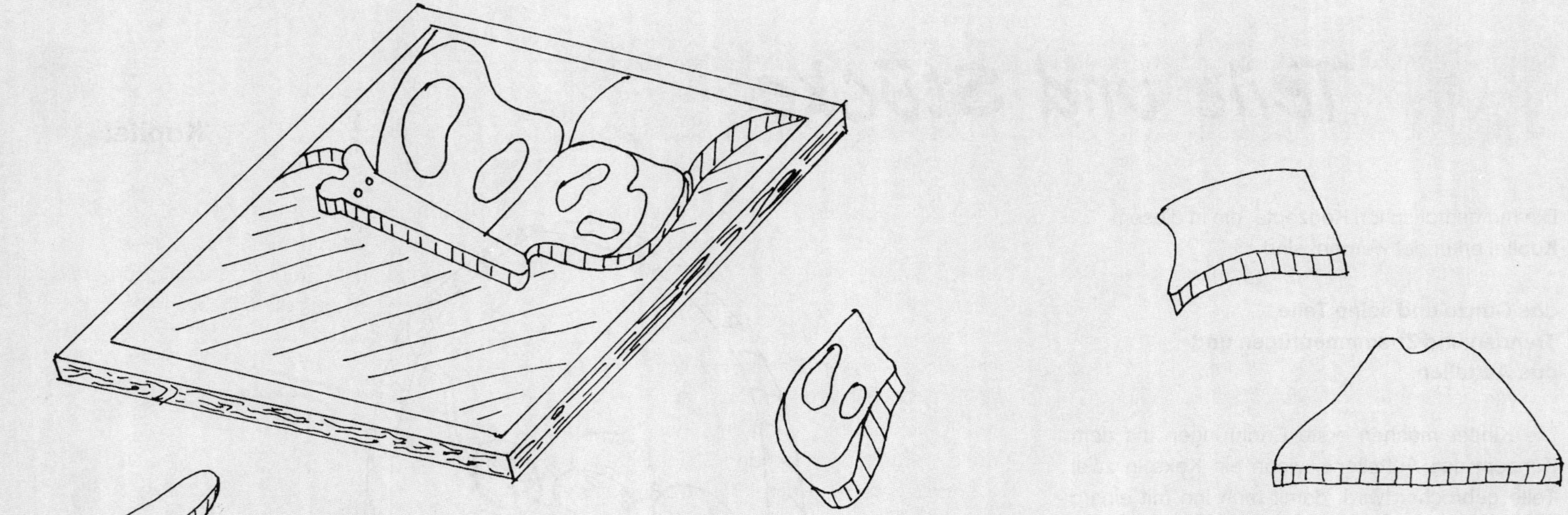

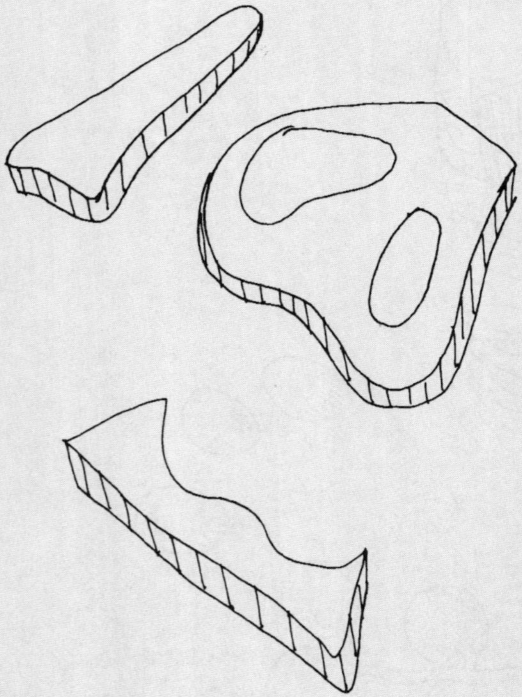

Die Kinder können bei der Erkundung der Konzepte in diesem Kapitel eine große Auswahl an Materialien benutzen – von Sonnenblumenkernen über Wackelpudding bis hin zu Fotokopien. Sie beschäftigen sich mit den Konzepten auf vielfältige Weise: durch auseinander schneiden, zusammenkleben, zusammenstellen und sogar durch probieren leckerer Dinge! Um das Konzept des Aufteilens zu erfassen, müssen die Kinder verstehen, dass ein Gegenstand in einzelne Teile zerlegt werden kann. Am Anfang steht deshalb eine Vielzahl an Aktivitäten zu den grundlegenden Konzepten vom Ganzen und seinen Teilen und vom Trennen und Zusammenfügen. Dadurch wird das Verständnis weitergehender mathematischer Konzepte, z. B. der Subtraktion, Addition, Multiplikation und Division, vorbereitet. Das (möglichst gerechte!) Aufteilen, z. B. von Eiscreme oder Brot, bereitet noch gezielter auf das Konzept der Division vor.

Partnerbild: Quadrate

Das Ganze und seine Teile
Malen

Die Kinder bringen Gitternetzlinien aus Kreide auf Papier auf. Dann werden die einzelnen Abschnitte angemalt. Auf dem so entstandenen Bild ergeben voneinander getrennte Teile ein Ganzes.

Material

- Zeitungspapier zum Abdecken des Bodens
- einen etwa DIN A0 großen Papierbogen (z. B. Packpapier)
- Pflasterkreide
- dicke Kordel (mehr als 1 m lang)
- Temperafarben und Pinsel (Schul-Tempera)
- Schürzen oder Malerkittel

Anleitung

1. Der Boden wird mit Zeitungspapier abgedeckt.
2. Kleben Sie den großen Papierbogen in die Mitte der abgedeckten Fläche.
3. Zwei Kinder halten die Kordel straff gespannt auf dem Zeitungspapier. Ein drittes Kind reibt mit der Kreide solange über die Kordel, bis sie ganz bedeckt ist.
4. Dann knien sich die beiden Kinder auf zwei gegenüberliegenden Seiten des Papierquadrates hin und halten die Kordel straff gespannt und dicht über dem Papier.
5. Nun kommt der spannendste Moment: Ein Kind hebt die Kordel in der Mitte ein paar Zentimeter an und lässt sie auf das Papier zurückschnellen. Dort entsteht ein Kreidestrich.
6. Die Kordel wird wieder mit Kreide eingestäubt und dann etwa 10 Zentimeter von der ersten Stelle entfernt über das Papier gespannt. Ein Kind lässt sie wieder hinabschnellen.
7. Die Kinder wiederholen diesen Vorgang etwa sechs Mal. Dann rücken sie einmal im rechten Winkel um das Quadrat, sodass sie wieder an gegenüberliegenden Seiten sitzen. Wenn sie jetzt die Kordel auf das Papier schnellen lassen, entstehen Vierecke. Es sollten möglichst Quadrate entstehen, doch nicht immer werden sich welche ergeben – Zusammenarbeit ist nicht so einfach!
8. Wenn das Papier mit Kreidevierecken bedeckt ist, malen die Kinder diese mit Temperafarben aus. Wenn sie möchten, können sie auch einige Vierecke weiß lassen. Das Bild muss dann mehrere Stunden an Ort und Stelle trocknen.
9. Das Bild zeigt, wie ein Ganzes aus vielen Teilen bestehen kann: Das große Papierquadrat ist unterteilt in viele kleinere Farbquadrate.

Variation

- Die Kinder zeichnen ein Gitternetz aus Kreide auf eine Tafel oder einen Bürgersteig und malen die einzelnen Abschnitte mit bunter Kreide aus.

Relief aus Knetestücken

Das Ganze und seine Teile Modellieren

Bei dieser Aktivität formen die Kinder aus Knetestücken ein Relief und erfassen so das Konzept vom Ganzen und seinen Teilen.

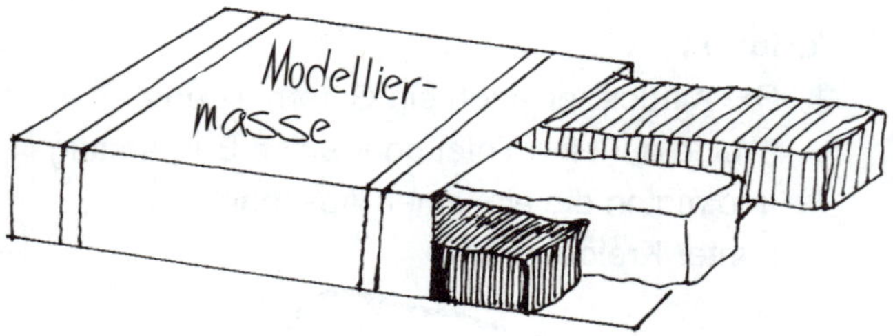

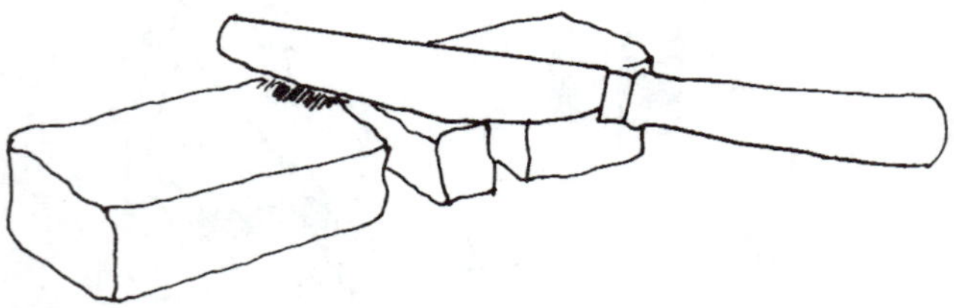

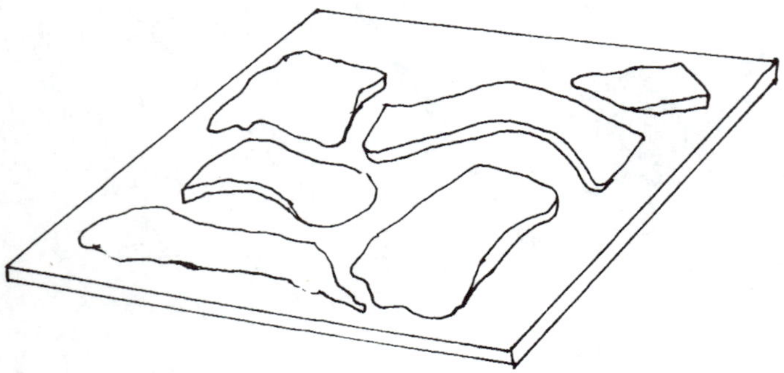

Material

- Knet- oder Modelliermasse in bunten Farben
- Plastikmesser und anderes Modellierwerkzeug (nicht unbedingt notwendig)
- eine abgedeckte Arbeitsfläche
- Fotokartonreste in verschiedenen Größen

Anleitung

1. Die Kinder nehmen verschiedenfarbige größere Stücke der Knetmasse und teilen diese in kleinere Stücke.
2. Diese kleineren Stücke drücken sie auf den Fotokarton. Nach und nach entsteht so ein gemustertes Relief. Die Knetmasse bleibt von selbst haften, wenn sie fest genug auf den Karton gedrückt wird.
3. Die Kinder können auch noch weitere Knetmassestücke auf die schon auf dem Karton liegenden Stücke drücken.
4. Wenn die Kinder mit dem Ergebnis zufrieden sind, kann das Relief aufrecht stehend präsentiert werden.

Variationen

- Die Kinder nehmen einzelne Knetestückchen und formen daraus eine große Figur.
- Die Kinder kreieren ein Relief aus Einzelstücken auf einer Plexiglas- oder Glasscheibe. Wenn das Glas umgedreht ist, sieht das flach angedrückte, bunte Bild erstaunlich anders aus. Achten Sie darauf, dass das Glas während der Arbeit flach auf dem Tisch liegt, damit es nicht bricht. Man kann auch durchsichtigen Kunststoff benutzen.

Relief aus Holzstücken

Diese Aktivität mit ausgewählten Holzstücken wird Kindern gefallen, die gern großflächig arbeiten.

Material

- Holzreste in verschiedenen Größen
- eine flache Holzplatte als Untergrund
- Reste von Holzrahmen, darunter einige, die schmal und lang genug sind, um die Holzplatte einzurahmen.
- Klebstoff
- eine Handsäge
- weißen Holzlack (abwaschbar und ungiftig) und große Pinsel
- abwaschbare Farbe in Gold oder Silber und kleine Pinsel
- eine abgedeckte Arbeitsfläche in einem gut gelüfteten Raum
- ein Waschbecken und Handtücher
- Schraubösen und ein Stück dicken Draht oder dicke Kordel zum Aufhängen

Anleitung

1. Die Holzplatte wird auf die abgedeckte Arbeitsfläche gelegt und die Kinder suchen aus dem Vorrat Holzreste aus, die sie für das Relief verwenden wollen.
2. Zunächst umrahmen sie die Holzplatte mit Holzrahmenresten (mit Hilfe eines Erwachsenen werden diese, wenn nötig, passend zurechtgesägt) und kleben sie fest.
3. Dann kleben sie Holzreste innerhalb des Rahmens auf die Holzfläche. Die gesamte Fläche sollte mit Holzstücken bedeckt sein. Das Ganze muss mehrere Stunden oder über Nacht trocknen.
4. Wenn der Klebstoff getrocknet ist, übermalen die Kinder das gesamte Relief mit weißem Holzlack.
5. Anschließend müssen die Pinsel gereinigt werden und das Kunstwerk muss wieder über Nacht trocknen.
6. Am nächsten Tag tupfen die Kinder mit der Gold- oder Silberfarbe und kleineren Pinseln Farbakzente darauf.
7. Säubern Sie die Pinsel und die Arbeitsfläche. Wenn die Farbe getrocknet ist, drehen Sie das Relief um und bringen eine Schrauböse an jeder Seite der Holzplatte an. Dann schlingen Sie den Draht hindurch und drehen ihn so zusammen, dass Sie einen stabilen Aufhänger haben. Stellen Sie sicher, dass der Aufhänger auch wirklich stabil genug ist, um das Bild zu tragen.
8. Nun kann man das Relief draußen an einer Mauer oder einem Zaun oder drinnen an einer Wand aufhängen.

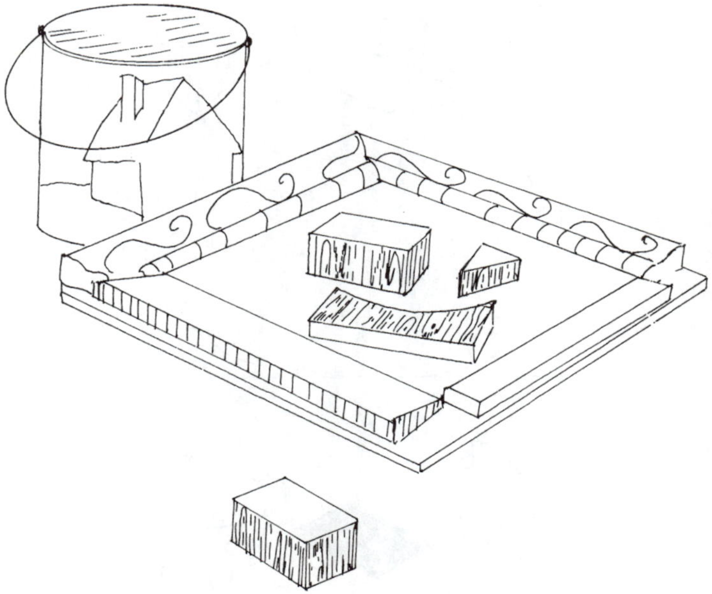

4+

Wattebauschbild

Das Ganze und seine Teile
Collage

Die Kinder basteln mit Wattebäuschen ein Bild und beschäftigen sich dabei mit dem Konzept vom Ganzen und seinen Teilen.

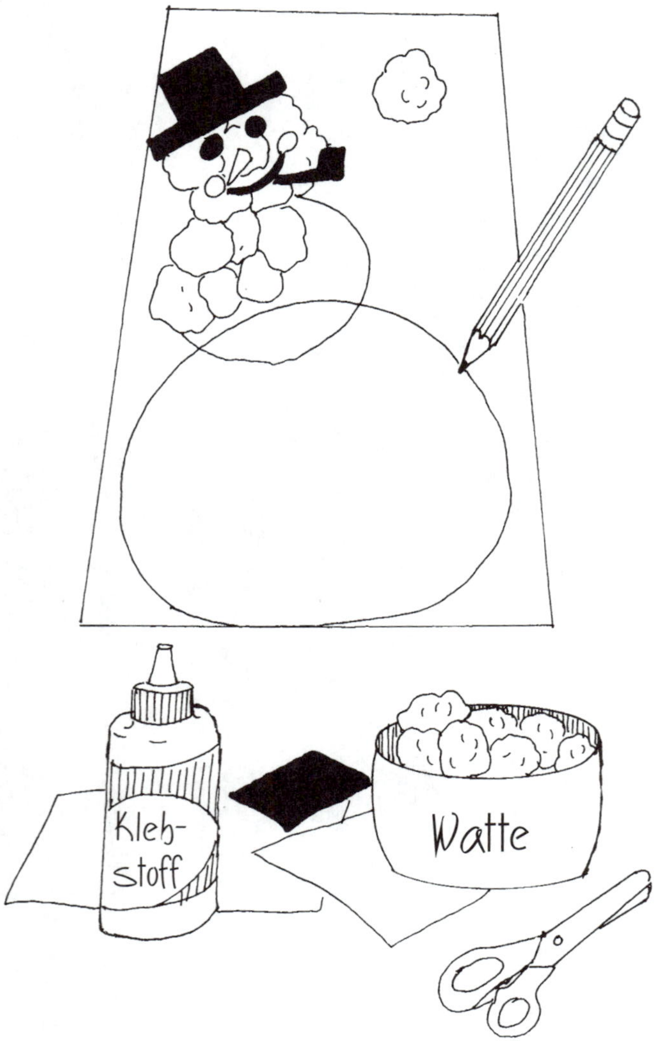

Material

- Wattebäusche (weiß oder bunt)
- Klebstoff
- Stücke aus Styroporverpackungen
- Papier
- Papierreste
- Scheren
- Bleistifte
- Farben und Pinsel

Anleitung

1. Die Kinder zeichnen einen Umriss auf das Papier. Im Winter bietet sich z. B. ein Schneemann oder eine Schneefrau an, auch eine Wolke ist gut geeignet. Dann füllen sie den Umriss mit Klebstoff aus.
2. Nun legen sie Wattebäusche auf den Klebstoff und bedecken so die ganze Figur.
3. Anschließend können die Kinder das Bild noch mit anderen Materialien vervollständigen, z. B. mit Nasen, Augen, einem Hut oder Schal, die sie aus Papier ausgeschnitten haben. Sie sollten diese Teile jedoch nicht direkt festkleben, sondern hin- und herschieben und beobachten, wie sich das Bild verändert. Dabei können sie auch Erfahrungen damit sammeln, wie die einzelnen Teile ein Ganzes bilden. 4. Wenn die Kinder mit ihrem Bild zufrieden sind, kleben sie die Papierstücke auf die Wattebäusche.

Variationen

- Die Kinder verwenden statt der Wattebäusche Verpackungs- oder sonstige Collagematerialien. Wenn sie möchten, können sie das Bild mit Temperafarben anmalen.
- Die Kinder können sich weitere Bildmotive ausdenken, in denen das Ganze und seine Teile eine Rolle spielen, z. B. ein Baum mit Früchten oder Blüten; ein Aquarium mit Fischen; ein Clown, dessen Arme, Beine und Riesenschuhe mit Musterklammern befestigt sind.

Kopierte Einzelteile

4+

Das Ganze und seine Teile
Collage

Viele einzelne „Bausteine“ für ein Bild werden auf einem Fotokopierer hergestellt, ausgeschnitten und dann zu einer Collage zusammengestellt. So erleben die Kinder, wie aus Einzelteilen ein Ganzes wird.

Material

- einen Fotokopierer
- Papier
- Klebstoff
- Scheren
- Gegenstände zum Kopieren (mit verschiedenen Formen und Oberflächen), z. B. Körbe (aus Bast oder Plastik), Baumwollstoff, Gummibänder, Sandpapier, Nähmaterialien, Korken, Schwämme, Murmeln, Garn, Schuhsohlen, Papierformen, Hände und Füße
- Bunt- und Filzstifte

Anleitung

1. Legen Sie die Gegenstände auf den Fotokopierer und machen Sie von jedem Gegenstand ein oder zwei Kopien.
2. Breiten Sie die Kopien auf der Arbeitsfläche aus.
3. Die Kinder schneiden die kopierten Gegenstände aus und kleben sie zu einem Bild oder einer Fantasiecollage auf das Papier.
4. Wenn der Klebstoff getrocknet ist, verzieren sie die Kopiercollage zusätzlich mit den Bunt- oder Filzstiften.

Variationen

- Die Kinder entwerfen eine kopierte Themencollage, z. B.
  – aus Stoffresten und Nähmaterialien;
  – aus Küchenutensilien, Nahrungsmitteln und deren Verpackungen
  – eine Spielzeugcollage aus Spielzeugteilen
  – eine Recyclingcollage aus drinnen und draußen gesammelten Abfällen.
- Die Kinder arrangieren eine Auswahl von Gegenständen auf dem Kopierer und kopieren das Arrangement. Dann malen sie das Bild farbig aus.

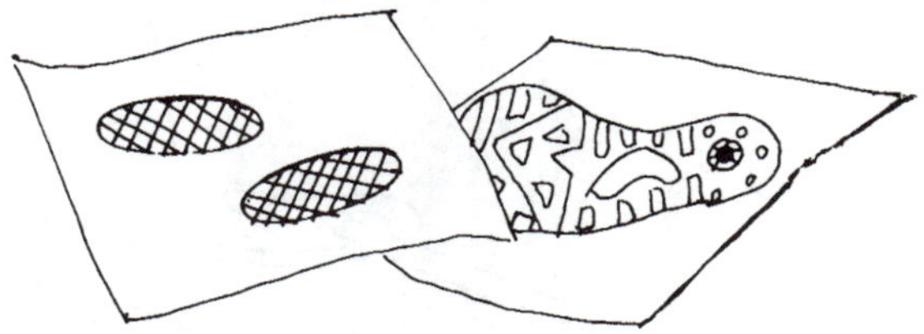

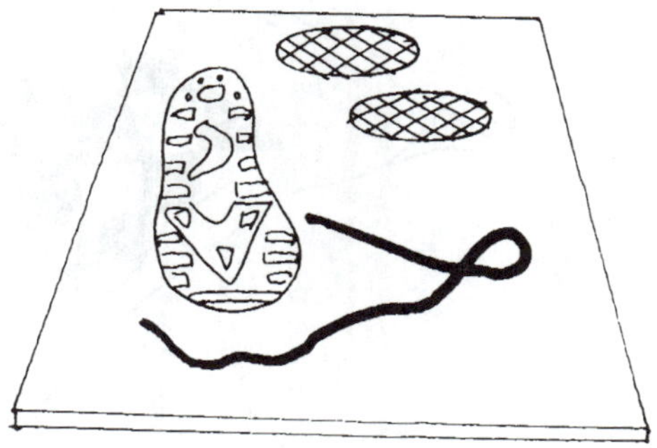

Flickenbild

Das Ganze und seine Teile
Basteln

Aus Flicken und Stoffresten basteln die Kinder einen Wandbehang, bei dem viele Teile ein Ganzes bilden.

Material

- Stoffreste
- Stoffkleber
- ein großes Stück Leinen, Filz oder einfachen Stoff (ca. 80 x 100 cm)
- Scheren
- einen Hefter
- ein Stück Schnur (ca. 2 m)
- Zeitungspapier zum Abdecken der Arbeitsfläche

Anleitung

1. Breiten Sie die Stoffbahn auf dem Boden aus.
2. Legen Sie die Schnur an den oberen Rand des Stoffs, schlagen Sie etwa 10 cm Stoff um die Schnur und heften Sie den Stoff zusammen. Dies ergibt die Oberseite des Wandbehangs. Die Schnur hängt aus den Enden der Rolle heraus. Knoten Sie die Enden der Schnur zusammen, damit Sie einen Aufhänger für den Wandbehang haben.
3. Legen Sie den Stoff auf die mit Zeitungspapier abgedeckte Arbeitsfläche.
4. Die Kinder schneiden Stoff- oder Filzreste zu neuen Formen oder verwenden sie so, wie sie sind.
5. Dann kleben sie die Formen mit Stoffkleber auf den Wandbehang. Die Stücke können einander berühren oder überlappen. Es können aber auch Zwischenräume bleiben.
6. Wenn das Ganze getrocknet ist, können Sie den Wandbehang an der Schnurschlaufe aufhängen.

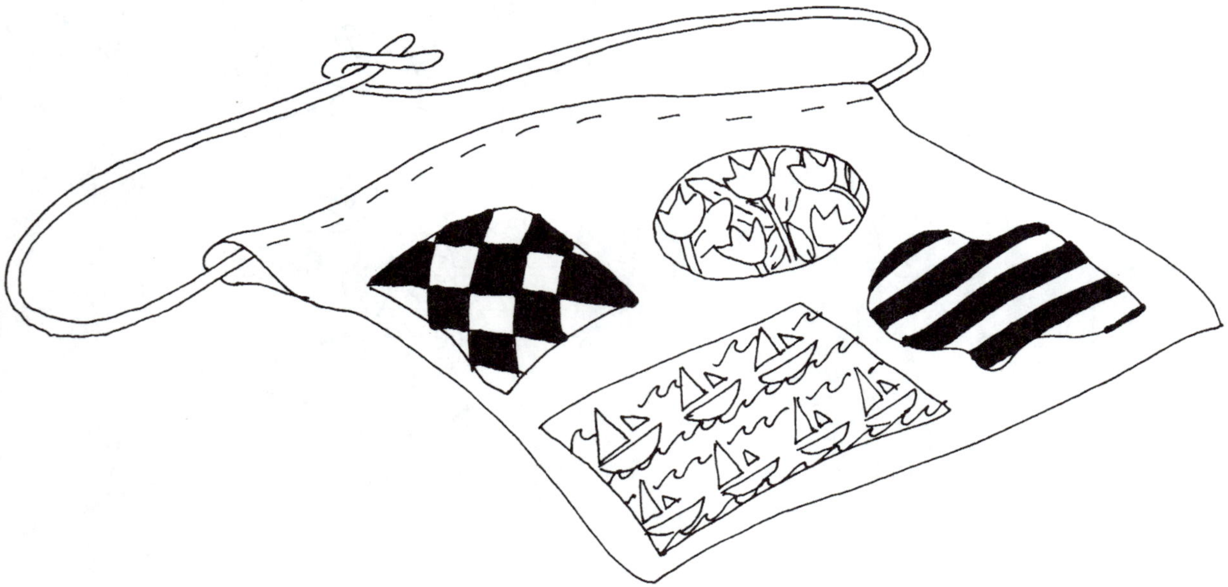

Variation

- Die Kinder nähen die Stoffreste auf eine Stoffunterlage aus Musselin oder Leinen.

Wasserfarbenweberei

Bei dieser Aktivität experimentieren die Kinder mit Mustern und kombinieren dabei Wasserfarbenmalerei- und Webtechnik. Dabei können sie erleben, wie sich beide Techniken zu einem neuen Gesamtmuster ergänzen.

Material

- Wasserfarben
- weißes Papier
- Pinsel
- Wasser in Bechern
- einfaches Packpapier
- Bastelpapier oder Bilder aus Zeitschriften
- Scheren (oder einen Papierschneider, der nur von Erwachsenen benutzt wird!)
- Klebeband

Anleitung

1. Die Kinder malen ein farbiges Muster auf das weiße Papier und lassen es trocknen. Wenn es dabei sehr wellig wird, können sie es mit Hilfe eines Erwachsenen bei mittlerer Hitze glattbügeln.
2. Anschließend schneiden sie als Webstreifen Bilder aus Zeitschriften und Bastelpapier in 2 bis 5 Zentimeter breite Streifen.
3. In das Wasserfarbenmuster schneiden sie im Abstand von 1 bis 2 cm parallele Schlitze. Sie beginnen an einem Rand und hören kurz vor dem gegenüberliegenden Rand auf (siehe Abbildung).
4. Der zerschnittene Rand des Papiers wird mit Klebeband an den Tisch geklebt. Dann lässt es sich leichter weben.
5. Nun weben die Kinder die Streifen durch die Schlitze. Sie können in beliebigen Mustern weben, z. B. einmal über, einmal unter den festgeklebten Streifen.
6. Die Streifen schieben sie zum intakten Rand des Bildes und kleben sie dann an den Seitenrändern des Bildes fest.

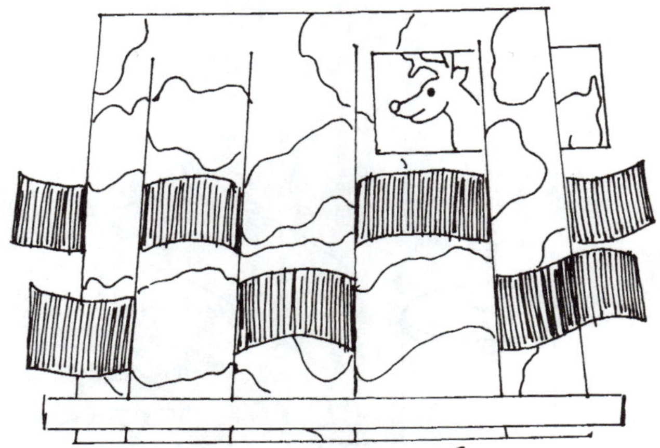

Variationen

- Wenn die Kinder das Webbild mit selbstklebender Klarsichtfolie bekleben, haben sie ein abwaschbares Platzdeckchen.
- Die Kinder streuen Salz über das Bild, bevor die Wasserfarben getrocknet sind.
- Die Kinder weben bemalte Papierstreifen durch ein altes Poster.

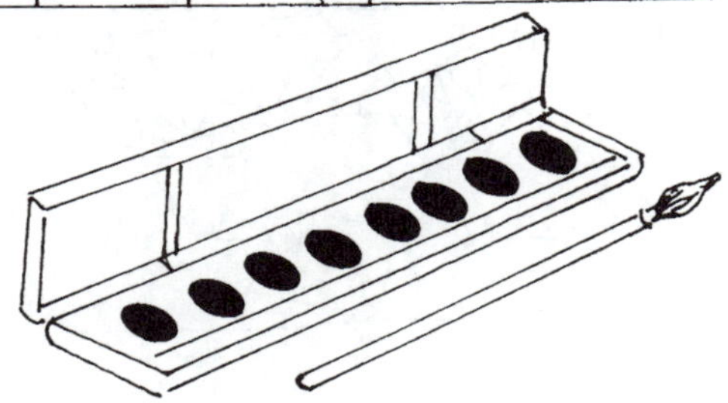

Streifen und Schnipsel

Das Ganze und seine Teile
Collage

Große Papierbögen werden in Streifen und kleine Schnipsel geschnitten und danach zu neuen Formen zusammengeklebt – eine weitere Möglichkeit, das Konzept vom Ganzen und seinen Teilen zu untersuchen.

Material

- Bastelpapier in verschiedenen Farben
- Scheren (u. U. auch Zackenscheren; ein Erwachsener kann auch einen Papierschneider benutzen)
- Klebstoff
- Klebeband
- Bunt-, Filz- oder Bleistifte

Anleitung

1. Legen Sie ein großes Stück Bastelpapier als Untergrund für die Streifen und Schnipsel beiseite.
2. Die Kinder schneiden das übrige Bastelpapier in Streifen – wenn sie wollen, auch mit einer Zackenschere. Die Streifen können auch von einem Erwachsenen mit dem Papierschneider vorbereitet werden.
3. Die Papierstreifen werden auf einen Haufen gelegt. Dann schneiden die Kinder sie zu kleinen Quadraten und Rechtecken zurecht.
4. Anschließend kleben sie eine Auswahl von Streifen und Schnipseln zu einer Collage zusammen.
5. Wenn sie möchten, können sie die Collage zum Schluss noch bunt bemalen.

Variationen

- Die Kinder schneiden anstelle von Streifen Fantasieformen aus dem Bastelpapier aus.
- Die Kinder schneiden Zick-Zack-Streifen oder Schlangenlinien aus.

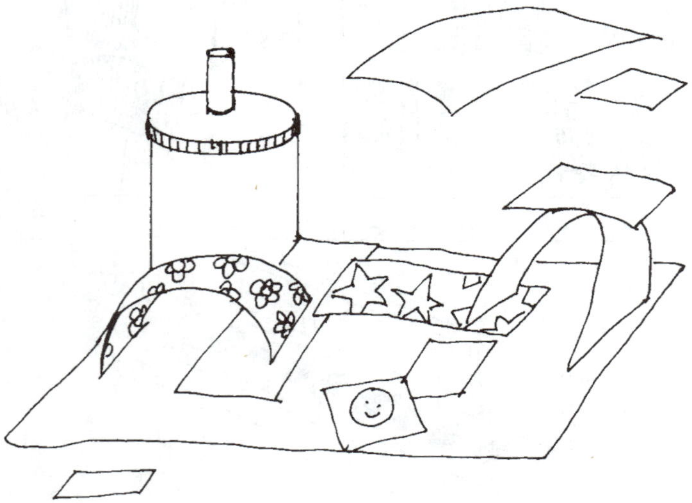

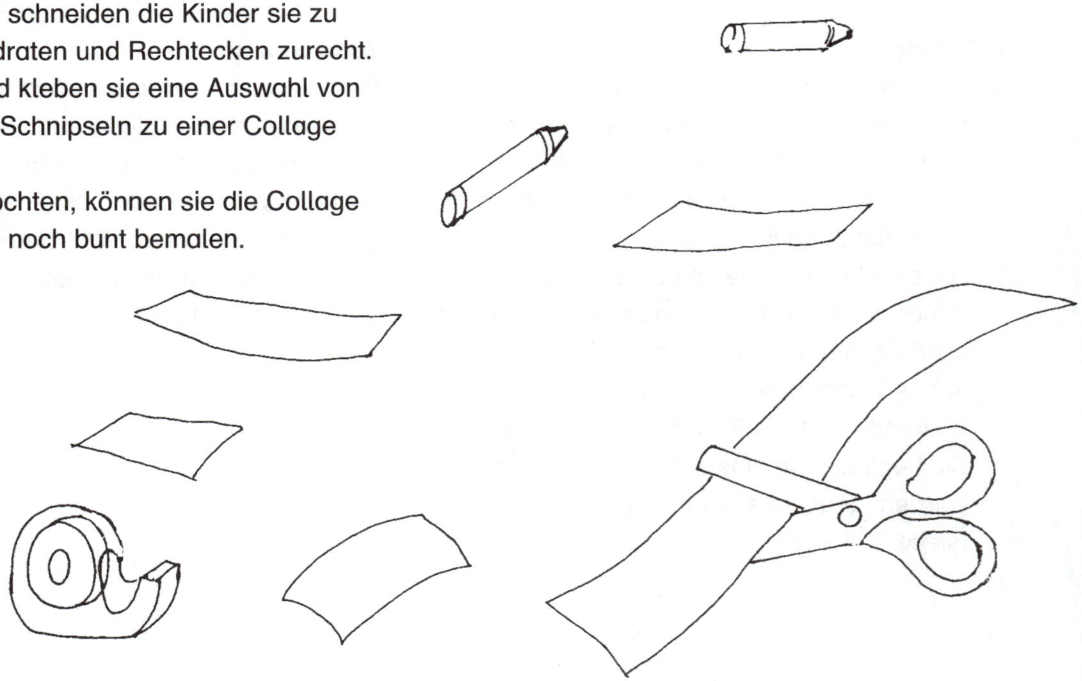

Schwammskulptur

Alte, trockene Schwämme in verschiedenen Farben werden in einzelne Stücke geschnitten und dann zu einer Skulptur aufgetürmt.

4+

Das Ganze und seine Teile
Skulptur

Material

- Schwämme in verschiedenen Farben
- Scheren
- Behälter zum Aufbewahren der Schwämme
- Pappe (ca. DIN A4)
- Klebstoff
- Wasserfarben
- Pinsel

Anleitung

1. Legen Sie die Schwämme auf einen Tisch.
2. Die Kinder schneiden die Schwämme in kleinere Stücke. Manche Schwämme kann man auch gut mit der Hand reißen.
3. Dann können die Kinder erstmal ausgiebig mit den Schwammstücken spielen und sie aufeinander stapeln.
4. Anschließend bauen sie auf der Pappe eine Skulptur aus Schwammstücken und kleben die Stücke zusammen. Der Klebstoff muss über Nacht trocknen.
5. Am nächsten Tag können die Kinder die Skulptur noch mit Wasserfarben verzieren.

Variation

- An heißen Sommertagen können die Kinder Schwämme in einer Schüssel mit Wasser schwimmen lassen und damit spielen.

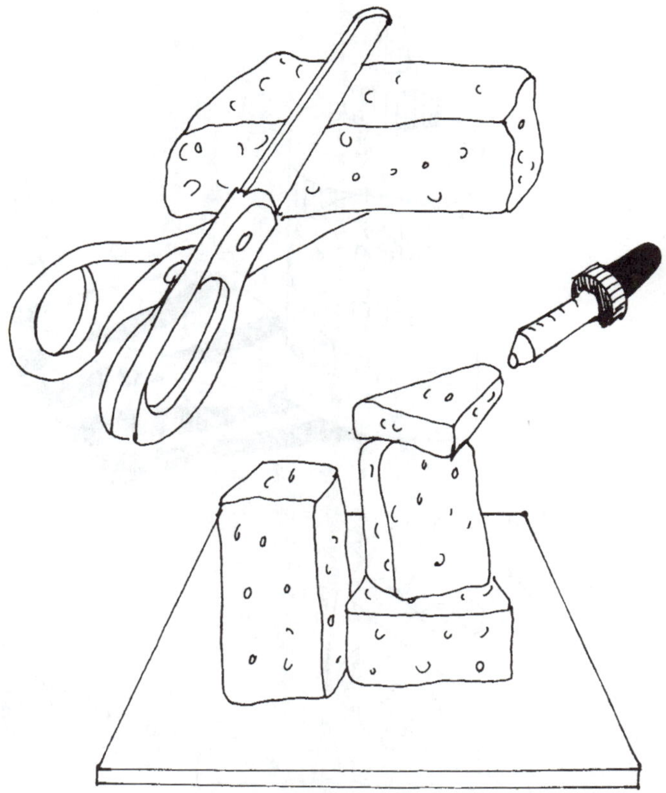

Bunte Klebstoffkreationen

Das Ganze und seine Teile
Collage

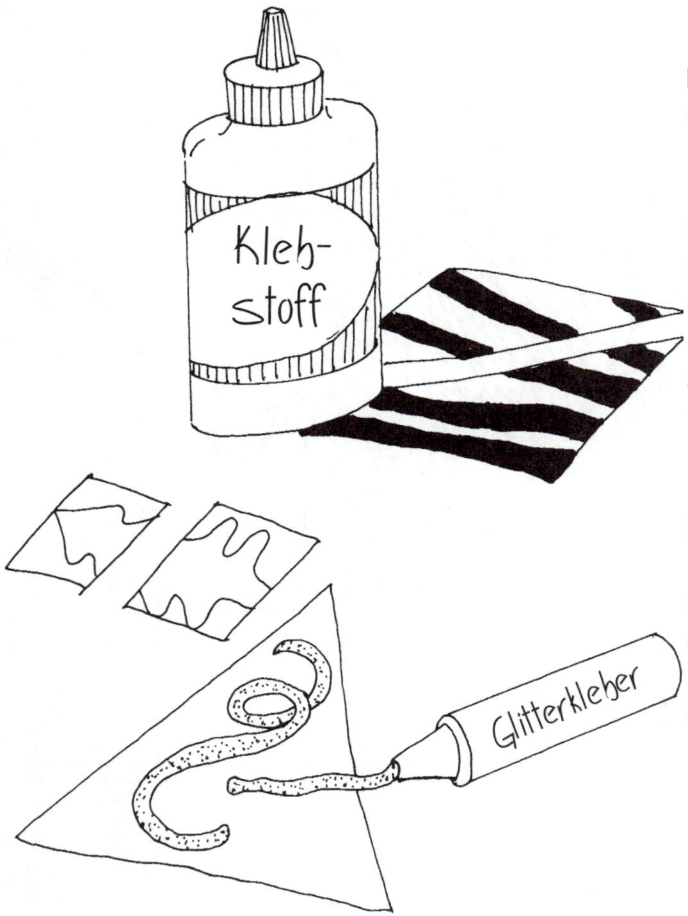

Die Kinder machen weitere Erfahrungen mit dem Konzept vom Ganzen und seinen Teilen, indem sie Formen ausschneiden, in kleinere Stücke schneiden und auf einen neuen Untergrund kleben.

Material

- Fläschchen mit Glitterklebstoff in verschiedenen Farben (man kann auch selbst Tapetenkleister mit Pigmenten färben)
- Papier, Fotokarton o. Ä.
- Scheren
- farblosen Klebstoff

Anleitung

1. Die Kinder schneiden Papier in unterschiedliche Formen. Das können Dreiecke,Vierecke, Kreise und auch Fantasieformen sein.
2. Dann zeichnen sie mit dem farbigen Klebstoff ein Muster auf jede Form.
3. Der Klebstoff muss trocknen.
4. Anschließend schneiden sie einige Formen in kleinere Stücke.
5. Dann kleben sie ganze Klebstoffformen und Teile auf Fotokarton, Papier oder eine andere Unterlage.

Variationen

- Anstelle von Glitterklebstoff kann man auch Glitterstifte verwenden.
- Die Kinder malen die Formen mit farblosem Klebstoff und bestreuen sie dann mit Glitter, Farbsand oder buntem Konfetti.
- Die Kinder ziehen auf dem Papier Linien aus Klebstoff. Dann legen sie es mit der Klebstoffseite in eine Schüssel mit Salz. Anschließend tupfen sie sachte mit einem in Wasserfarbe getauchten Pinsel an das Salz. Toll!

Puzzle

Die Kinder basteln aus einem eigenen Bild ein Puzzle und spielen damit immer wieder. So entwickeln sie ein Verständnis für das Trennen und Zusammenfügen.

Trennen und zusammenfügen
Malen

Material
- dickes Papier oder Pappe
- Bunt- und Bleistifte
- Scheren
- Plastikbeutel, große Briefumschläge oder kleine Schachteln

Anleitung
1. Die Kinder malen ein Bild auf das Papier.
2. Wenn sie fertig sind, schneiden sie das Bild in einige einfache, große Teile.
3. Dann legen sie das Bild wieder auf dem Tisch zusammen.
4. Die Puzzleteile können in einem Plastikbeutel, einem großen Umschlag oder einer kleinen Schachtel aufbewahrt und immer wieder benutzt werden.

Variationen
- Die Kinder kleben ein Bild aus einer Zeitschrift auf einen Fotokarton. Wenn der Klebstoff getrocknet ist, schneiden sie das Bild auseinander. Dann können sie es immer wieder als Puzzle zusammensetzen.
- Die Kinder basteln ein Streifenpuzzle. Dazu kleben sie ein Bild aus einer Zeitschrift auf ein Blatt Papier (ca. DIN A5). Anschließend schneiden sie das Bild in 2 bis 5 cm breite Streifen und setzen das Puzzle in einer Schachtel wieder zusammen.
- Um ein besonders widerstandsfähiges Puzzle zu bekommen, kleben Sie zunächst selbstklebende Klarsichtfolie auf das aufgeklebte Bild und schneiden es danach in Puzzleteile.
- Die Kinder basteln ein Puzzle aus einem Foto, einem Poster oder einem selbst gemalten Bild.

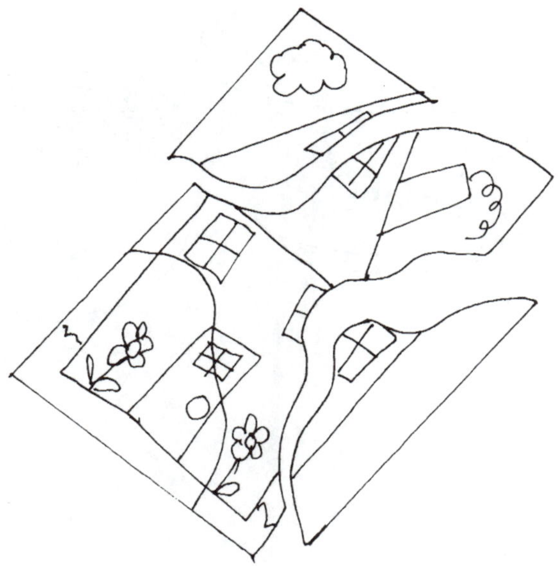

4+

Legebild aus Sonnenblumenkernen

Trennen und zusammenfügen
Collage

Die Kinder entfernen die Samen aus einer ausgeblühten Sonnenblumenblüte und legen daraus ein Bild. Damit teilen sie ein Ganzes in Hunderte von kleinen Teilen auf und fügen diese anschließend wieder zusammen.

Material

- eine reife, getrocknete Sonnenblumenblüte mit Samen
- einen Behälter für die Sonnenblumenkerne
- Sand in einer flachen Schale oder auf einem Tablett
- eine mit Zeitungspapier abgedeckte Arbeitsfläche

Anleitung

1. Legen Sie die Sonnenblumenblüte auf den Tisch. Sie enthält in einem wunderschönen, spiralförmigen Muster die Samen: winzige Sonnenblumenkerne in der Mitte, größere am Rand.
2. Die Kinder lösen mit den Fingern die einzelnen Kerne aus der Blüte und legen sie in den Behälter.
3. Dann glätten sie den Sand in der Schale und drücken ihn fest an.
4. Nun ordnen sie auf dem Sand die einzelnen Sonnenblumenkerne zu einem Bild oder Muster an.
5. Wenn das Bild fertig ist, bringen sie die Auflaufform mit den Sonnenblumenkernen nach draußen und beobachten, ob Vögel, Eichhörnchen oder andere Tiere angelockt werden. Bewahren Sie für die Kinder auch einige Sonnenblumenkerne zum Naschen auf.

Variation

- Die Kinder nehmen die Kerne in einer mit Bildern verzierten Papiertüte mit nach draußen, um Vögel und Eichhörnchen zu füttern.

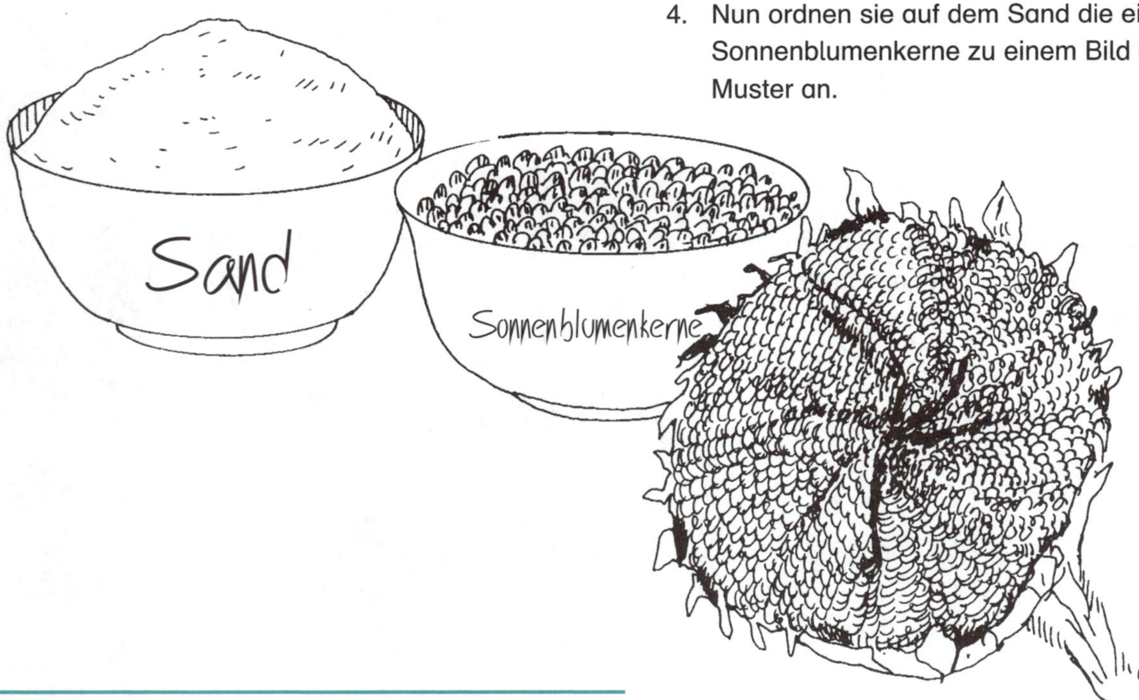

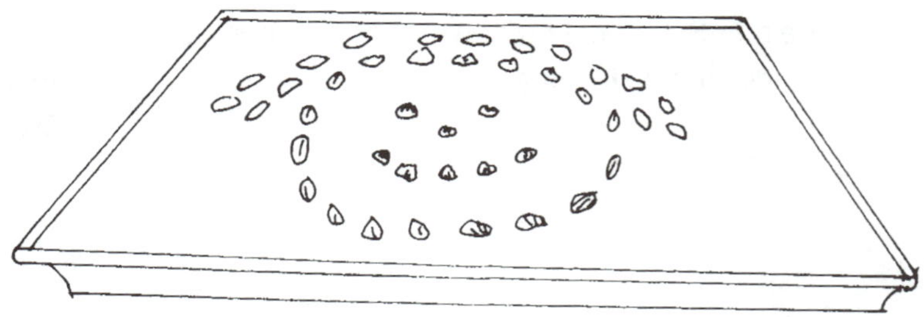

Kreisweberei

Ein Pappteller wird in verschiedene Abschnitte aufgeteilt und dann mit Garn, das durch diese Abschnitte gewebt wird, wieder zu einem Ganzen verbunden.

Material

- einen stabilen Pappteller
- Scheren
- Garn in unterschiedlichen Farben und Beschaffenheit
- Perlen
- Buntstifte (nicht unbedingt notwendig)

Anleitung

1. Die Kinder schneiden den Rand des Papptellers ab.
2. Dann schneiden sie vom Außenrand her in gleichmäßigen Abständen 4 bis 6 Schlitze in den Teller. Die Mitte des Tellers soll jedoch intakt bleiben.
3. Anschließend weben die Kinder das Garn durch die Schlitze – nur einige oder viele Reihen, ganz wie sie möchten.
4. Mit Hilfe eines Erwachsenen wird mit der Schere ein Loch in die Mitte des Papptellers gebohrt.
5. Dann werden Garnstücke durch das Loch gezogen und vor und hinter dem Teller verknotet. An den Enden des herunterhängenden Garns können die Kinder Perlen befestigen.
6. Wenn die Kinder möchten, können sie die weißgebliebenen Flächen des Tellers noch mit Buntstift anmalen.
7. Zum Schluss wird eine Garnschlaufe an dem Pappteller befestigt, damit man ihn aufhängen kann.

Variationen

- Die Kinder ziehen vor dem Weben Nähmaterialien oder Collagematerialien auf das Garn auf.
- Die Kinder fertigen ein Webbild auf einem Quadrat oder einer anderen Form aus Fotokarton an.

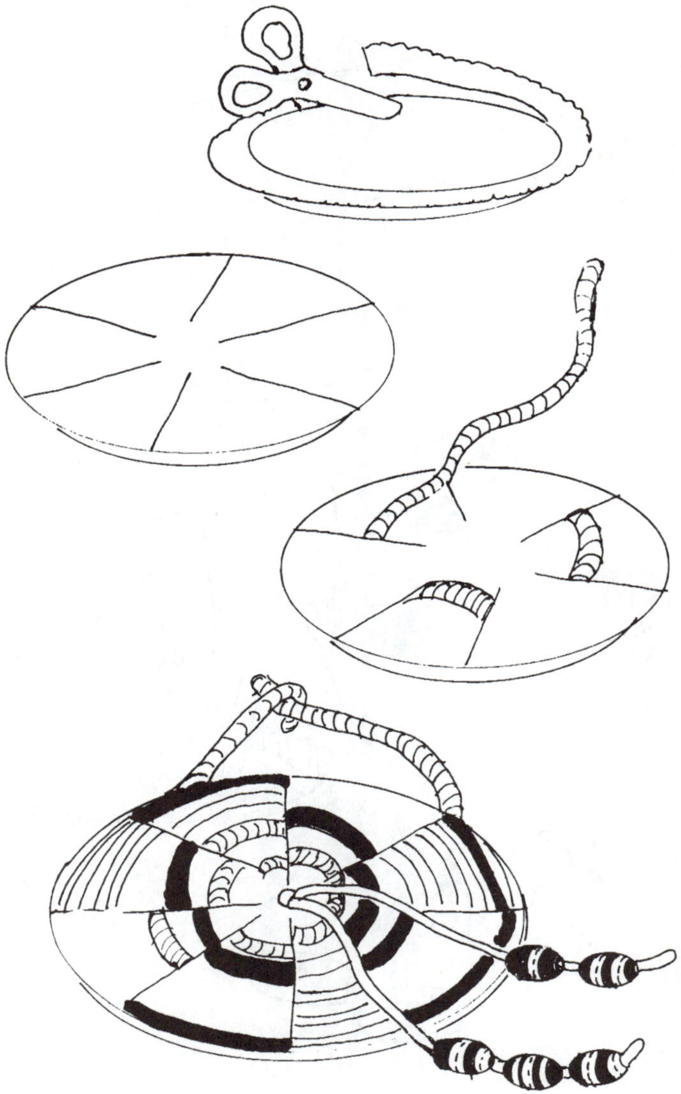

Eisparty

Aufteilen
Malen

Die Kinder teilen eine Familienpackung Eis in einzelne Portionen, die dann hübsch verziert werden – da isst das Auge gern mit!

Material

- eine Familienpackung Vanilleeis
- Schüsseln und Löffel
- dünne, saubere Pinsel
- Lebensmittelfarbe und Becher
- ein Messer zum Schneiden der Eiscreme
- kleine Kekse (z. B. in Tierform), bunte Streusel und Schokolinsen etc.

Anleitung

1. Schütten Sie in einige Becher etwas Wasser und färben Sie das Wasser mit der Lebensmittelfarbe. Stellen Sie die Becher auf der Arbeitsfläche bereit.
2. Die Kinder oder ein Erwachsener teilen das Eis in einzelne Portionen auf. Dabei wird sicherlich die Frage des „gerechten Teilens" thematisiert.
3. Die Eisportionen werden in Schälchen gegeben, eine für jedes Kind.
4. Nun verziert jedes Kind seine Eisportion mit Lebensmittelfarbe, Keksen, Streuseln etc.
5. Guten Appetit!

Variationen

- Die Kinder teilen andere Nahrungsmittel auf, z. B. eine Apfelsine, einen Apfel, Kuchen oder Pizza.
- Die Kinder backen eine Pizza, z. B. mit Tomaten, Mais, Pilzen und Ananasstücken. Dann wird sie gerecht in Stücke geteilt und gegessen.
- Die Kinder schneiden einen Laib Brot in einzelne Scheiben. Jedes Kind kann dann eine Scheibe mit Butter, Rosinen, Nüssen und anderen leckeren Dingen verzieren.

Wackelpuddingschichtskulptur

Köstlicher, bunter Wackelpudding eignet sich hervorragend, um sich mit dem Sortieren essbarer Dekorationen, dem Gestalten von Mustern und dem Aufteilen in einzelne Portionen zu beschäftigen.

Material

- mindestens zwei Sorten Wackelpudding in beliebiger Farbe und Geschmacksrichtung
- heißes und kaltes Wasser (Aufsicht eines Erwachsenen!)
- Messbecher und Löffel
- eine Tortenbodenform
- ein Messer oder eine Schere
- einen Kühlschrank
- kleine Schüsseln
- Löffel
- essbare Dekorationen, z. B. Nüsse, süßen Speck, frisches Obst, Trockenobst, Rosinen

Anleitung

1. Die Kinder bereiten mit der Hilfe eines Erwachsenen und nach Anweisung auf der Packung eine Lage Wackelpudding in der Tortenbodenform zu.
2. Stellen Sie die Form in den Kühlschrank, bis der Pudding fest ist.
3. Mit Messern (vorsichtig!) und Scheren schneiden die Kinder die Lebensmitteldekorationen in kleine Stücke.
4. Dann legen sie mit den Nahrungsmittelstücken ein Bild oder Muster auf den Wackelpudding. Hier einige Vorschläge: Blumen, abstrakte Muster, Buchstaben, lustige Figuren.
5. Nun rühren die Kinder eine zweite Sorte Wackelpudding an, aber nur eine halbe Packung, und löffeln die noch flüssige Masse vorsichtig auf das Bild in der Tortenbodenform. Alle Verzierungen werden bedeckt, man darf aber nicht zu viel Wackelpudding nehmen, sonst kommen die Verzierungen ins Rutschen.
6. Das Puddingbild kommt für mindestens eine Stunde in den Kühlschrank.
7. Anschließend kann man noch beliebig viele weitere Schichten aus Verzierungen und Pudding hinzufügen.
8. Wenn es Zeit ist, das Wackelschichtbild zu essen, wird es in gerechte Portionen aufgeteilt und serviert, solange es fest und kalt ist. Mmmh, ganz schön lecker!

Teil 3

Jetzt geht's richtig los ...
Wir erkunden Zahlenwerte

Kapitel 7

Endlich richtig zählen

Die mathematischen Konzepte, die in diesem Kapitel erkundet werden, sind

das Zählen,
Zahlenwerte
und Ziffern.

Schon Kleinkinder zeigen ein Verständnis für einen Begriff von „mehr als Eins“, wenn sie beispielsweise einen weiteren Keks, mehr Bananen oder genau so viele Bonbons wie ihr Bruder verlangen. Ältere Kinder begegnen Zahlenreihen, wenn sie Abzählreime und Verse aufsagen, z. B. beim Versteck-Spiel oder Seilspringen.
Ein umfassendes Verständnis für die Bedeutung von Zahlen entsteht, wenn die Kinder beginnen, Gegenstände zu zählen. Bedeutsam für die Anfänge des Zählens ist das Begreifen der Idee der „Eins-zu-Eins-Zuordnung“ – jedem Gegenstand kann eine eigene Nummer zugeordnet werden. Die Kinder werden beim Erlernen des Zählens entwicklungsbedingte Fehler machen, sie lassen z. B. beim Aufsagen einer Zahlenreihe einzelne Zahlen aus oder zählen einen Gegenstand nicht mit. Hilfreich ist es, wenn sie beim Zählen die gezählten Objekte gleichzeitig berühren.

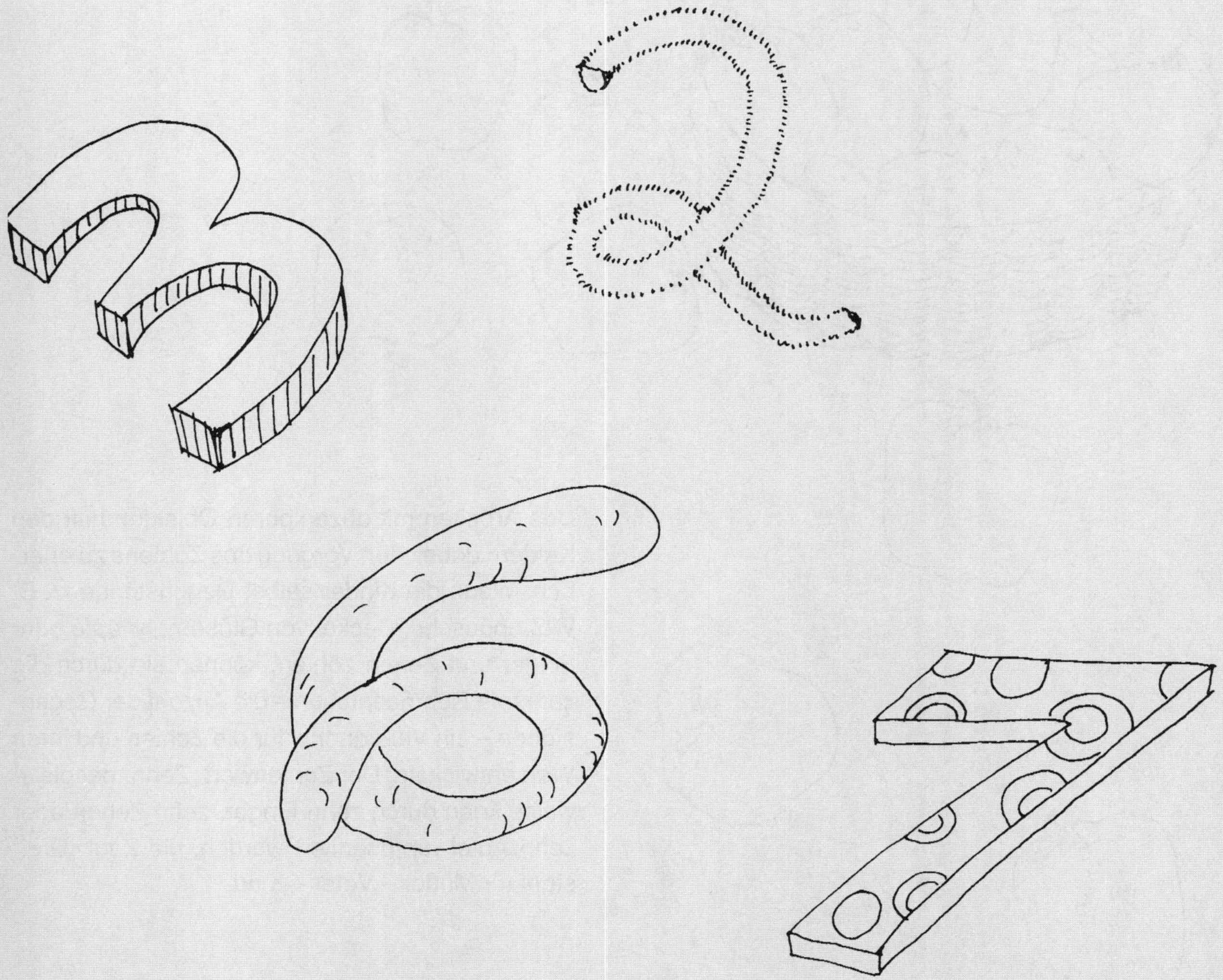

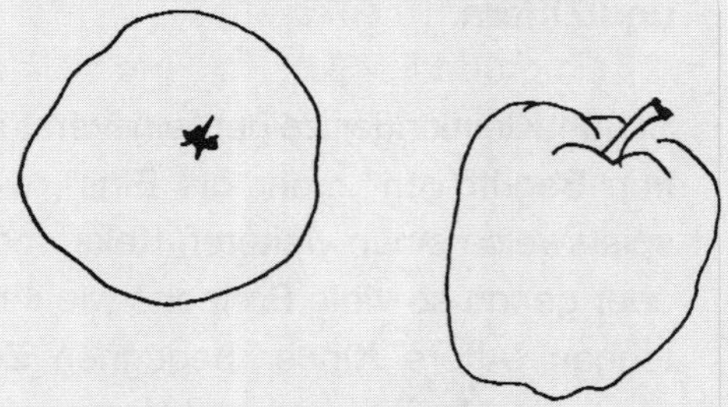

Das Arbeiten mit abzählbaren Objekten hilft den Kindern dabei, den Vorgang des Zählens zu erlernen. Wenn die Kinder selbst Gegenstände, z. B. Wattebäusche, Deckel von Gläsern, Knöpfe oder Finger und Zehen zählen, können sie durch die konkrete Repräsentation – die Anzahl der Gegenstände – ein Verständnis für die Zahlen und ihren Wert entwickeln. Der Zahlenwert „Zehn" bespielsweise kann durch zehn Finger, zehn Zehen oder zehn Äpfel repräsentiert werden, die Zahl „Drei" steht für Mutter – Vater – Kind.

Bei der Arbeit mit bunten Farben, Garn, Sand, Perlen und vielen anderen Materialien, die bei den Aktivitäten in diesem Kapitel verwendet werden, werden die Kinder in ihren Fähigkeiten gefördert, zu zählen und Ziffern sowohl zu erkennen als auch selbst mit verschiedenen Materialien darzustellen. Die Entwicklung des Verständnisses des Zahlbegriffs und seiner symbolischen Darstellung durch Ziffern ist ein allmählicher Prozess. Durch eigene Erkundungen und Entdeckungen, durch aktive künstlerische Erfahrungen und eigenes Arbeiten mit unterschiedlichen Materialien können die Kinder dieses Verständnis erlangen.

Knopfvierecke

Zählen
Collage

Die Kinder sortieren Knöpfe und gestalten dann ein Knopfbild, bei dem die Anzahl der Knöpfe eine wichtige Rolle spielt.

Material

- zwei Sorten Knöpfe, 20 insgesamt, je zehn davon identisch
- Klebstoff
- acht Quadrate aus Buntpapier (ca. 10 x 10 cm groß)
- ein größeres Blatt Papier als Unterlage
- Glitter und Farbe, Pinsel (nicht unbedingt notwendig)

Anleitung

1. Zunächst werden die acht Quadrate in zwei Viererreihen oder in einer anderen Anordnung auf das Blatt Papier gelegt.
2. Dann sortieren die Kinder die Knöpfe in zwei Stapel mit jeweils zehn identischen Knöpfen.
3. Für die Knopfcollage kleben die Kinder einen Knopf auf das erste Quadrat. Dann kleben sie einen Knopf der anderen Sorte auf ein anderes Quadrat.
4. Nun werden zwei Knöpfe der ersten Sorte auf ein weiteres Quadrat geklebt und zwei Knöpfe der anderen Sorte auf ein viertes Quadrat. Dann werden drei Knöpfe geklebt, danach vier. Alle Quadrate werden gefüllt. Lassen Sie die Collage trocknen.
5. Zum Schluss können die Kinder die Flächen um die Knopfmuster ausmalen und mit Glitter verzieren.

Variation

- Man kann auch andere Collagematerialien nehmen, z. B. gebrauchte Festdekorationen, Perlen oder farbige Wattebäusche.

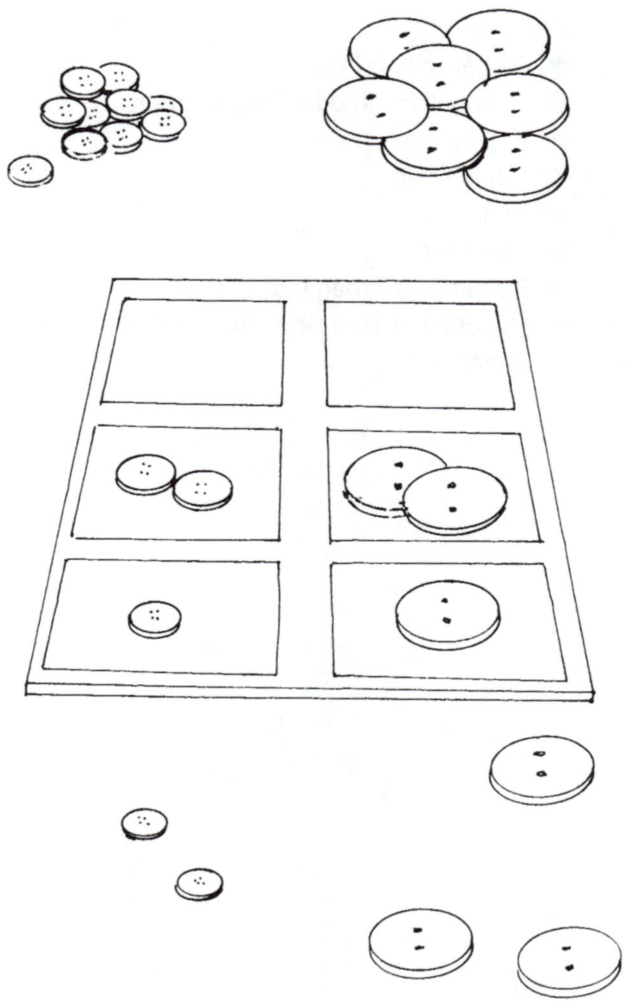

5+

Zehnfingerbild

Zählen
Drucken

Die Kinder stellen mit ihren Fingern und Zehen einen Druck her und beschäftigen sich so mit ihren zuverlässigsten und stets verfügbaren Zählhilfen – ihren eigenen Fingern und Zehen.

Material

- Finger und Zehen
- Stempelkissen oder Fingerfarben
- Papier
- Papierreste
- Scheren
- Klebstoff
- Buntstifte, Farben und Pinsel
- Handtücher zum Säubern der Finger und Zehen

Anleitung

1. Die Kinder entscheiden sich zunächst, ob sie die Drucke mit ihren Fingern oder ihren Zehen machen möchten. Mit den Fingern ist es am Anfang leichter, aber Spaß macht beides!
2. Nun drücken die Kinder alle fünf Finger einer Hand (oder alle fünf Zehen eines Fußes) mit den Spitzen auf das Stempelkissen. Dann pressen sie diese auf ein Blatt Papier und machen einen Abdruck aller Fingerspitzen einer Hand oder auch mit den Zehenspitzen.
3. Anschließend wiederholen sie das Ganze mit der anderen Hand. Es sollten jetzt zehn runde Flecken oder Fingerabdrücke auf dem Papier sein.
4. Nun können die Kinder beim weiteren Arbeiten mit den Abdrücken ihrer Fantasie freien Lauf lassen – hier einige Ideen:
   - Sie schneiden die Fingerabdrücke aus, kleben sie auf Papier, bemalen und verzieren sie.
   - Sie nehmen die Fingerabdrücke als Grundlage und zeichnen kleine Tiere oder seltsame Lebewesen daraus.
   - Die Fingerabdrücke können auch Teile von Blumen sein, die mit aufgeklebten Papierschnipseln vervollständigt werden.
   - Rote Fingerabdrücke können Kirschen oder Beeren sein.
   - Die Kinder zeichnen einige Äste, dann können die Fingerabdrücke Weidenkätzchen sein.
   - Sie nummerieren die Fingerabdrücke in leuchtenden Farben von eins bis zehn.

Variation

- Um die Eins-zu-Eins-Zuordnung zu vertiefen, machen die Kinder in unterschiedlichen Farben je einen Fingerabdruck auf einen runden Aufkleber, den sie zuvor auf das Papier geklebt haben. Sie können anschließend ein Stück Garn an jeden Aufkleber kleben, dann werden Luftballons daraus.

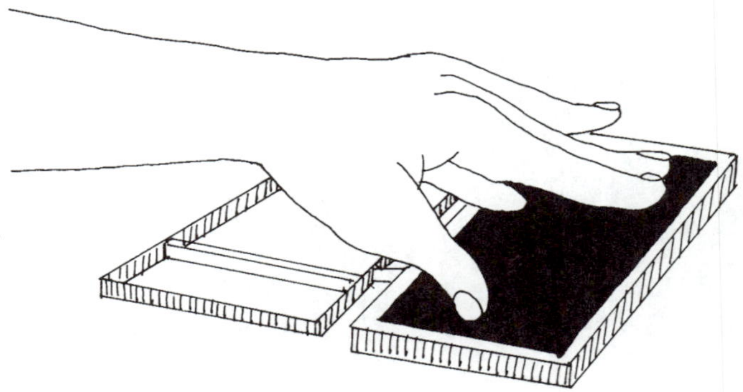

Schaumstofffingerdruck

Zählen
Drucken

Mit Schaumstoffklebern stellen die Kinder interessante Fingerabdrücke her und werden gleichzeitig zum Zählen angeregt.

Material

- Einmalhandschuhe aus Latex
- Gummiband (nicht unbedingt notwendig)
- kleine Schaumstoffaufkleber, z. B. Stücke von selbstklebendem Fensterdichtungsband
- Temperafarbe in einer Tasse oder Schale (Schul-Tempera)
- Pinsel
- Papier
- einen Eimer mit Seifenlauge, Handtücher
- eine Wäscheleine mit Wäscheklammern

Anleitung

1. Die Kinder streifen den Handschuh über die Hand. Dabei kann es hilfreich sein, ihn am Handgelenk mit einem Gummi zu befestigen; das Gummi sollte aber nicht zu stramm sitzen.
2. Dann kleben die Kinder auf jeden behandschuhten Finger ein Stück Schaumstoff.
3. Mit der freien Hand wird nun Farbe auf den Schaumstoff aufgetragen. Auch der Handschuh kann angemalt werden.
4. Jetzt pressen die Kinder die Fingerspitzen fest auf das Papier und heben sie dann an. Sie können die Anzahl der Finger, Schaumstoffstücke und Abdrücke vergleichen – es sollten jeweils fünf sein!
5. Anschließend können die Kinder das Papier mit weiteren Abdrücken bedecken und auch diese zählen.
6. Wenn das Blatt voll ist, werden Handschuhe und Hände mit Seifenlauge gereinigt. Nehmen Sie zum Abtrocknen alte Handtücher! Wenn Sie die Handschuhe zum Trocknen an die Wäscheleine hängen, können Sie sie wieder benutzen. Auch die Drucke können an der Wäscheleine trocknen.

Variation

- Die Kinder kleben an den Daumen ein Stück Schaumstoff, an den Zeigefinger zwei usw.

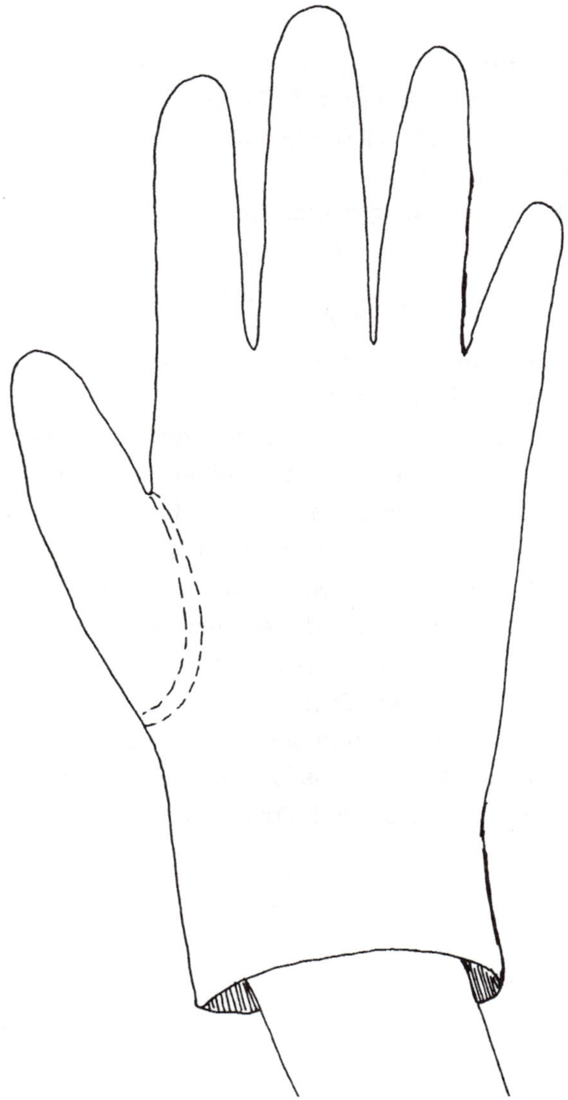

5+

Selbst gemachte Spielsteine

Zählen
Modellieren

Es gibt viele schöne Gegenstände, die man sammeln und zum Sortieren und Zählen benutzen kann. Noch mehr Spaß macht es, wenn man, wie in diesem Beispiel, aus Modelliermasse selbst Gegenstände zum Zählen herstellt.

Material

- Modelliermasse, z. B. Fimo
- eine abgedeckte Arbeitsfläche
- einen Ofen
- eine Auflaufform aus Glas

Anleitung

Einfache Spielsteine

1. Die Kinder nehmen murmelgroße Stücke von der Modelliermasse und rollen sie zu Kugeln.
2. Dann legen sie die Kugeln auf den Tisch und drücken sie mit der Hand flach.
3. Die Spielsteine kommen in die Auflaufform und werden nach der Anweisung auf der Packung im Ofen gebrannt.
4. Mit Hilfe eines Erwachsenen holen die Kinder die fertigen Spielsteine aus der Auflaufform und lassen sie abkühlen. Dann können sie sie zum Zählen benutzen.

Variationen

- Große Spielsteine mit Abdrücken
  Die Kinder formen aus der Modelliermasse eine größere Kugel. Dann legen sie sie auf ein Blatt Butterbrotpapier und drücken sie zu einem flachen Kreis. Nun legen sie einen flachen Gegenstand (Büroklammer, Münze, Knopf o. Ä.) darauf, bedecken das Ganze mit einem zweiten Blatt Butterbrotpapier und machen einen Abdruck. Anschließend entfernen sie den Gegenstand vorsichtig und brennen den Spielstein im Ofen.

- Käfer
  Die Kinder formen eine Kugel und flachen sie zu einer Halbkugel ab. Dann fügen sie einen Kopf, sechs Beine, Fühler etc. hinzu – ein Käfer ist entstanden!

- Mond und Sterne
  Die Kinder rollen ein Stück Modelliermasse aus. Dann schneiden sie kleine Sterne und Monde aus. Sie können auch Plätzchenformen benutzen. Anschließend wird die Modelliermasse um die Figuren herum entfernt und die Formen werden gebrannt.

- Spiralsteine
  Die Kinder rollen zwei gleich große Rechtecke in verschiedenen Farben aus und legen sie aufeinander. Wenn nötig, werden die Rechtecke passend geschnitten. Beide Stücke werden dann gemeinsam zu einer glatten Rolle gerollt. Die Rolle kommt für etwa eine Stunde in den Kühlschrank. Anschließend wird die kalte Modelliermassenrolle in Scheiben geschnitten (dabei muss vielleicht ein Erwachsener helfen).

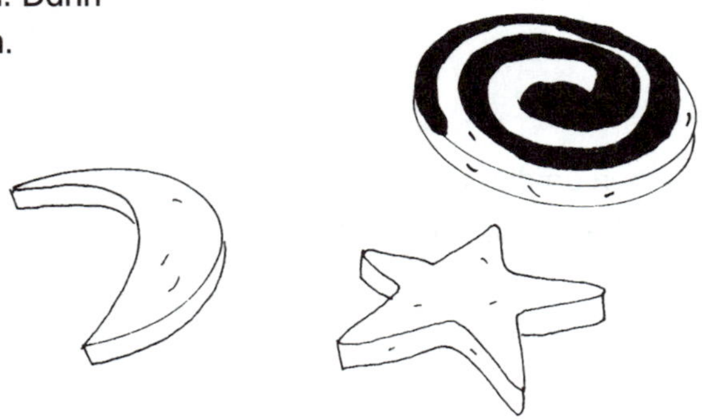

Bunte Löcher

Zählen
Basteln

Buntes Bastel- oder Transparentpapier zusammen mit schwarzem Papier ergibt ein wunderschönes Bild, mit dem man auch noch das Zählen üben kann.

Material

- schwarzes Papier oder schwarzen Fotokarton
- dicke Pappe als Arbeitsunterlage
- Geräte zum Lochen des Papiers (u. U. mit Hilfe eines Erwachsenen), z. B. Bleistifte, Nägel, Stricknadeln, Holzspieße, Scheren, Locher
- Klebeband, Klebstoff
- Bunt- und Transparentpapierreste

Anleitung

1. Die Kinder legen das schwarze Papier auf die Arbeitsunterlage aus Pappe.
2. Nun stechen sie Löcher in das schwarze Papier – nicht zu viele, sodass man sie noch gut zählen kann.
   Hinweis: Größere Löcher erhält man, wenn man die Spitze einer Schere in ein bereits gestochenes Loch steckt und dann vorsichtig ein größeres Loch schneidet. Ein Locher ist am Rand des Papiers sehr brauchbar.
3. Anschließend drehen die Kinder das Papier um und kleben das Bunt- oder Transparentpapier über die Löcher. Sie können ein großes Stück beider Materialien über das gesamte Bild kleben oder über jedes Loch ein kleines Stück.
4. Nun kann man das Bild vor ein Fenster oder eine Lampe hängen, die bunten Punkte zählen und sich an dem farbenfrohen Anblick erfreuen.

Variationen

- Die Kinder schneiden aus schwarzem Papier eine Ziffer aus und stechen dann genau diese Anzahl an Löchern in sie hinein.
- Die Kinder stechen Löcher in Buntpapier und kleben es auf einen schwarzen Untergrund.

5+

Blütenrollen

Zählen
Basteln

Bei dieser Aktivität können die Kinder verschiedene hübsche Muster dadurch bilden, dass sie 100 Gegenstände (oder 5, 10, 20, ...) hin- und herschieben. So können auch größere Zahlenwerte sinnlich erfasst werden.

Material
- 100 Papprollen von Toilettenpapier
- weißes Papier (nicht unbedingt notwendig)
- Scheren
- Klebeband
- Büroklammern
- Wasserfarben, Pinsel, Wassergefäße
- buntes Seidenpapier

Anleitung
1. Zunächst malen die Kinder mit den Wasserfarben Farbtupfer, Linien, Muster und Bilder auf die Papprollen. Wenn sie möchten, können sie die Rollen vorher in ein Blatt weißes Papier einschlagen.
2. Wenn die Farbe getrocknet ist, stopfen die Kinder in jede Rolle oben ein Stück farbiges Seidenpapier hinein.
3. Anschließend können die Kinder diese bunten „Blütenrollen" hin- und herschieben und farbenfrohe Muster damit bilden. Um ein besonders schönes Muster dauerhafter zu fixieren, können sie die Rollen mit Büroklammern aneinander heften.

Variationen
- Die Kinder arrangieren die Rollen auf einer dicken Pappe zu einem besonders schönen Muster und kleben sie dann auf der Pappe und aneinander fest.
- Anstelle von Toilettenpapierrollen kann man auch Jogurt- oder Pappbecher benutzen.
- Die Kinder erstellen auf einem Stück Pappe eine Blütenrollencollage mit 10 Rollen. Auf einem zweiten Stück Pappe direkt daneben arrangieren sie 20 Rollen usw. Damit können sie die Reihe von 10 bis 100 gut erfassen.

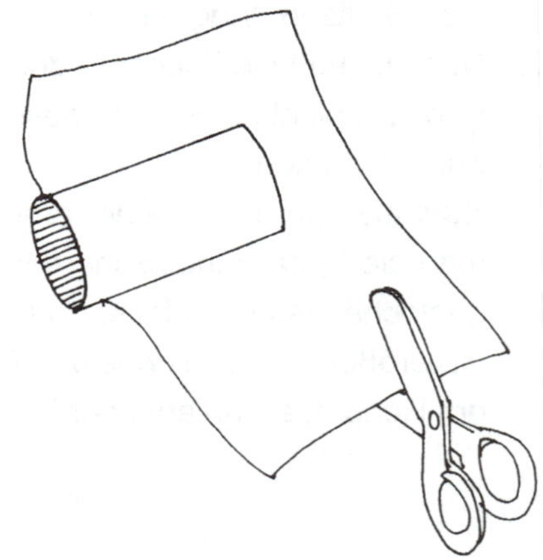

Magnetmuster

5+

Zählen
Basteln

Bei dieser Aktivität sollen die Kinder nicht unbedingt bis 100 zählen, aber Erfahrungen damit sammeln, wie sich 100 Gegenstände zu Mustern legen lassen.

Material

- 100 (oder weniger) Deckel von Babykost- oder Marmeladengläsern
- selbstklebende Magnetfolie
- eine Pinnwand oder eine Kühlschranktür aus Metall
- Bunt- und Filzstifte
- Papier, Zeitschriften, Ansichtskarten, …
- Scheren
- Klebstoff oder Teppichklebeband

Anleitung

1. Sammeln Sie 100 Deckel. Wenn die Kinder noch nicht bis 100 zählen können, können Sie auch weniger Deckel nehmen, aber selbst dann macht den Kindern der Umgang mit 100 Gegenständen Spaß.
2. Zunächst entwerfen die Kinder „Kunstwerke“, die sie in die Deckel kleben können – für jeden Deckel eines. Hier ein paar Ideen:
   - Sie ziehen mit dem Deckel einen Kreis auf einem Zeitschriftenfoto, einer Ansichtskarte, Geschenkpapier, einfarbigem Buntpapier oder einem selbst gemalten Bild.
   - Sie ziehen einen Kreis auf weißem Papier und zeichnen ein Bild hinein.
3. Dann schneiden die Kinder die Kreise aus und kleben sie in die Deckel. Dazu ist ein Stückchen Teppichklebeband gut geeignet.
4. Anschließend wird ein Stück selbstklebende Magnetfolie auf die Rückseite jedes Deckels geklebt.
5. Legen Sie alle 100 Deckel auf eine metallische Oberfläche.

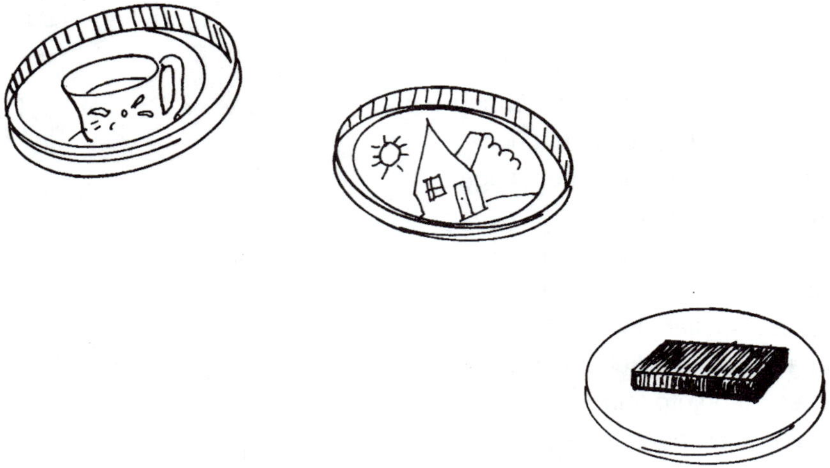

6. Nun können die Kinder die Deckel leicht hin- und herschieben und zu immer wieder neuen Mustern anordnen. Hier einige Vorschläge: Ein Quadrat mit zehn Reihen aus je zehn Deckeln; eine Pyramidenform mit einem Deckel an der Spitze, zwei Deckeln darunter usw.; Kreis- und Blumenformen; Zickzacklinien.
   Wenn die Kinder die Deckel anordnen, werden ganz automatisch Muster entstehen.

Variationen

- Anstelle von Deckeln kann man auch 100 Stück anderer gleichartiger Gegenstände nehmen, z. B. Holzspatel, große Perlen, selbst ausgeschnittene Papierformen.
- Die 100 Gegenstände können auch als Collage auf Papier geklebt werden.
- Die Kinder fädeln 100 Perlen auf ein Stück Garn auf oder basteln eine Raupe mit 100 Gliedern aus Papierformen.

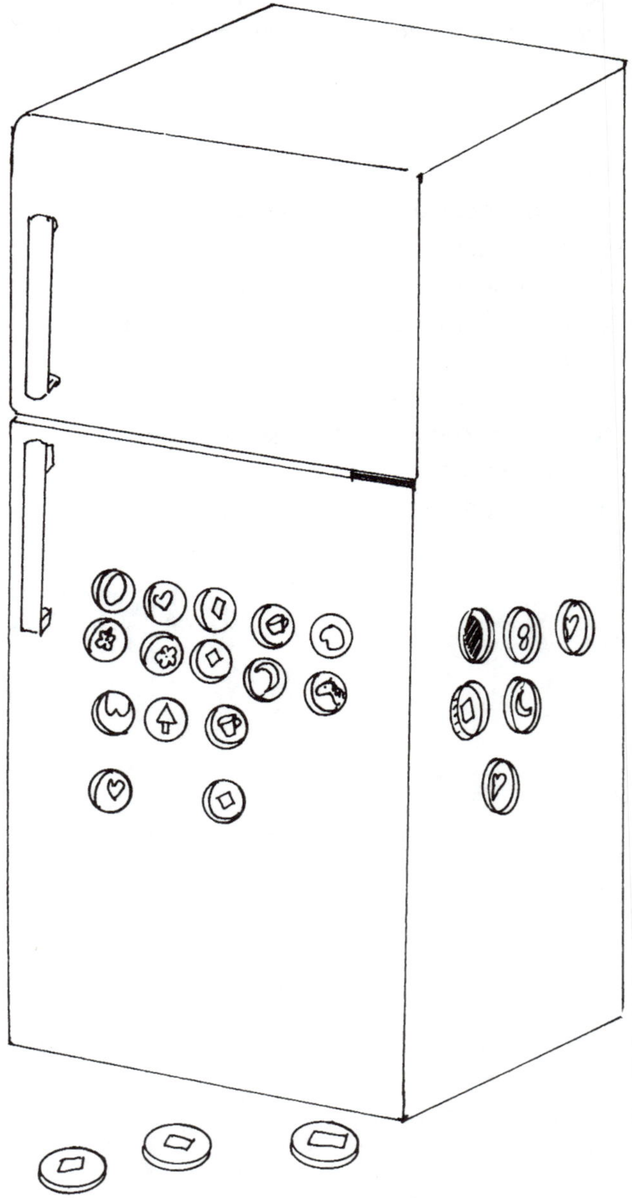

Zahlenblumengarten

5+

Zählen
Collage

Kinder, die schon zählen können, gestalten Blumen mit zählbaren Einzelheiten, z. B. Blüten und Blättern. Kinder, die noch nicht zählen können, untersuchen die Eins-zu-Eins-Zuordnung.

Material

- Papierförmchen für kleine Törtchen
- Klebstoff
- zählbare Collagematerialien, z. B. Maiskörner, Wattebäusche, bunte Aufkleber, Perlen
- festes Papier oder Fotokarton
- Bastelpapierreste
- Scheren
- Buntstifte

Anleitung

Für Kinder, die schon zählen können

1. Die Kinder kleben ein Tortenförmchen auf den Fotokarton.
2. Dann suchen sie sich eine Zahl aus, z. B. die „3“.
3. Sie zählen drei Collagematerialien ab und kleben sie in das Förmchen.
4. Anschließend schneiden sie drei Blütenblätter aus dem Bastelpapier, und kleben sie um das Förmchen. Sie können die Blütenblätter auch malen.
5. Zusätzlich können Laubblätter und ein Stängel ergänzt werden.
6. Die Kinder können noch mehr Blumen in diesen Garten setzen, für jede Zahl, die sie sich ausgesucht haben, eine.
7. Anschließend wird der Garten mit Gras, Wolken, Vögeln, Bienen oder anderen Details vervollständigt.

Für Kinder, die das Zählen noch lernen:
Die Kinder verfahren wie oben, legen jedoch nur einen Gegenstand in jeden Blütenkelch. Dann verzieren sie die Blume nach Lust und Laune.

Variation

- Die Kinder basteln wie oben beschrieben zehn Blumen für die Zahlen 1 bis 10 und kleben sie nebeneinander auf eine lange Bahn Packpapier.

Glitzersteine

Zählen
Basteln

Die meisten Kinder lieben Steine und Kiesel. Hier verwandeln sie kleine Steine in glitzernde Kostbarkeiten, die man zählen und ausstellen kann.

Material
- einen Eierkarton oder eine Obstpalette aus Pappe
- Klebstoff
- kleine Steine und Kiesel, sauber und trocken
- Glitterklebstoff in Plastikfläschchen
- Zeitungspapier zum Abdecken der Arbeitsfläche

Anleitung
1. Die Kinder kleben die Steine nach folgendem Muster in den Eierkarton: in die erste Vertiefung kommt ein Stein, in die zweite kommen zwei Steine etc. Sie können so viele Steine kleben, wie sie zählen können. **Hinweis**: Kinder, die noch nicht zählen können, kleben in jede Vertiefung einen Stein.
2. Die Steine müssen antrocknen. Dann tröpfeln die Kinder mit dem Glitterklebstoff glänzende Tropfen auf die Steine. Sie können dabei auch systematisch vorgehen, z. B. goldenen Glitter für Vertiefungen mit fünf Steinen, roten für Vertiefungen mit drei Steinen usw. Wenn alles glitzert und glänzt, lassen sie es trocknen.

Variation
- Interessante Wirkungen kann man auch erzielen, wenn man andere Collagematerialien benutzt, z. B. Knöpfe, selbst gemachte Perlen oder Spielsteine, Federn, Muscheln, Muttern und Schrauben, kleine Spielzeugteile, Zeichnungen, Fotos.

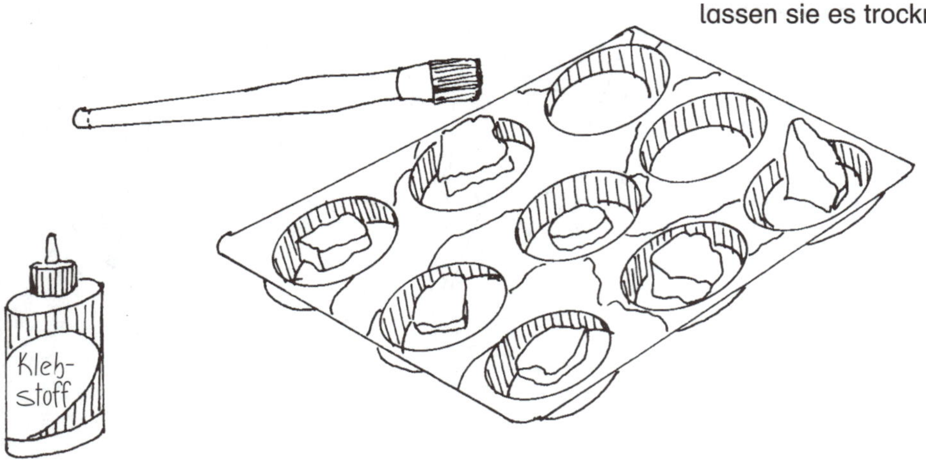

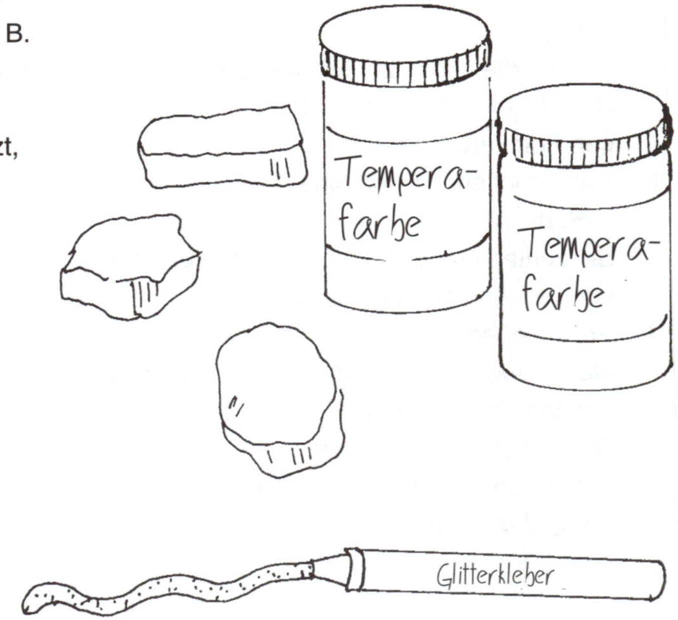

Geburtstagshut

5+

Die Kinder basteln einen speziellen Hut, der ihr Alter anzeigt und sich als Geburtstagshut eignet.

Zählen
Basteln

Material

- einen Hut, alt oder neu
- eine Sammlung großer Knöpfe
- Nadeln und Faden
- Stoffkleber oder Alleskleber
- Filz
- Scheren
- Nähmaterialien:
  Bänder, Perlen, Stoffreste, …

Anleitung

1. Basteln Sie den Hut kurz vor dem Geburtstag eines Kindes. Der Hut wird nach dem „neuen" Alter gestaltet, z. B. fünf Jahre.
2. Die Kinder suchen fünf ausgefallene Knöpfe aus der Knopfsammlung aus.
3. Dann nähen oder kleben sie die Knöpfe auf die Krempe oder einen anderen gut sichtbaren Teil des Hutes.
4. Anschließend schneiden sie die Ziffer 5 aus dem Filz aus und kleben sie mit Stoffkleber an eine besondere Stelle.
5. Nun wird der Hut zusätzlich mit Nähmaterialien, Bändern und Perlen verziert, sodass er ein ganz besonderes Einzelstück wird.
6. Der Hut muss mehrere Stunden trocknen. Das Geburtstagskind trägt ihn dann an seinem Geburtstag und alle können sein neues Alter sehen.

Variationen

- Die Kinder entwerfen mit denselben Materialien oder Stofffarbe ein besonderes Geburtstagshemd.
- Die Kinder entwerfen mit der passenden Anzahl Perlen eine ganz besondere Geburtstagshalskette.

Leckere Abzähl-Früchtemischung

Zählen
Backen

Die Kinder bereiten einen wahre Köstlichkeit zu und üben gleichzeitig das Messen und Zählen.

Material

Zutaten für die Früchtemischung

- 1/4 Tasse geschmolzene Butter
- 1/3 Tasse braunen Zucker
- 10 Esslöffel Mandelsplitter
- 9 Esslöffel gehackte Walnüsse
- 8 Esslöffel Rosinen
- 7 Esslöffel getrocknete Bananen
- 6 Esslöffel geraspelte Schokolade
- 5 Esslöffel Kokosraspeln
- 4 Esslöffel Sonnenblumenkerne
- 3 Esslöffel Erdnüsse
- 2 Esslöffel getrocknete Aprikosen
- 1 Tasse Haferflocken

Ergibt 6 bis 10 Portionen

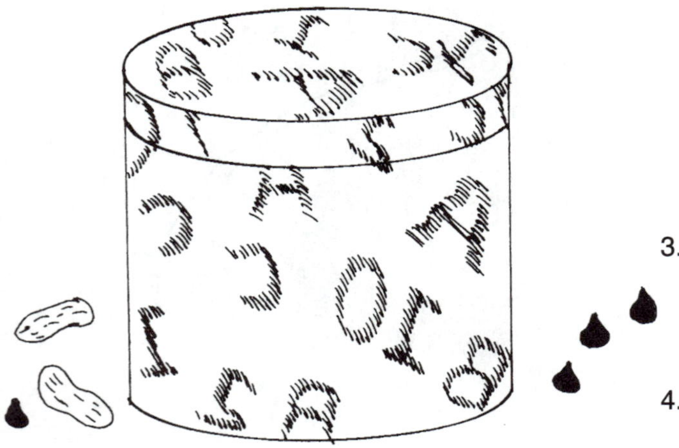

Material zum Backen und Basteln

- ein Ofen
- ein großer Kochlöffel
- Messbecher und -löffel
- eine große Backform
- eine luftdicht schließende Plastikdose
- alte Schwämme
- Styroportabletts
- ungiftige Acrylfarbe und Pinsel
- eine Schere

Anleitung

Die Früchtemischung zubereiten

1. Der Ofen muss auf 160 °C vorgeheizt werden.
2. Die Kinder geben die Butter und den braunen Zucker in die große Backform und vermischen beides sorgfältig miteinander. Dann geben sie die Mandeln und Walnüsse dazu und zählen dabei laut die einzelnen Löffel
   – wer möchte, kann auch rückwärts zählen.
3. Mit Hilfe eines Erwachsenen wird diese Mischung in den Ofen gestellt und fünf Minuten gebacken. Dann wird sie wieder herausgeholt und durchgerührt.
4. Anschließend wird die Mischung noch einmal für fünf Minuten gebacken. Dann wird sie herausgeholt und muss fünf Minuten lang abkühlen. Die Mischung bleibt immer in derselben Backform.
5. Nun werden die restlichen Zutaten unter lautem Zählen (oder Rückwärtszählen) in die Backform gegeben und alles gut durchgemischt.
6. Bewahren Sie die Mischung in einem luftdicht schließenden Behälter (dem Geschenkpaket) auf.

Die Geschenkdose verzieren

1. Lassen Sie Acrylfarben in großen Tropfen auf saubere Styroportabletts tropfen.
2. Die Kinder schneiden alte Schwämme in verschiedene Formen, z. B. Ziffern, Buchstaben oder einfache geometrische Formen. Dann stempeln sie farbige Schwammabdrücke auf die Dose. Sie muss über Nacht trocknen.
3. Wenn die Kinder die Dose mit der Abzählmischung gefüllt haben, ist das Geschenk fertig.
   Nachdem die Mischung aufgegessen ist, kann der Behälter weiter verwendet werden.

Hinweis

Möglicherweise lösen sich die Farben beim Spülen von der Dose.

Ziffernrubbelbild

Zahlenwerte
Rubbeln

Bei dieser kurzweiligen Aktivität fertigen die Kinder Rubbelbilder an, auf denen Ziffern direkt mit den durch sie dargestellten Zahlenwerten in Verbindung gebracht werden können.

Material

- dicke Wachsstifte in verschiedenen Farben
- Ziffernschablonen, die vorher (mit Hilfe eines Erwachsenen) aus dicker Pappe ausgeschnitten wurden
- flache Collagematerialien für Rubbelbilder, z. B. Büroklammern, Spielsteine, Papierreste, Gummibänder, Münzen, gepresste Blätter, Knöpfe
- Papier
- Wasserfarben
- einen breiten, weichen Pinsel
- Klebeband (nicht unbedingt notwendig)

Anleitung

1. Die Kinder suchen sich eine Ziffernschablone aus, z. B. die „3", und legen sie auf den Tisch.
2. Dann nehmen sie drei flache Collagematerialien und legen sie neben die Schablone.
3. Das Ganze wird mit einem Blatt Papier bedeckt, dessen Ecken an den Tisch geklebt werden können, damit es nicht rutscht.
4. Nun rubbeln die Kinder mit einem Wachsstift über das Papier. Sie können auch mehrere Farben verwenden. Nach und nach erscheinen die Ziffer und die Gegenstände.
5. Anschließend können die Kinder das Bild noch mit Wasserfarben bemalen. Die Farbe wird vom Rubbelbild abperlen und nur am weißen Papier haften bleiben.
6. Wenn die Kinder fertig sind, lassen sie das Rubbelbild trocknen und fertigen vielleicht ein weiteres Rubbelbild von einer anderen Zahl an.

Variation

- Die Kinder rubbeln nebeneinander die Ziffern von eins bis zehn und die entsprechende Anzahl an Gegenständen auf eine lange Papierbahn.

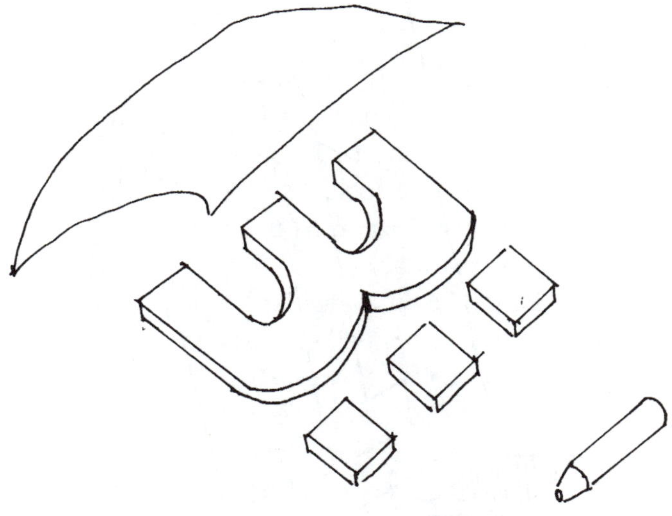

5+

Zahlenbilder

Zahlenwerte Malen

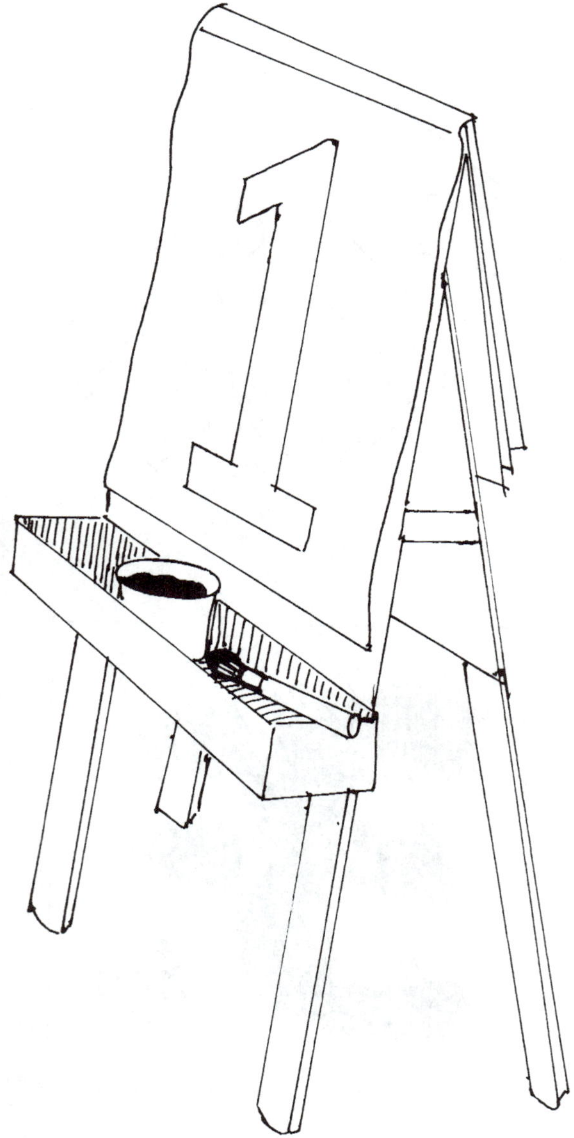

Die Kinder malen Bilder, die eine Ziffer enthalten und bei denen der Zahlenwert der Ziffer und die Anzahl der benutzten Farben übereinstimmen. So können sie auf kreative Weise Ziffern ihre Zahlenwerte zuordnen.

Material

- eine Staffelei
- Farben und Pinsel (für kleine Kinder nur eine Farbe, für ältere bis zu zehn)
- Papier
- Malerkittel

Anleitung

Kleine Kinder

1. Ein Erwachsener oder das Kind schreibt die Ziffer 1 auf das Papier auf der Staffelei. Die Ziffer kann klein in eine Ecke oder groß über das ganze Blatt geschrieben werden.
2. Dann nimmt das Kind eine Farbe und bemalt das Papier. Manche Kinder malen vielleicht eine Form, andere ein Bild, andere wieder malen die Ziffer 1. Dies bleibt ganz den Kindern überlassen. Wichtig ist nur, dass lediglich eine Farbe benutzt wird, weil die Ziffer 1 dies anzeigt.

Ältere Kinder

1. Das Kind schreibt eine beliebige Ziffer zwischen eins und zehn auf das Papier. Dann legt das Kind oder ein Erwachsener die entsprechende Anzahl an Farben bereit, bei der Ziffer 2 zwei Farben, bei der Ziffer 3 drei usw.
2. Anschließend malt das Kind mit diesen Farben ein Bild um die Ziffer herum.
   Hinweis: Viele Kinder werden die Ziffer in das Bild integrieren; andere werden sie komplett mit Farbe überdecken; andere beziehen sie nicht mit ein.

Variationen

- Die Kinder suchen sich eine Zahl, z. B. „Vier", aus und wählen dann nach Belieben jeweils vier Stücke unterschiedlicher Bastelmaterialien zum Gestalten des Ziffernbildes aus, z. B. vier verschiedenfarbige Buntstifte, vier Collagematerialien oder vier Farben Bastelpapier.

Wie viele Wattebäusche?

5+

Die geheime Zahl, die ein Kind sich überlegt, wird mit einem „Kunstwerk im Schuhkarton“ dargestellt.

Zahlenwerte
Basteln

Material

- Schuhkartons
- bunte Knetmasse
- Bastelpapier
- Klebstoff
- Scheren
- Collagematerialien
- Wattebäusche
- eine abgedeckte Arbeitsfläche

Anleitung

1. Die Kinder stellen den Schuhkarton auf seiner Querseite aufrecht auf den Tisch, sodass er aussieht wie eine Bühne.
2. Wenn sie möchten, können sie den Karton zuerst mit Bastelpapier auskleiden.
3. Nun gestalten sie mit Knetmasse und Collagematerialien im Karton eine Landschaft o. Ä.
4. Dann überlegen sie sich jeder im Stillen eine Zahl, z. B. die Zahl „Fünf“, und integrieren in die Landschaft fünf Wattebäusche, doch behalten sie die Anzahl der Wattebäusche für sich.
5. Wenn die Szene in der Schachtel komplett ist, können die anderen Kinder herausfinden, wie die Geheimzahl lautet.

Variationen

- Die Kinder nehmen statt der Wattebäusche andere Collagematerialien, um die Geheimzahl anzuzeigen. Wenn sie sich z. B. für die Zahl „Drei“ entschieden haben, verarbeiten sie drei Perlen, drei Knöpfe oder drei Pfeifenreiniger.
- Die Kinder zeigen ihre Geheimzahl, z. B. die „Zwei“, dadurch an, dass in der Szenerie im Karton alles zweimal vorkommt: Es gibt zwei Blumen, zwei Körbe, zwei Bäume, zwei Vögel usw.

Zählbrett

Zahlenwerte
Basteln

Die Kinder entwerfen ein Zählbrett, indem sie interessante Materialien abzählen und zu kunstvollen Mustern zusammenlegen.

Material

- eine Sperrholzplatte
- Hammer und Nägel
- Klebstoff
- Gegenstände für das Zählbrett, z. B. Korken, Holzklötzchen, Muttern und Schrauben, Alufolie, Tannenzapfen

Anleitung

1. Breiten Sie die Materialien für das Zählbrett auf einem Tisch aus.
2. Die Kinder wählen einen Gegenstand aus, z. B. einen Korken, und befestigen ihn mit Klebstoff oder Hammer und Nägeln auf der Sperrholzplatte.
3. Dann wählen sie zwei gleiche Materialien, z. B. zwei Holzklötzchen, aus und befestigen sie auf der Sperrholzplatte.
4. Sie fahren mit drei Gegenständen fort, dann mit vier, dann mit fünf gleichen Gegenständen. So wird die Holzplatte in einer von den Kindern gewählten Anordnung ganz mit Materialien bedeckt.
5. Lassen Sie alles komplett antrocknen.
6. Dann untersuchen die Kinder das Zählbrett und versuchen herauszufinden, wie viele Exemplare jedes Collagematerials darauf zu finden sind.

Variationen

- Statt mehreren Zahlen kann das Zählbrett auch einer einzigen Zahl und ihrem Wert gewidmet sein; dazu bedecken die Kinder das Brett mit je dieser Anzahl von Exemplaren eines Materials.
- Die Kinder entwerfen ein Zählbrett mit Aufklebern. Dazu können sie Aufkleber und Etiketten auch auf ein Stück Fotokarton kleben.
- Die Kinder fügen geschriebene Ziffern auf dem Zählbrett ein.
- Die Kinder befestigen Ziffern aus Modelliermasse auf dem Brett.

Sandziffern

5+

Ziffern
Relief

Bei dieser Aktivität zeichnen die Kinder Ziffern in Sand und können so deren Gestalt mit dem Tastsinn erfahren.

Material

- flache Schachteln oder viereckige Schalen (z. B. Auflaufformen)
- Sand, Mehl oder Reis

Anleitung

1. Zunächst wird die Schachtel mit Sand o. Ä. gefüllt.
2. Dann glätten die Kinder den Sand mit den Händen und klopfen ihn glatt.
3. Nun zeichnen sie mit einem oder mehreren Fingern eine Ziffer in den Sand und danach noch weitere Formen um die Ziffern.
4. Um anschließend neue Formen und Ziffern auf eine „saubere Tafel“ zeichnen zu können, schütteln die Kinder die Form sachte hin und her und klopfen den Sand dann wieder glatt. Nun können sie ein neues Ziffernbild entwerfen.

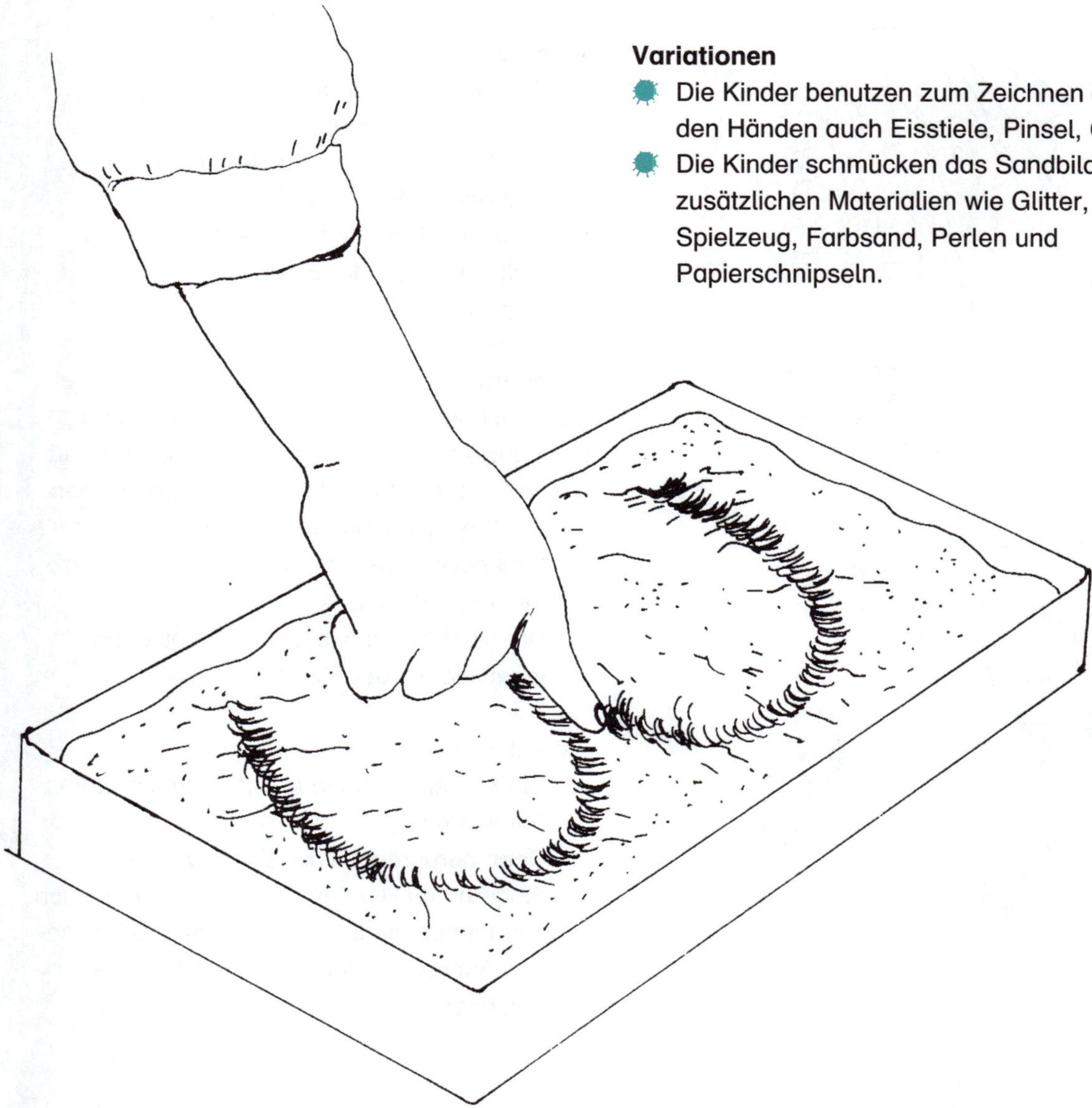

Variationen

- Die Kinder benutzen zum Zeichnen außer den Händen auch Eisstiele, Pinsel, Gabeln
- Die Kinder schmücken das Sandbild mit zusätzlichen Materialien wie Glitter, Spielzeug, Farbsand, Perlen und Papierschnipseln.

5+

Ziffern
Rubbeln

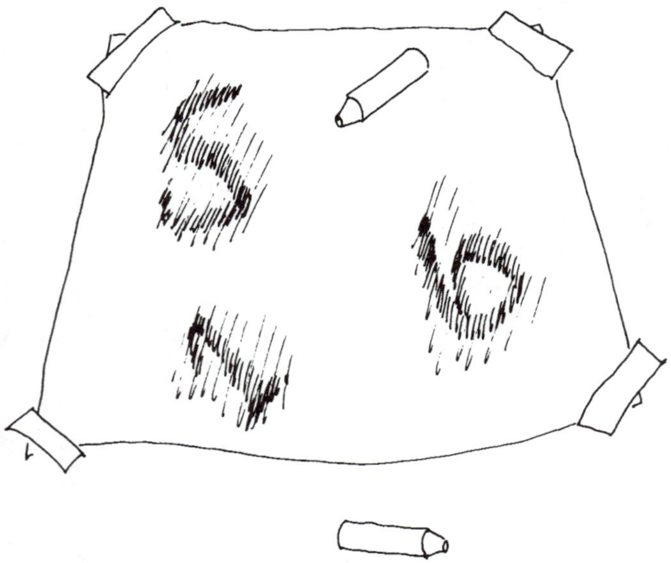

Fühlziffern

Die Kinder basteln Ziffern zum Fühlen und Durchrubbeln und setzen sich bei diesen Aktivitäten intensiv mit deren Gestalt auseinander.

Material

- Fotokarton oder Pappe als Untergrund
- Materialien mit besonderer Oberfläche für die Ziffern, z. B. Pappreste, Sandpapier, Wellpappe, Pelzimitat
- Bleistifte, Scheren und Klebstoff
- dicke Wachs- oder Buntstifte
- Papier

Anleitung

Das Zeichnen und Ausschneiden der Ziffern setzt gewisse Fähigkeiten voraus und erfordert deshalb vielleicht die Hilfe eines Erwachsenen.

1. Die Kinder zeichnen Ziffern auf die Materialien. Die Ziffern sollten etwa einen Finger breit sein.
2. Dann schneiden sie die Ziffern aus und legen sie auf den Tisch.

Ziffernfühlspiel

1. Die Kinder kleben jede Ziffer auf ein Stück Fotokarton.
2. Dann berühren sie die Ziffern mit den Fingern und Händen und spüren ihnen nach. Sie können die Ziffern auch mit geschlossenen Augen ertasten und versuchen, sie zu erkennen.

   Dazu können sie auch alle Ziffern in einen Beutel oder eine Schachtel legen und dann eine Ziffer mit geschlossenen Augen ziehen.

Ziffernrubbelbild

1. Die Kinder legen die Ziffern auf den Tisch. Dann legen Sie ein Blatt Papier (es kann auch ein großer Bogen Packpapier sein) darüber und kleben es am Tisch fest, damit es nicht verrutscht.
2. Mit einem dicken Wachs- oder Buntstift rubbeln die Kinder über die Ziffernformen und können dabei entdecken, wie die besondere Form und Oberflächenbeschaffenheit der Ziffern deutlich wird.

Variationen

- Die Kinder legen die Ziffern in die richtige Reihenfolge, bevor sie ein Rubbelbild von ihnen anfertigen.
- Die Kinder legen neben jede Ziffer eine entsprechende Anzahl von Gegenständen. Zum Beispiel kommt neben die 1 ein gepresstes Blatt, neben die 2 kommen zwei Münzen, neben die 3 drei Knöpfe usw.

Lieblingszahlen

Ziffern
Modellieren

Wenn Kinder Ziffern aus Modelliermasse formen, setzen sie sich auf eine neue Art und Weise mit ihnen auseinander und werden sie leichter behalten.

Material

- Modelliermasse, die ohne Backen aushärtet (z. B. Salz-Mehl-Teig), möglichst ungefärbt
- dekorative Materialien, z. B. Pailletten oder Perlen
- Lebensmittelfarben
- Tropffläschchen, z. B. von Augentropfen
- eine abgedeckte Arbeitsfläche

Anleitung

1. Die Kinder suchen sich eine Ziffer oder eine Ziffernfolge mit besonderer Bedeutung aus, z. B. ihr Alter oder ihre Telefonnummer.
2. Dann nehmen sie ein Stück Modelliermasse und färben es mit einer Farbe ihrer Wahl. Die Farbe wird auf der abgedeckten Arbeitsfläche in die Masse geknetet.
3. Anschließend formen sie aus der Modelliermasse ihre Ziffern.
4. Während die Modelliermasse noch feucht ist, pressen die Kinder dekorative Materialien in die Ziffern. Dies ergibt hübsche Abdrücke. Die Kinder können beliebig viele Gegenstände nehmen oder auch jeweils die Anzahl, die dem Wert der Ziffer entspricht.
5. Nun muss die Ziffer einige Zeit trocknen, bis sie fest ist.
6. Die Kinder können ihre Ziffern einfach so aufstellen oder mit anderen Materialien zu einer Collage oder Skulptur anordnen.

Variationen

- Die Kinder können die Ziffern auch erst dann anmalen, wenn sie getrocknet sind.
- Die Kinder entwerfen eine Ziffernfolge von 1 bis 10, bei der jede Ziffer mit der passenden Anzahl von Gegenständen verziert ist.

Ziffern aus Brotteig

Ziffern Modellieren

Dieser köstliche Teig eignet sich sehr gut, um Ziffern zu modellieren, die anschließend gegessen werden können.

Material

- saubere Hände
- Schürzen
- einen Würfel frische Hefe
- einen Esslöffel Zucker
- vier Tassen Mehl
- 1 1/2 Tassen warmes Wasser
- einen Teelöffel Salz
- eine große Rührschüssel
- eine mit Mehl bestäubte Oberfläche zum Kneten des Teigs
- ein eingefettetes Backblech
- ein Handtuch und einen warmen Ort, an dem der Teig gehen kann
- ein verrührtes Ei
- Backpinsel
- einen Ofen
- Honig, Marmelade, Butter

Anleitung

Bei der Teigzubereitung muss wahrscheinlich ein Erwachsener helfen

1. 1 1/2 Tassen warmes Wasser werden in die Schüssel gegeben und die Hefe hineingebröckelt und ganz aufgelöst.
2. Nun werden Salz, Zucker und Mehl hinzugefügt und das Ganze wird vermischt, bis der Teig zu einer Kugel formbar ist.
3. Die Kinder kneten den Teigball, bis er weich und glatt ist.
4. Dann formen sie aus dem Teig Ziffern (oder auch andere Formen).
5. Die Brotteigformen werden auf ein gefettetes Backblech gelegt.
6. Nun wird das Blech mit einem Handtuch bedeckt und der Teig muss ca. eine Stunde an einem warmen Ort gehen, dabei „wachsen" die Ziffern.
7. Danach bepinseln die Kinder jede Ziffer mit dem verrührten Ei. Sie können auch Salz darauf streuen, wenn sie mögen.
8. Backen Sie die Ziffern und Formen bei 180 °C etwa 15 Minuten. Sie sind fertig, wenn sie fest und goldbraun sind und es hohl klingt, wenn man mit einem Messer dagegenklopft.
9. Lassen Sie die Ziffern ein wenig abkühlen. Dann können die Kinder sie so, wie sie sind, oder mit Butter, Honig, Marmelade oder anderen Brotaufstrichen genießen.

Variationen

- Die Kinder backen einen Laib Brot. Wenn er fertig ist, zählen sie die Anzahl hungriger Mäuler und schneiden entsprechend viele Scheiben Brot ab.
- Die Kinder kleben jeweils die passende Anzahl Teigkügelchen auf die Ziffern und backen sie dann.

Ziffern aus Garn

5+

Ziffern
Collage

Es fällt vielen Kindern leichter, Ziffern aus Garn oder Kordel zu formen, als sie zu schreiben.

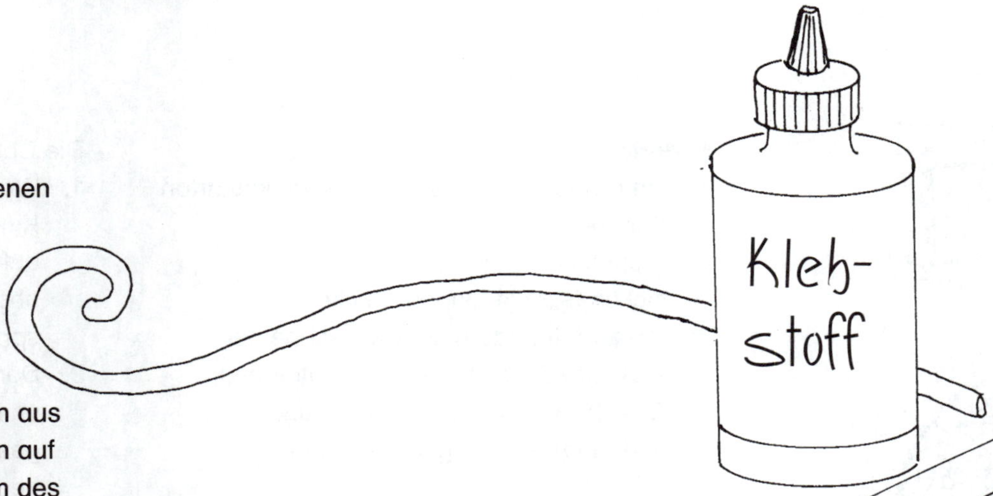

Material

- Garn, Wolle oder Kordel in verschiedenen Farben und Längen
- Klebstoff
- Pappe oder Fotokarton

Anleitung

1. Die Kinder suchen sich ein Stück Garn aus und formen damit verschiedene Ziffern auf der Pappe. Sie können dabei die Form des Garns immer wieder verändern.
2. Wenn sie sich damit genügend beschäftigt haben, kleben sie eine Zifferform aus Garn auf die Pappe.
3. Sie können das Bild mit weiteren Garnstücken verzieren, die sie um die Ziffer herumkleben. So wird das Bild formen- und farbenfroher.
4. Wenn die Kinder möchten, können sie weitere Ziffern ergänzen.

Variationen

- Die Kinder fügen dem Garnbild weitere Dekorationen hinzu, z. B. Farbsand, Muscheln, Farbe, Glitter oder Nähmaterialien.
- Die Kinder legen mit einem Springseil auf dem Boden große Ziffern.
- Die Kinder formen Ziffern mit alten, bunten Telefondrähten und stecken sie anschließend in ein Stück Styropor.

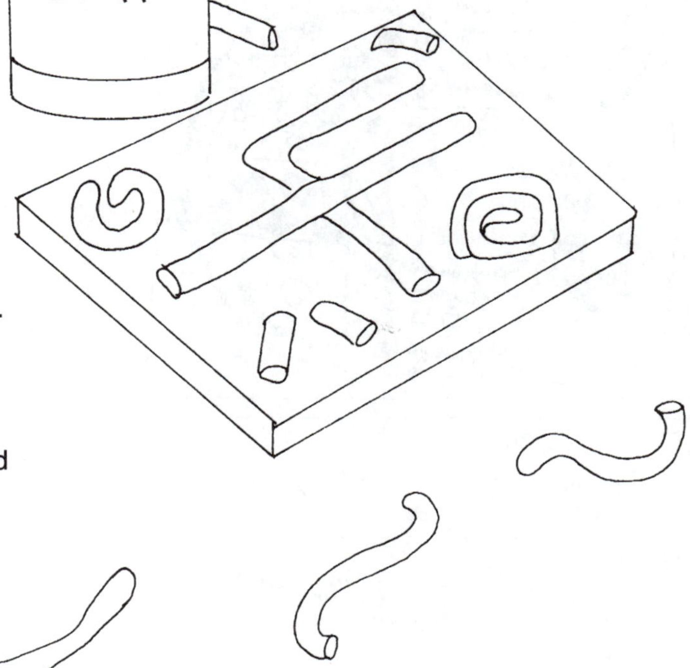

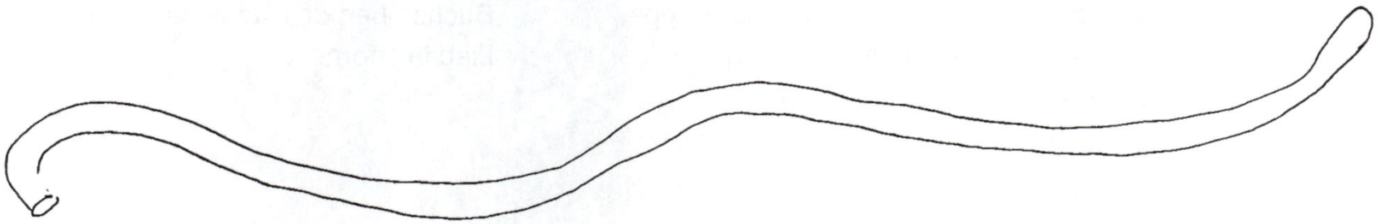

5+

Ziffern
Collage

Geburtstagsposter

Auf einem prächtig gestalteten Zahlenposter wird das neue Alter des Geburtstagskindes verkündet.

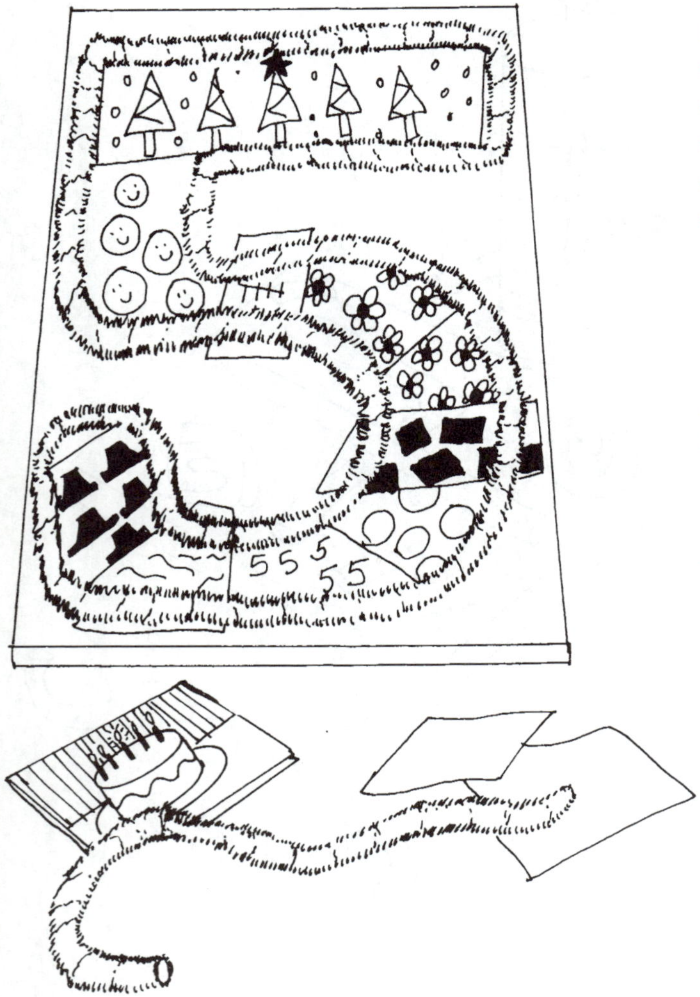

Material

- ein großes Stück Pappe oder Plakatkarton
- Scheren
- Klebstoff
- dickes Garn in langen Stücken
- Papier mit Bildern zum Ausschneiden, z. B. alte Zeitschriften, alte Kataloge, Ansichtskarten, Fotos, Zeichnungen oder andere Collagematerialien

Anleitung

Die Geburtstagsziffer gestalten

1. Legen Sie das große Stück Pappe auf den Boden.
2. Die Kinder formen das Garn zu einer Ziffer, z. B. einer „Fünf". Wenn nötig, können sie auch mehrere kurze Stücke zu einer Form zusammenlegen. Die Geburtstagsziffer wird als breiter Umriss gestaltet, damit man zusätzlich Collagematerialien hineinkleben kann (s. Abb.).
3. Die Kinder kleben das Garn auf die Pappe. Dann muss es 15–30 Minuten lang antrocknen.

Die Collage anfertigen

1. Während der Klebstoff trocknet, suchen die Kinder Bilder, Fotos und Zeichnungen aus, auf denen die Anzahl an Gegenständen abgebildet ist, die der Geburtstagsziffer entspricht, also z. B. immer fünf Gegenstände.
2. Dann schneiden die Kinder die Bilder aus und kleben sie in den Ziffernumriss, bis die gesamte Fläche innerhalb des Umrisses bedeckt ist. Die Ausschnitte können einander auch überlappen. Wenn die Kinder möchten, können sie auch die Fläche außerhalb des Ziffernumrisses bekleben.

Variation

- Eine einfachere Collage können die Kinder herstellen, wenn sie die Ziffer mit Bildern von Lieblingsdingen des Geburtstagskindes ausfüllen.
  Hier einige Ideen:
  Lieblingstiere, Lieblingsbeschäftigungen, Buchstaben des Namens, Familienfotos, Lieblingsfarben.

Wie viel ist viel?

Kapitel 8

Die mathematischen Konzepte, die in diesem Kapitel erkundet werden, sind

Messen,
Wiegen,
Schätzen,
grafisches Darstellen,
Zeit und
Geld.

Wenn Kinder ausreichend konkrete und praktische Erfahrungen gesammelt haben, wie sie in diesem Buch vorgestellt werden, können sie teilweise bereits Konzepte symbolischer Darstellungen verstehen, wie z. B. die Darstellung der Zeit durch die Zahlen auf der Uhr oder des Wertes von Geld durch die Zahlen auf den Banknoten. Grafische Darstellungen sind ein Weg, Kindern die Vorgänge des Zählens, Sortierens und Vergleichens sichtbar zu machen. Schritt für Schritt lernen sie, problemlösende Fähigkeiten zu entwickeln, zu raten, zu schätzen und zu eigenen Schlussfolgerungen zu kommen. Es besteht kein Grund, möglichst schnell mit dem Addieren, Subtrahieren, Multiplizieren oder Dividieren zu beginnen, aber viele Kinder werden ganz natürlich damit anfangen, da sie durch etliche Matheaktivitäten bestens darauf vorbereitet sind.

In Kapitel 8 werden Sie eine große Auswahl von Matheaktivitäten finden, die auf den Erfahrungen aus dem gesamten Buch aufbauen und die vorher schon verwendete und geschaffene Materialien, wie selbst gemachte Spielsteine, mit einbeziehen. Vor diesem Hintergrund beschäftigen wir uns mit dem Messen, Wiegen und Schätzen, mit dem grafischen Darstellen und den Größen Zeit und Geld.

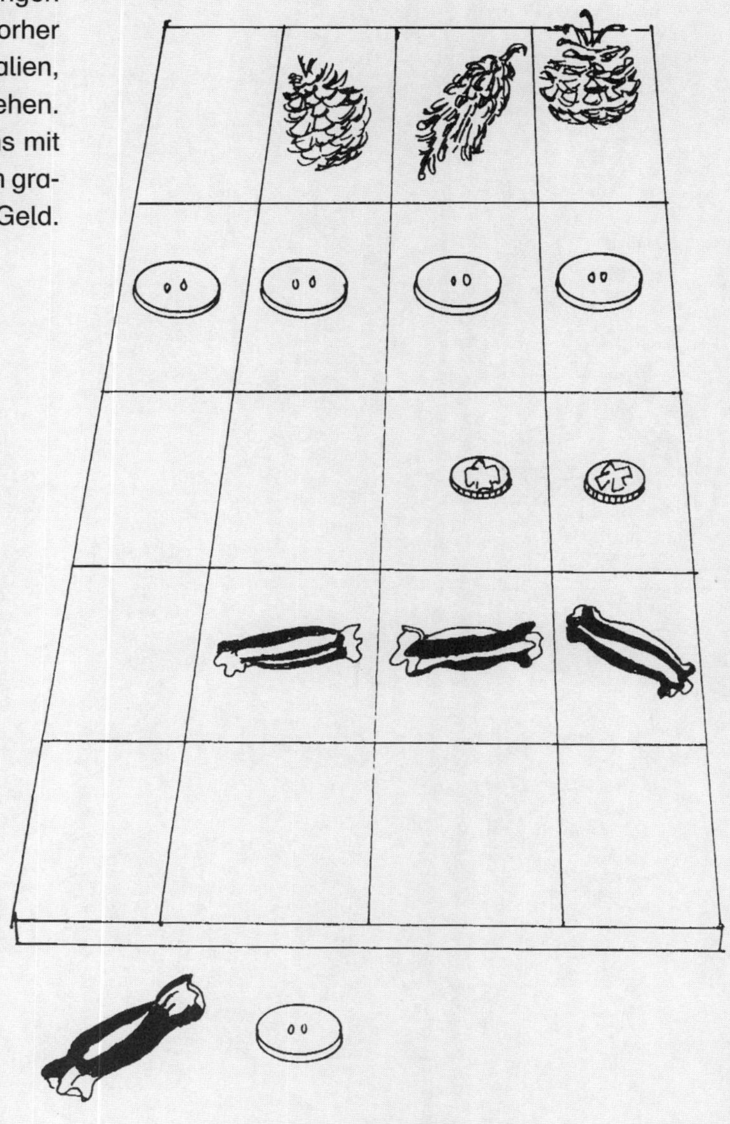

Linealbild

5+

Messen
Malen

Die Kinder können ohne Vorkenntnisse über das Messen mit einem Lineal ein ungewöhnliches, abstraktes Bild aus Linien entwerfen. Diese spielerische Art, mit einem Messgerät wie dem Lineal zu arbeiten, hilft den Kindern, sich dem Konzept des Messens zu nähern.

Material

- Lineal (ein kurzes genügt)
- Aufkleber (nicht unbedingt notwendig)
- Pinsel
- Blei- oder Buntstifte
- Wachsstifte oder Wasserfarbe
- weißes oder pastellfarbenes Papier

Anleitung

1. Die Kinder wählen eine Länge auf dem Lineal aus, die die „Maßeinheit" für ihr Bild sein soll, und markieren die Endpunkte dieser Länge auf dem Lineal mit Aufklebern oder Farbstiftstrichen (z. B. die Ziffern 0 und 5, wenn die gewählte Länge 5 cm ist, s. Abb.)
2. Dann legen die Kinder das Lineal auf das Papier, halten es mit einer Hand fest und ziehen mit Blei- oder Buntstift eine Linie von der einen bis zur anderen Markierung.
3. Anschließend legen sie das Lineal an eine andere Stelle des Papiers und zeichnen entsprechend eine Linie in der gewählten Länge. Vielleicht wird die erste Linie mit der zweiten verbunden oder von ihr gekreuzt.
4. So zeichnen die Kinder quer über das Papier verteilt Linien mit immer gleicher Länge, bis sie mit ihrem Bild zufrieden sind.
5. Dann füllen sie die Freiräume zwischen den Linien mit Farbe oder Mustern.

Variationen

- Die Kinder integrieren die Ziffer der gewählten Länge in das Bild. Sie können sie z. B. mit Buntstiften in die Zwischenräume schreiben.
- Die Übung lässt sich mit einem festenStück Pappe anstelle eines Lineals durchführen. Die Kinder ziehen alle Linien in der Länge des Pappstücks.

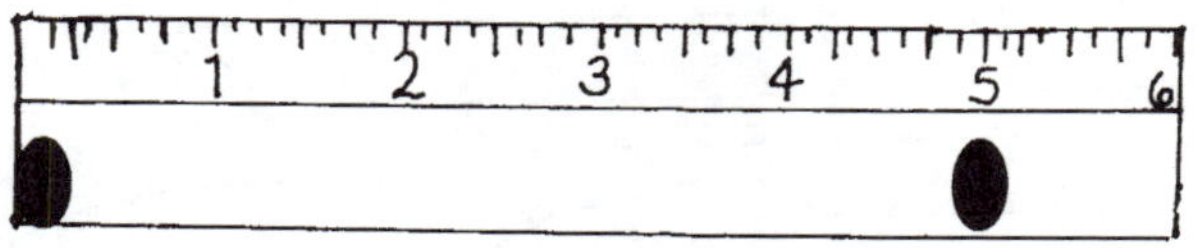

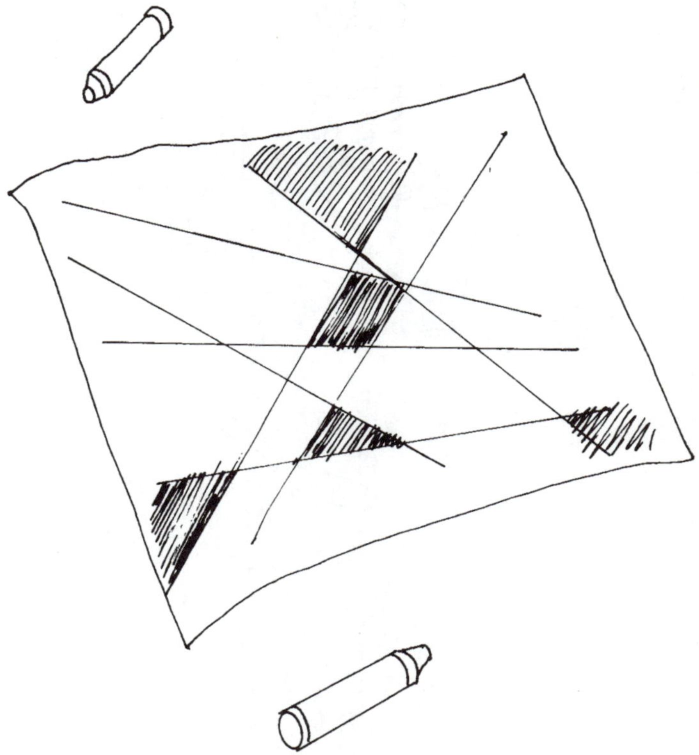

5+

Löffelfarben

Messen
Malen

Die Kinder stellen selbst Malfarben aus Kreide, Zucker und Kleister her. Auch kleine Kinder können die Zutaten schon selbstständig mit einem Teelöffel abmessen.

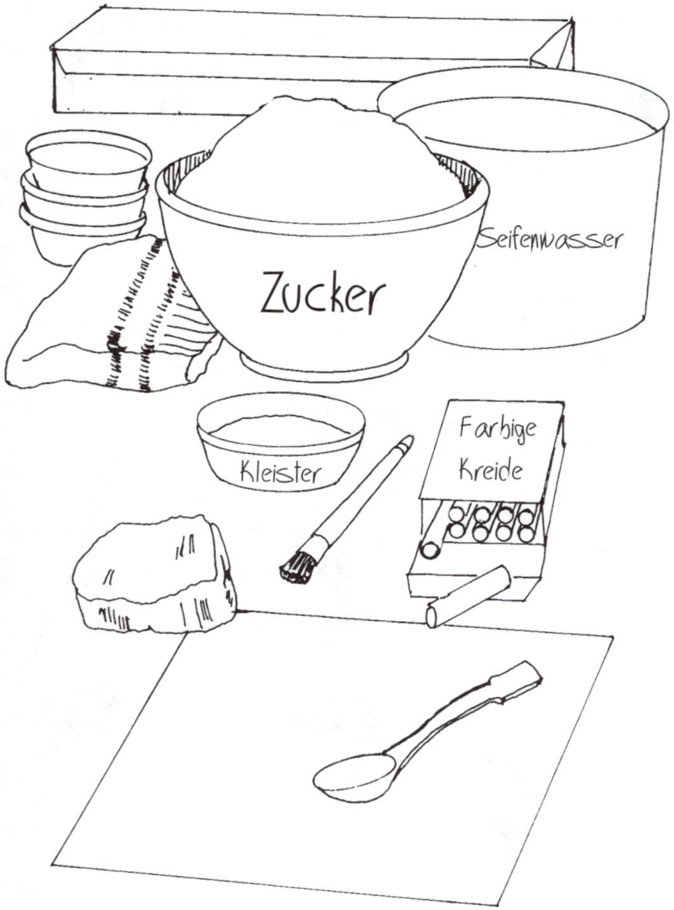

Material
- Kreide in unterschiedlichen Farben
- einen flachen Stein oder ein Nudelholz
- Wachspapier
- Jogurtbecher
- Teelöffel
- eine Schale mit Zucker
- Tapetenkleister
- Pinsel (einen für jede Kreidefarbe)
- Papier
- eine abgedeckte Arbeitsfläche

Anleitung
1. Die Kinder zerstoßen die Kreide mit dem Stein oder dem Nudelholz auf dem Wachspapier. Sie brauchen nicht auf die Kreide einzuschlagen, es reicht, wenn sie den Stein fest, aber vorsichtig darauf drücken oder das Nudelholz darüberrollen.
2. Wenn die Kreide zerstoßen ist, falten die Kinder das Wachspapier und schütten das Kreidepulver in einen Jogurtbecher. Entsprechend werden weitere Kreidestücke in anderen Farben zerbröselt und in Becher gefüllt.
3. Nun nehmen die Kinder einen gehäuften Teelöffel Kreidepulver und geben ihn in einen leeren, sauberen Jogurtbecher.
4. Dann geben sie einen Teelöffel Zucker dazu und vermischen beides vorsichtig.
5. Nun fehlt noch ein Teelöffel Kleister, der mit Kreide und Zucker verrührt wird, bis alles gut vermischt ist.
6. Wenn auf diese Weise mehrere unterschiedliche Farben zubereitet worden sind, tauchen die Kinder einen Pinsel in die Mischung und malen damit auf einem Blatt Papier.
   Wenn man die Farben nicht vermischen möchte, sollte man für jede Farbe einen eigenen Pinsel verwenden.
7. Das Bild muss mindestens eine Nacht lang trocknen, damit der Kleister durchsichtig und glänzend wird.

Variation
- Die Kinder mischen verschiedenfarbiges Kreidepulver zu neuen Farben, bevor sie den Kleister hinzugeben.

EinsEinsEins-Teig-Tropfenbild

Messen
Malen

Die Kinder mischen einen Malteig aus Mehl, Salz und Wasser und messen die Zutaten selbst ab. Dann tröpfeln sie aus diesem Teig ein buntes Bild.

Material

- Temperafarbe in verschiedenen Farbtönen oder Pigmente (Erdpigmente)
- Tassen zum Messen
- Mehl, Salz und Wasser (jeweils eine Tasse für jede Farbe)
- Stöckchen, Löffel oder Pinsel zum Rühren
- einen Spachtel
- Plastikflaschen, die die Kinder drücken können und die eine kleine Öffnung haben (für jede Farbe eine)
- Fotokarton

Anleitung

1. Die Kinder messen je eine Tasse Mehl, Salz und Wasser ab und geben diese Zutaten in eine Schüssel. Dann rühren sie so viel Farbe unter, bis sie mit der Farbintensität zufrieden sind.
2. Ein Erwachsener kann die Schüssel mit einem Spachtel auskratzen und eine Plastikflasche mit dem dickflüssigen Farbteig füllen.
3. In der Zwischenzeit rühren die Kinder weitere Farbtöne des EinsEinsEins-Teigs an, die ebenfalls in Flaschen gefüllt werden.
4. Der Fotokarton wird auf den Tisch gelegt und die Kinder drücken aus den Flaschen Farbteigtropfen darauf. Sie sollten versuchen, ungefähr gleich große Tropfen, aber keine Linien oder andere Formen herzustellen.
5. Das Bild muss über Nacht trocknen, bis die Farben hart sind.

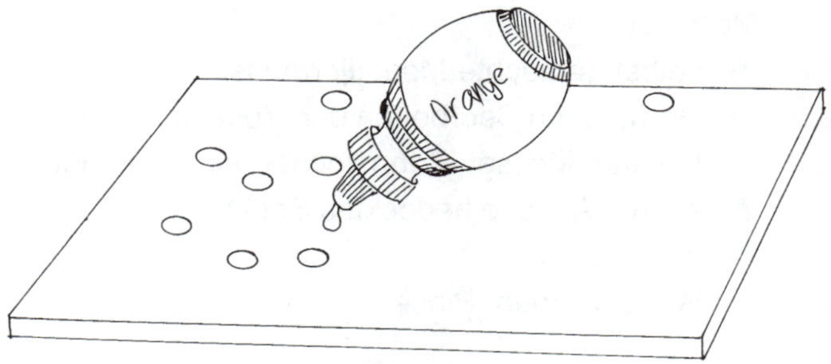

Ein eigenes Messgerät

Messen
Modellieren

Bei dieser Aktivität beschäftigen sich die Kinder mehrfach mit dem Messen. Zunächst müssen die Zutaten für die Modelliermasse abgemessen werden. Dann basteln die Kinder ein selbst entworfenes Messgerät und nutzen dieses schließlich, um die Gegenstände ihrer Umgebung auszumessen.

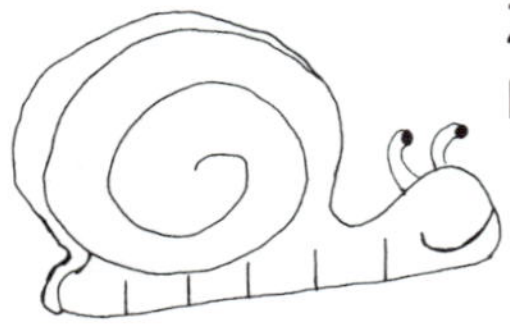

Material

- selbst gemachte Modelliermasse
- Geräte zum Bearbeiten der Modelliermasse: Gabeln, Messer, Zahnstocher, ein Nudelholz
- ein mit Alufolie bedecktes Backblech
- einen Ofen
- Wasserfarben, Pinsel

Anleitung

1. Die Arbeitsfläche sollte mit einem Wachstuch abgedeckt sein.
2. Die Kinder formen die Modelliermasse zu einer Schlange, einem Viereck oder einer anderen Form (s. Abb.).

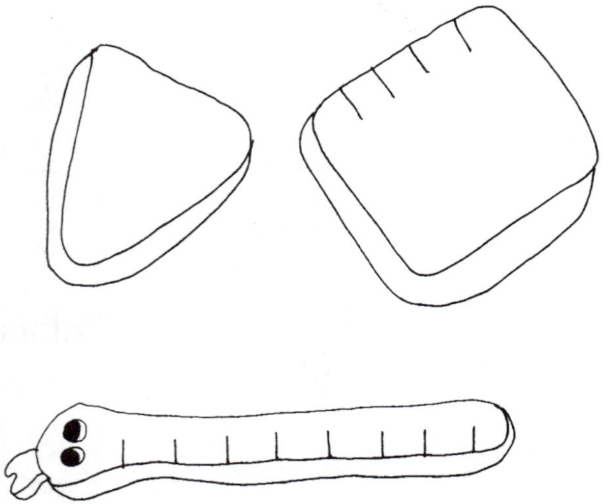

Wichtig ist, dass die Form eine gerade Kante hat, sodass man ein Lineal aus ihr basteln kann.

3. Dann versehen die Kinder die Form mit Maßeinheiten, möglichst immer im gleichen Abstand (z. B. einen Fingerabdruck breit). Die Kinder drücken die Markierungen für diese Maßeinheiten mit einer Gabel o. Ä. in die Modelliermasse.
4. Die Kinder legen das Messgerät auf das Backblech. Es wird eine Stunde lang im auf 150 °C vorgeheizten Ofen gebacken, bis die Modelliermasse hart ist.
5. Nach dem Abkühlen können die Kinder die Maßeinheiten auf ihrem Messgerät noch mit Wasserfarben hervorheben. Nachdem die Frabe getrocknet ist, können die Kinder losziehen und alle Gegenstände mit ihrem persönlichen Messgerät messen.

Variationen

- Die Kinder schätzen, wie oft sie ihr Messgerät anlegen müssen, um die Größe eines Freundes zu messen. Dann messen sie nach und überprüfen ihre Schätzung.
- Die Kinder zeichnen einen Gegenstand, messen ihn aus und schreiben die gemessene Länge auf die Zeichnung.

Selbst gemachte Modelliermasse

4 Tassen Mehl	Becher zum Messen
1 Tasse Salz	eine Schüssel
warmes Wasser	Frischhaltefolie

1. Mehl und Salz werden in einer Schüssel gemischt. Dann drückt man in die Mitte dieser Mischung eine Mulde und gibt eine Tasse warmes Wasser hinzu. Den Teig gut verkneten.
2. Während des Knetvorgangs gibt man eine weitere halbe Tasse warmes Wasser hinzu, bis der Teig nicht mehr bröselig ist und auch nicht mehr an den Händen klebt. Ist der Teig zu flüssig, gibt man mehr Mehl hinzu, ist er zu trocken, hilft etwas Wasser.
3. Der Teig wird geknetet, bis er glatt ist (etwa 5 Minuten)
4. Man arbeitet immer nur mit einem kleinen Stück Teig. Den restlichen Teig sollten Sie in Frischhaltefolie im Kühlschrank aufbewahren. Wenn der Teig austrocknet, kann man etwas Wasser hinzugeben und ihn wieder weich kneten.

Holz-Maßskulptur

5+

Messen
Skulptur

Zunächst werden die Holzreste gemessen und miteinander verglichen – eine nicht ganz einfache, aber lohnende Aufgabe: Die Holzreste werden anschließend für eine Holzskulptur verwendet, die mit farbenfrohem Seidenpapier ihren letzten Schliff erhält.

Material

- kleinere Holzreste
- drei Pappstreifen in unterschiedlichen Längen (z. B. 5, 10 und 15 cm) als Maße
- eine Holzplatte oder eine sehr dicke Pappe
- Pinsel
- Holzleim
- Seidenpapierreste
- dünnflüssigen Tapetenkleister

Anleitung

Die Holzstücke messen

1. Zunächst sortieren die Kinder die Holzreste nach ihrer Länge und bilden drei verschiedene Haufen mit langen, mittleren und kurzen Hölzern.
2. Dann vergleichen sie die Längen der Holzstücke mit den Pappmaßen und wählen solche aus, die den drei Maßen ungefähr entsprechen. Diese Holzreste legen sie für die nachfolgende Aktivität auf drei neue Haufen. Die anderen Stücke räumen sie weg.

Die Holzskulptur anfertigen

1. Die Kinder beginnen mit den längsten Holzstücken und kleben diese in beliebiger Anordnung auf die Pappe. Sie dienen als Basis der Holzskulptur.
2. Darauf kleben sie die mittleren Holzstücke und zuletzt die kurzen, sodass eine dreidimensionale Holzskulptur entsteht. Sie muss über Nacht trocknen.
3. Am nächsten Tag streichen die Kinder mit den Pinseln etwas Tapetenkleister auf die Holzstücke und drücken Seidenpapierschnipsel darauf. Sie können die Skulptur teilweise oder ganz mit Seidenpapier bedecken. Das Seidenpapier sieht schön aus und färbt das Holz zusätzlich ein.
4. Lassen Sie die Skulptur trocknen, bis das Papier wie zerknittertes Pergament aussieht.

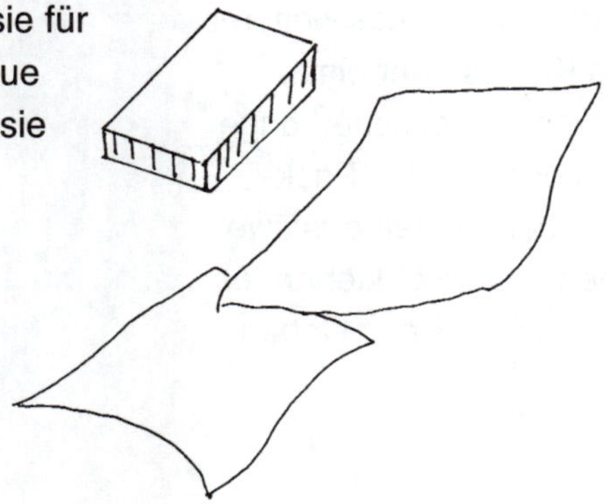

Miss-mich-Schnurkunst

Messen
Collage

Ihre eigenen Körperteile mit Schnurstücken zu messen, ist für Kinder eine faszinierende Erfahrung und trägt zusätzlich zur Erweiterung des Selbstbildes bei. Nach dem Messen werden die Schnüre in eine Collage integriert, welche die Proportionen zwischen den einzelnen Körperteilen deutlich macht.

Material
- aufgerollte Schnur
- Scheren
- buntes Klebeband
- Klebstoff
- ein großes Stück Packpapier oder Plakatkarton

Anleitung
1. Das Papier wird auf den Boden gelegt oder an die Wand geklebt. Die Kinder arbeiten in Paaren. Das messende Kind zieht ein Stück Schnur von der Rolle und misst damit den Umriss eines Körperteils des anderen Kindes, z. B. eines Armes oder Beines. Die Schnur wird in dieser Länge abgeschnitten.
2. Dann kleben die Kinder das Stück Schnur auf das Papier – in einer langen, geraden Linie oder auch anders.
3. Nun messen die Kinder den Umriss weiterer Körperteile, z. B. des Kopfes oder eines Fingers. Wieder wird die gemessene Länge Schnur abgeschnitten und auf das Packpapier geklebt. Die Kinder können das zweite Stück Schnur neben das erste kleben, es damit verbinden oder es überkreuz kleben.
4. Die Kinder messen so viele Körperteile, bis sie mit ihrem Schnurbild zufrieden sind.
5. Dann wechseln die Kinder: Das andere Kind wird gemessen und gemeinsam ein zweites Schnurbild hergestellt, entweder auf einem eigenen Papierbogen oder mit Schnur einer anderen Farbe auf demselben.

Variationen
- Die Kinder vergleichen die Schnurlängen. Manchmal lassen sich deutliche Gesetzmäßigkeiten bei den Längenverhältnissen bestimmter Körperteile zueinander entdecken.
- Neben die aufgeklebten Schnurstücke zeichnen die Kinder den gemessenen Körperteil.

Verdoppelte Schnüre

5+

Messen
Basteln

Die Kinder verwandeln einen Holzstab in ein wunderschönes Kunstwerk und lernen dabei gleichzeitig, Längen zu verdoppeln.

Material

- bunte Kordel oder Garn
- Scheren
- Tapetenkleister in einer Schüssel
- ein Rundholz oder einen Stock
- dekorative Materialien, z. B. Federn, Bänder, Knöpfe, Perlen

Anleitung

1. Die Kinder schneiden ein kurzes Stück Garn ab.
2. Dann schneiden sie ein zweites Stück Garn ab, das doppelt so lang ist wie das erste. Dies wird am ersten Garnstück abgemessen (s. Abb.). Sie können dafür auch eine neue Farbe wählen.
3. Nun nehmen die Kinder das zweite Stück und messen damit ein weiteres Stück Garn, das wiederum doppelt so lang ist, wie das zweite usw.
4. Wenn die Kinder einige Garnstücke abgemessen haben, legen sie diese in die Schüssel mit dem Kleister. Die Garnenden sollen nicht kleben und müssen deshalb aus der Schüssel heraushängen.
5. Nun wickeln die Kinder die Garnstücke um den Stock. Dazu nehmen sie das kürzeste Garnstück aus dem Kleister, drücken überschüssigen Kleister am Schüsselrand aus und fangen an, das Garn fest um die Spitze des Stocks zu wickeln, wobei sie die (nicht klebrigen) Garnenden herunterhängen lassen.
6. Nun nehmen die Kinder das nächstgrößere Stück Garn aus der Schüssel und wickeln es mit doppelt so vielen Windungen direkt unterhalb des ersten Stückes um den Stock.
7. Damit fahren sie fort, bis der Stock ganz bedeckt ist oder bis sie mit dem Ergebnis zufrieden sind.
8. Wenn der Kleister getrocknet ist, können die Kinder dekorative Materialien an die losen Garnenden kleben oder knoten.

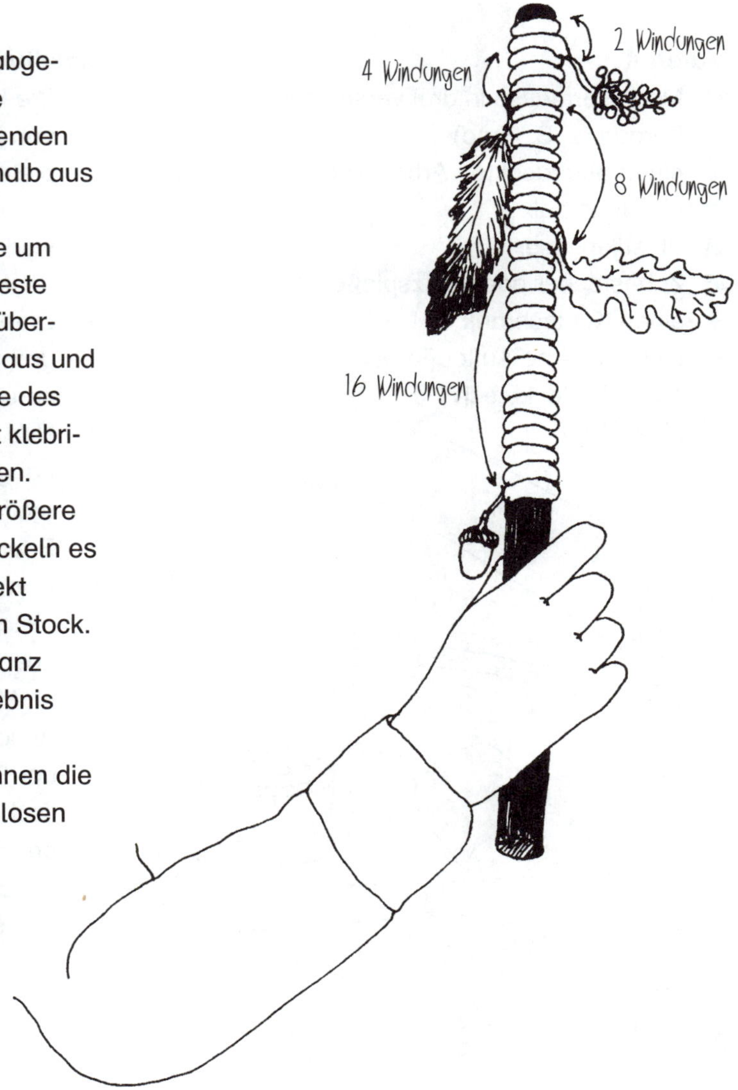

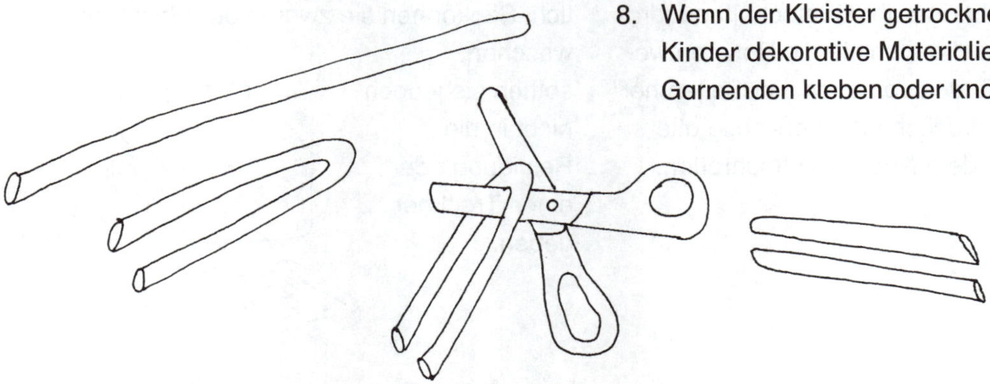

Bunte Knöpfe (für Fortgeschrittene)

Messen
Modellieren

Die Kinder fertigen aus Modelliermasse prächtige Knöpfe an. Dabei muss mehrfach gemessen werden.

Material

- Modelliermasse in drei verschiedenen Farben (z. B. Fimo)
- einen abgedeckten Arbeitstisch
- ein Nudelholz
- Plastikmesser
- Zahnstocher oder Holzspieße
- einen Kühlschrank
- eine gläserne Auflaufform oder ein Backblech
- einen Ofen

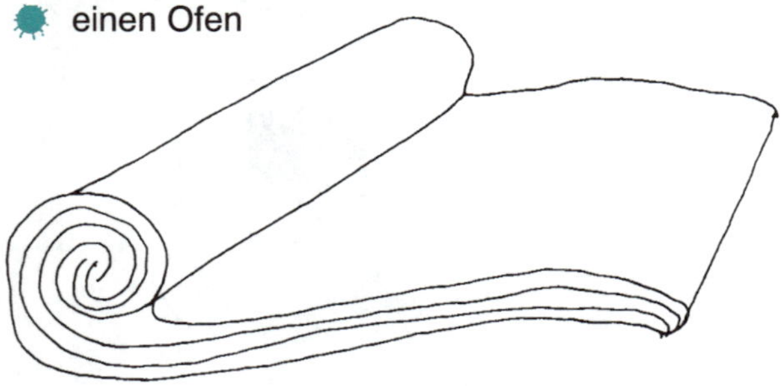

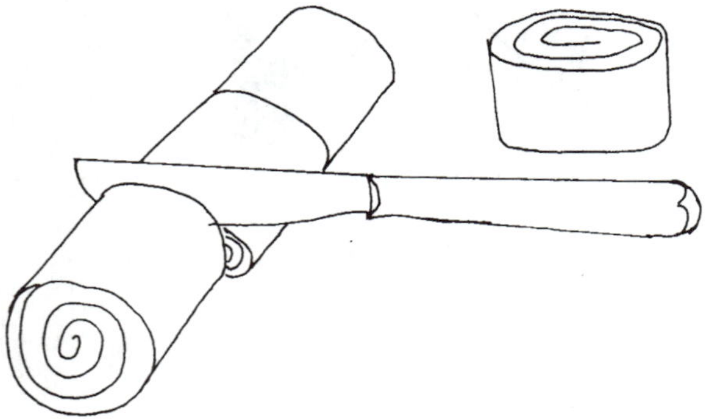

Anleitung

1. Die Kinder nehmen ein Stück Modelliermasse von jeder Farbe und rollen es zu einer Kugel, die etwas kleiner als ein Tischtennisball ist.
2. Dann rollen sie die Kugeln mit einem Nudelholz flach und formen so drei verschiedenfarbige, lange und schmale Rechtecke.
3. Die Rechtecke werden übereinander gelegt und mit dem Messer auf dieselbe Größe zurechtgeschnitten.
4. Nun rollen die Kinder das Rechtecke von der Längsseite her auf. Das Ergebnis ist eine dreifarbige Rolle, die aussieht wie ein Baumstamm (s. Abb.).
5. Nun schneiden die Kinder die Rolle in vier gleich lange Stücke. Am einfachsten geht das, wenn sie die Rolle zunächst halbieren und beide Hälften dann nochmals halbieren.
6. Anschließend flachen die Kinder die Seiten der Rolle so ab, dass ihr Querschnitt quadratisch wird. Dazu können sie die Rolle entweder mit den Händen von allen vier Seiten her auf den Tisch drücken oder vorsichtig alle vier Seiten mit dem Nudelholz flachrollen.
7. Jetzt muss der Modelliermassenblock in den Kühlschrank, bis er fest ist. Dann schneiden die Kinder ihn in Scheiben, die etwa einen halben Zentimeter dick sind. Die Kinder können die erste Scheibe als „Modell" benutzen und alle folgenden Scheiben vor dem Schneiden mit ihr vergleichen.
8. Jetzt müssen nur noch mit dem Zahnstocher zwei Knopflöcher in jede Scheibe gestochen werden. Dann können die Scheiben nach der Anleitung auf der Packung in einer Auflaufform gebacken werden. Lassen Sie die Scheiben nach dem Backen gut abkühlen.
9. Die Kinder können die Knöpfe an ein Hemd, ein Kissen, einen Hut oder ein anderes Kleidungsstück annähen.

Hinweis

Die Knöpfe aus Modelliermasse sind zerbrechlich. Sie können sie zwar in der Maschine waschen, sollten sie jedoch nicht in die Reinigung oder einen Trockner geben.

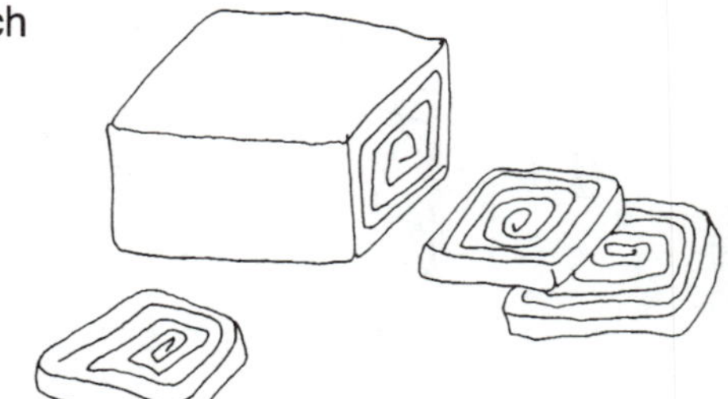

Drahtspiralenschmuck

Die Kinder messen gleich lange Drahtstücke ab und biegen diese zu dekorativen „Perlen“ für eine Kette.

Messen
Basteln

Material

- bunte Drahtreste, z. B. aus altem Telefonkabel (erhältlich auf dem Trödelmarkt oder eventuell bei einer Telefongesellschaft)
- ein quaderförmiges Stück Holz, etwa 15 cm lang und 3 cm breit
- eine Schere (besser: eine Kneifzange) und Klebeband
- Gummiband oder Schnur

Anleitung

1. Die Kinder lösen den bunten Draht aus dem Telefonkabel.
2. Dann schneiden die Kinder den Draht mit einer Kneifzange oder Schere in Stücke, die so lang sind wie das Holzstück (dabei brauchen sie vielleicht Hilfe). Um die Länge abzumessen, ziehen sie ein Stück Draht vom einen Ende des Holzstücks zum anderen und markieren die Länge mit einem kleinen Knick.
3. Wenn die Kinder genügend Drahtstücke abgemessen und abgeschnitten haben (10 bis 20 sind eine gute Anzahl), wickeln sie ein abgeschnittenes Stück Draht sehr fest um das Holzstück oder auch um einen Holzstab oder Bleistift. Dann streifen sie die so entstandene Drahtspirale ab. Dies wiederholen sie mit allen Drahtstücken.
4. Anschließend nehmen die Kinder ein Stück Gummiband oder Schnur, das so lang ist, dass sie es sich über den Kopf streifen können. Darauf fädeln sie die Drahtspiralen als „Perlen“ auf. Damit die Spiralen nicht verrutschen, können sie mit einem Ende am Band festgeklemmt werden.

Hinweis

Bei diesem letzten Arbeitsschritt bekommen die Kinder vielleicht Lust, die Spiralen in einem Muster oder einer besonderen Anordnung zu befestigen. Dann ist es hilfreich, sie vorher auf dem Tisch in der Reihenfolge auszulegen, die gewünscht wird, und dann erst am Gummiband zu befestigen.

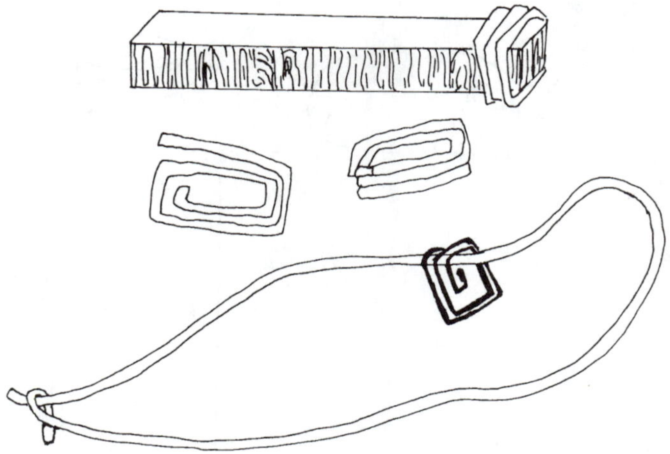

Bunte Kiesel

Wiegen
Malen

Mit der einfachsten aller Waagen – den eigenen Händen – wiegen die Kinder bunt bemalte Steine und vergleichen ihr Gewicht.

Material

- glatte Steine und Kiesel in verschiedenen Größen und Gewichten
- stabile Schachteln mit Deckel
- Temperafarben und Pinsel (Schul-Tempera)
- Nagellack
- Nackellackentferner ohne Aceton

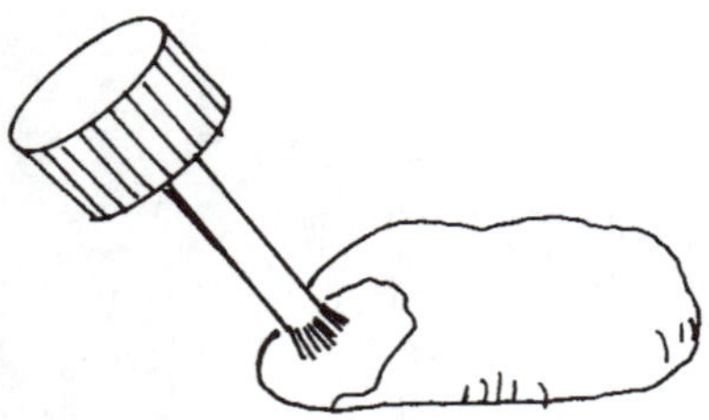

Anleitung

1. Die Kinder malen die Schachtel mit Temperafarbe an und lassen sie trocknen.
2. Währenddessen lackieren sie die Steine mit Nagellack. Zuerst wird nur die eine Seite bemalt und wenn diese trocken ist, auch die andere Seite.
3. Während die Steine trocknen, hilft ein Erwachsener den Kindern, sich mit dem Nagellackentferner die Finger zu reinigen.
4. Dann nehmen die Kinder die Steine in die Hand und fühlen, wie unterschiedlich groß und schwer sie sind. Dabei können sie auch die Augen schließen.
5. Wenn sie mit der Erkundung der verschiedenen Gewichte und Größen fertig sind, legen sie die Steine in die angemalte Schachtel, um sie darin aufzubewahren und immer wieder damit spielen zu können.

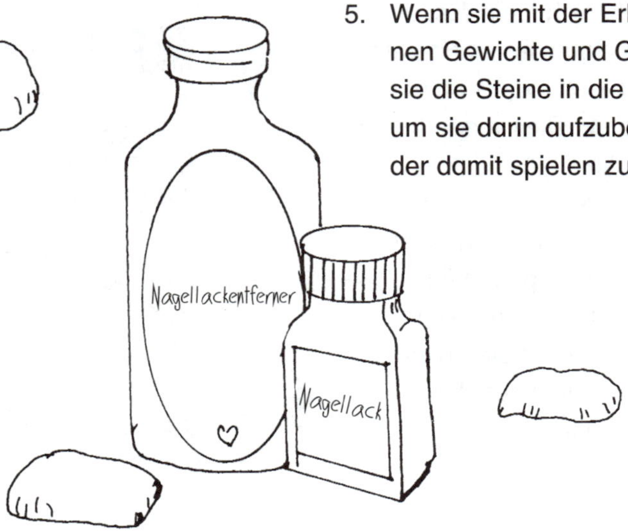

Variationen

- Die Kinder verzieren die Schachtel mit Klebstoff und Konfetti.
- Die Kinder bemalen die Steine mit bestimmten Motiven, z. B. lachenden Gesichtern, Früchten, Fischen, Sternen oder Blumen.
- Die Kinder verwandeln die Steine mit Metallfarbe in Gold- und Silberbarren.

Hinweis

Die Kinder können die bemalten Steine auch zum Zählen, Sortieren und Anordnen benutzen, sie eignen sich für viele Aktivitäten aus diesem Buch.

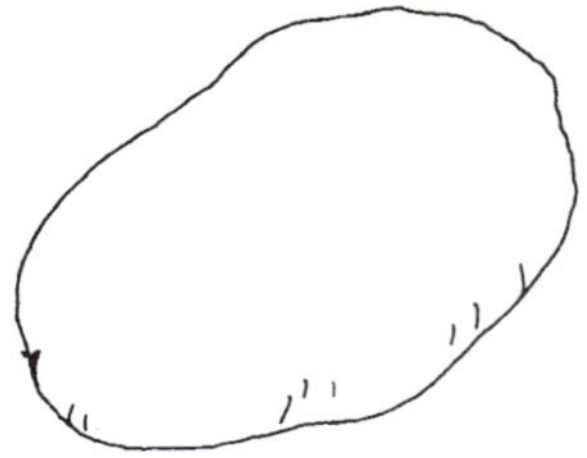

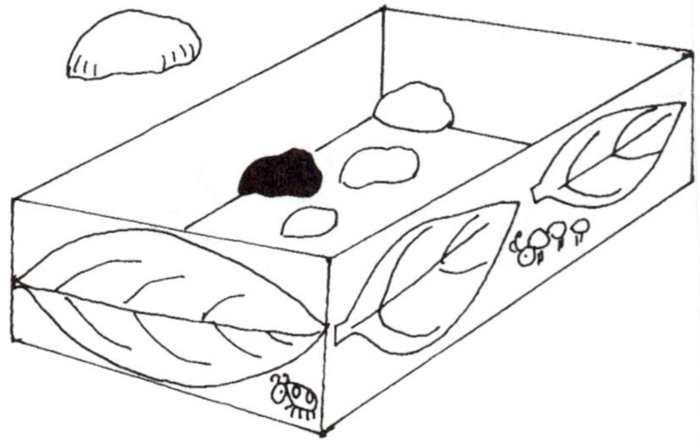

Überraschungsei

5+

Wiegen
Basteln

Bei dieser Aktivität versuchen die Kinder, anhand des Gewichtes den Inhalt von selbst verzierten Plastikdöschen zu erraten. Das macht viel Spaß!

Material

- einen Eierkarton
- Filzstifte oder Wasserfarben
- Plastikdöschen aus Überraschungseiern (oder Filmdöschen)
- Klebstoff und Glitterklebstoff
- Aufkleber und Etiketten
- kleine, unterschiedlich schwere Gegenstände zum Füllen der Eier, z. B. Federn, Muttern und Schrauben, Pfennige, kleine Steine, Sand, Holzspäne, Watte, Perlen

Anleitung

1. Die Kinder verzieren einen Eierkarton mit Filzstiften oder Wasserfarben und stellen ihn dann zunächst beiseite.
2. Sie öffnen die Plastikeier und verzieren die Außenseite jeder Hälfte mit Glitterkleber und Aufklebern.
3. Wenn die Eier getrocknet sind, füllen die Kinder sie mit einer Auswahl kleiner, unterschiedlich schwerer Gegenstände. Einige Kinder wollen vielleicht lieber „diskret" vorgehen, damit niemand weiß, was in den Eiern ist. Dann werden die Eier verschlossen.
4. Nun können die Kinder die Eier in ihren Händen wiegen und die unterschiedlichen Gewichte erkunden. Sie können versuchen, anhand des Gewichts zu raten, was sich im Ei befindet (auch eine Schätzübung!).
5. Um ihre Vermutung zu überprüfen, können die Kinder die Eier anschließend öffnen.
6. Die Eier werden in dem verzierten Eierkarton aufbewahrt.

Variation

- Statt der Plastikdöschen können die Kinder auch kleine Pappbecher benutzen. Sie füllen einen Becher mit kleinen Gegenständen und kleben dann einen zweiten Becher darüber. Die Verbindungsstelle wird mit Tesafilm umklebt. Der Nachteil ist, dass die Becher nicht wieder geöffnet werden können.

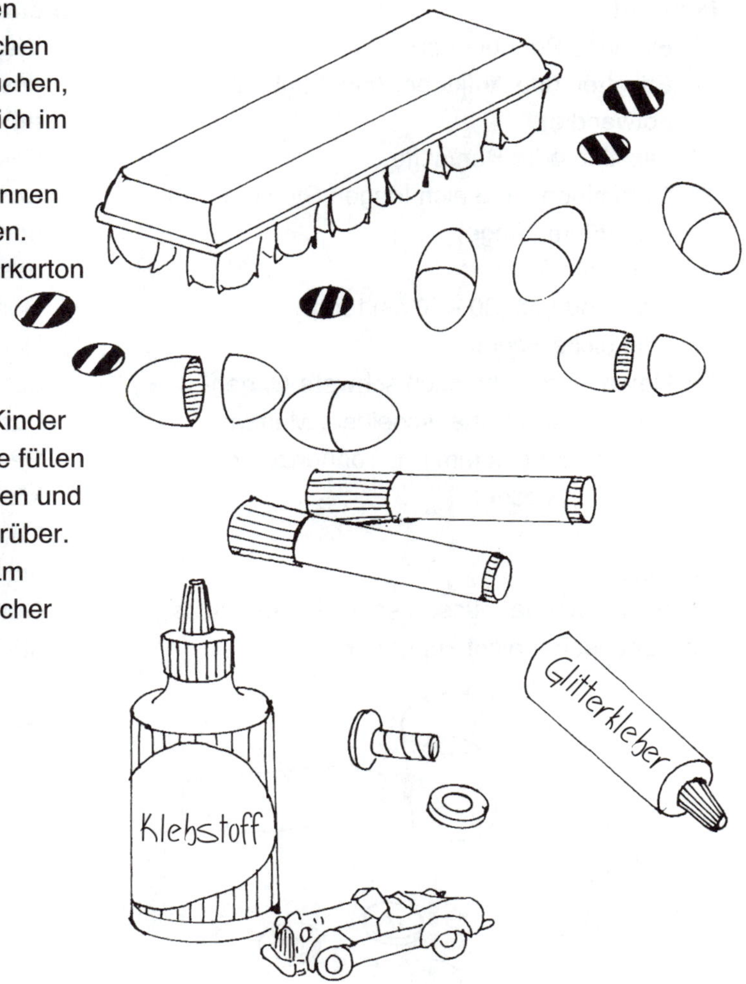

5+

Becherwaage

Wiegen
Basteln

Die Kinder basteln eine „Waage“, mit der sie die Gewichte unterschiedlicher Gegenstände vergleichen können. Dabei können sie auch problemlösende Techniken wie „Vermuten“ oder „Schätzen“ anwenden.

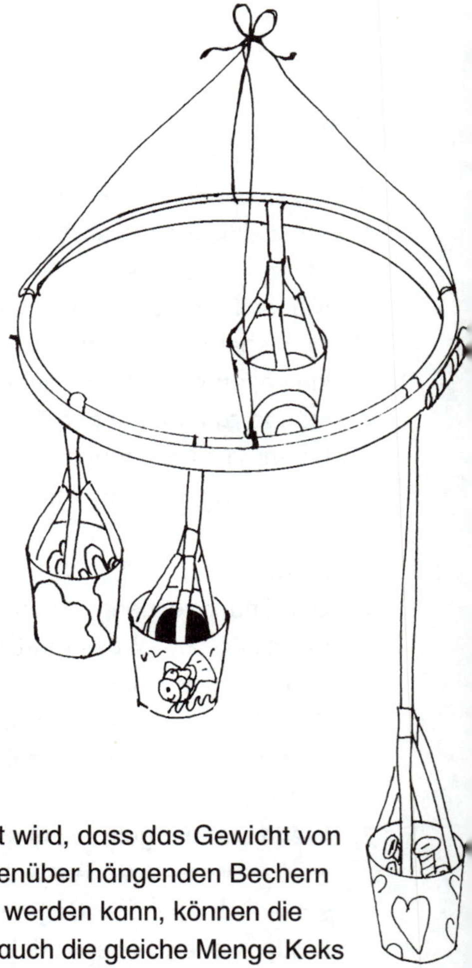

Material

- einfache Pappbecher
- Etiketten und Aufkleber (nicht unbedingt notwendig)
- Filzstifte oder Buntstifte
- Gummiband in gleich langen Stücken (ca. 15 cm Länge)
- Klebeband
- ein Rundholz (30 - 50 cm lang)
- eine dicke Schnur
- kleine, unterschiedlich schwere Gegenstände wie Unterlegscheiben, Muttern, Knöpfe, Büroklammern, Tannenzapfen, Münzen, Kiesel

Hinweis

Die Gegenstände müssen so leicht sein, dass die Pappbecher nicht kaputtgehen.

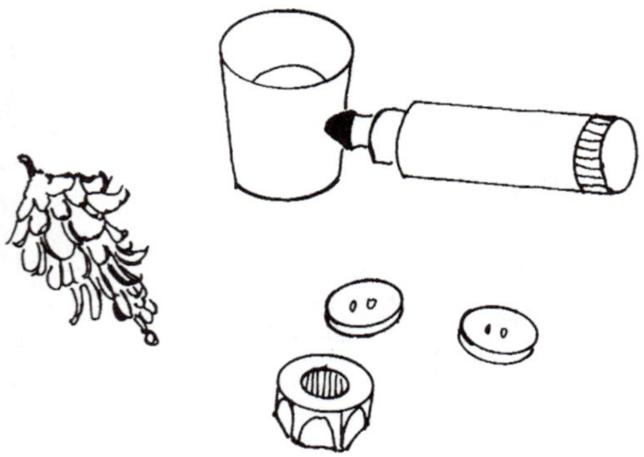

Anleitung

1. Die Kinder verzieren die Pappbecher und das Rundholz mit den Stiften. Wenn sie möchten, können sie auch Aufkleber und Etiketten verwenden.
2. Dann knoten oder kleben sie ein Gummiband an jeden Pappbecher und befestigen dessen anderes Ende an dem Holzstab.
3. Hängen Sie den Holzstab mit der Schnur in Höhe der Kinder an einem Stuhl oder Regal auf. Die „Waage“ muss so niedrig hängen, dass die Kinder bequem Gegenstände in die Becher füllen und wieder herausnehmen können.
4. Nun legen die Kinder kleine Gegenstände in die Becher und können beobachten, wie die Gummibänder vom Gewicht der Gegenstände in den einzelnen Bechern unterschiedlich lang gezogen werden. Welcher Gegenstand ist der schwerste, welcher der leichteste?

Variationen

- Wenn die Becherwaage so aufgehängt wird, dass das Gewicht von zwei sich gegenüber hängenden Bechern ausgependelt werden kann, können die Kinder mit ihr auch die gleiche Menge Keks o. Ä. für zwei Freunde abwiegen.
- Die Kinder können das Gewicht von Gegenständen mit der gleichen Größe untersuchen und vergleichen z. B. einen Wattebausch und eine Murmel.

Hula-Hoop-Mobile

5+

Wiegen
Basteln

Beim Basteln eines Mobiles aus einem Hula-Hoop-Reifen lernen die Kinder etwas über Gewicht und Balance.

Material

- unterschiedlich schwere Gegenstände, z. B. Tannenzapfen, Papprollen, Holzreste, Spielzeug, aufgerolltes Papier, Collagematerialien
- dicke Kordel
- Klebeband
- einen Hula-Hoop-Reifen

Anleitung

1. Die Kinder knoten verschiedene Gegenstände mit Kordeln an den Hula-Hoop-Reifen. Die Schlaufe am Reifen sollte nicht ganz stramm gebunden sein, damit man die Gegenstände noch hin- und herschieben und dadurch ausbalancieren kann.
2. Ein Erwachsener befestigt zwei längere Stücke Kordel als Aufhänger über Kreuz am Reifen (s. Abb.). Die beiden Stücke werden an der Stelle, wo sie sich kreuzen, lose miteinander verknotet.
3. Hängen Sie das Reifenmobile in Höhe der Kinder auf. Die Kinder können nun die Gegenstände um den Reifen herum arrangieren, dabei sollten diese so verteilt werden, dass der Reifen gut ausbalanciert ist.
4. Wenn das Mobile ausbalanciert ist, können die Kordeln an den Reifen geklebt werden, damit sie nicht verrutschen. Danach hängen Sie das Mobile an die Decke, sodass die daran hängenden Gegenstände von der Luft bewegt werden können.

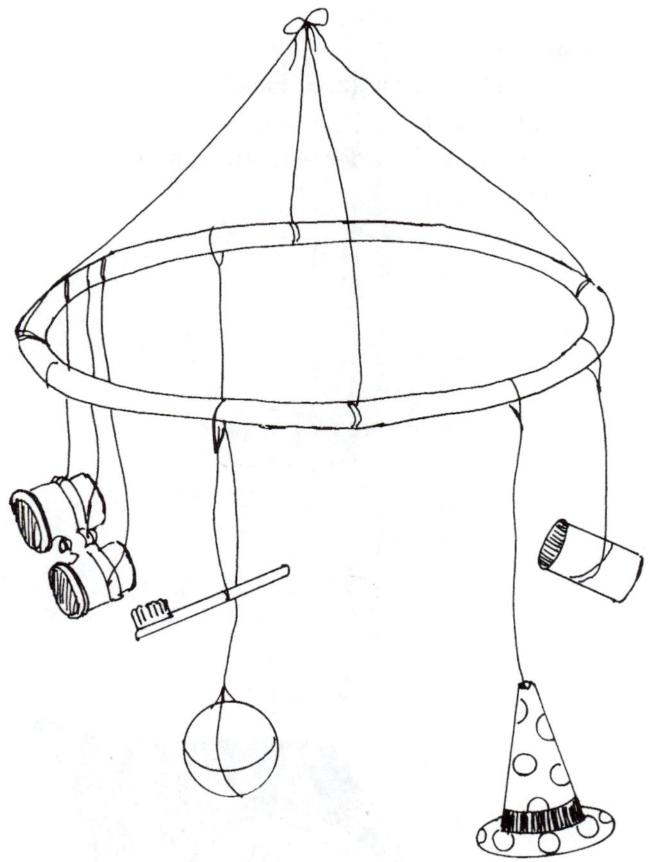

Bunte Knöpfe (für Anfänger)

Schätzen
Modelliermasse

Die Kinder stellen Knöpfe aus Modelliermasse her. Ihr Seh- und Tastsinn hilft ihnen dabei, ähnliche Mengen an Modelliermasse abzuschätzen, damit die Knöpfe ungefähr gleich groß werden.

Material

- Modelliermasse (z. B. Fimo)
- Zahnstocher
- ein Backblech oder eine Auflaufform
- einen Ofen

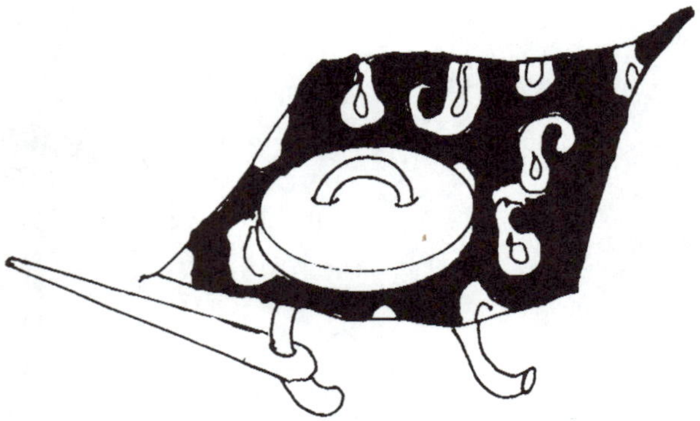

Anleitung

1. Die Kinder nehmen für jeden Knopf ein Stück Modelliermasse und rollen es zu einer etwa murmelgroßen Kugel. Sie können verschiedene Farben benutzen. Damit die Knöpfe gleich groß werden, müssen sie die jeweilige Menge gut abschätzen – es muss immer ungefähr dieselbe Menge sein.
2. Dann drücken sie die Kugel zu einer Scheibe flach.
3. Wenn die Kinder möchten, können sie mit dem Zahnstocher ein Muster in die Scheibe einritzen.
4. Anschließend bohren sie zwei Löcher hinein. So entsteht ein Knopf.
5. Die Knöpfe werden auf ein Backblech gelegt und nach Packungsanleitung im Ofen gebacken, bis sie hart sind.
6. Nun können die Kinder die Knöpfe an ein Hemd, ein Kissen, einen Hut oder ein anderes Kleidungsstück annähen.

Hinweis

Knöpfe aus diesem Material sind zerbrechlich. Sie können sie zwar in der Maschine waschen, aber nicht in die Reinigung oder in den Trockner geben.

Variationen

- Die Kinder können auch bunte Knöpfe anfertigen, indem sie für jede Kugel verschiedene Farben mischen.
- Gedrehte Knöpfe bekommen die Kinder, wenn sie zwei verschiedenfarbige Modelliermassenwürste zusammendrehen. Sie rollen die so entstandene Schnur wie eine Lakritzschnecke auf und drücken sie platt.

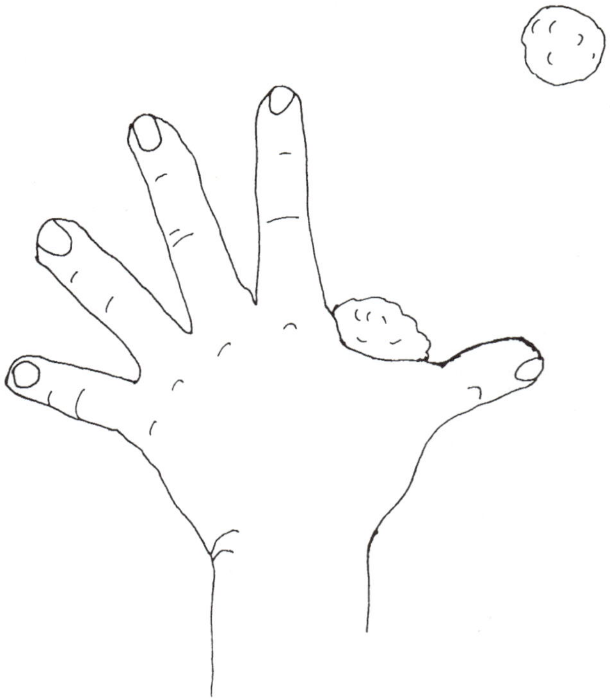

Der Kopf-hoch-Graph

5+

Grafisches Darstellen
Basteln

Die Kinder messen ihre Größen und verbinden die gemessenen Punkte zu einem Graphen. So erfahren sie auf ansprechende Weise gleichzeitig etwas über ihren Körper und über mathematische Darstellungsformen.

Material

- Packpapier
- Aufkleber
- ein Bilderbuch oder ein leichtes, gerades Stück Holz
- Buntstifte
- Garn
- eine Schere
- Klebeband
- Bastelpapier und Klebstoff (nicht unbedingt notwendig)

Anleitung

1. Eine breite Bahn Packpapier wird in Höhe der Kinder senkrecht an die Wand geklebt und ein Kind stellt sich mit dem Rücken dagegen. Ein anderes Kind klebt direkt über dessen Kopf einen Aufkleber auf das Papier, der die Körpergröße anzeigt. Es ist einfacher herauszufinden, wo der Aufkleber hingehört, wenn man dem zu messenden Kind ein leichtes Stück Holz oder ein Bilderbuch auf den Kopf legt. Möglicherweise ist die Hilfe eines Erwachsenen nötig.
2. Wenn das Kind gemessen worden ist, zeichnet es um den Aufkleber ein Bildchen, damit es die eigene Größe später wieder findet. Sie können auch den Namen an den Aufkleber schreiben.
3. Nun werden alle Kinder in der Gruppe nacheinander gemessen. Sie sollten sich so hinstellen, dass die Aufkleber später seitlich etwas versetzt sind. Jedes Kind verziert seinen Messpunkt oder schreibt seinen Namen daran.
4. Anschließend kleben die Kinder das Ende eines langen Garnstücks mit Klebeband an den ersten Aufkleber. Dann ziehen sie das Garn zum nächsten Aufkleber und kleben es dort fest. So verbinden sie nacheinander alle Messmarkierungen.
5. Wenn alle Messpunkte miteinander verbunden sind, kann man an den Wellenbewegungen des Garns die unterschiedliche Größe der Kinder „ablesen" und die Kinder können ihre Größen vergleichen.
6. Zum Abschluss können die Kinder das Packpapier über und unter dem Garn noch mit Buntpapierstreifen, Farbe, Alufolie oder weiteren Aufklebern verzieren.

Hinweis

Vielleicht sind einige Kinder der Meinung, groß sei besser als klein. Sollten Sie dies beobachten, wirken Sie dieser Art Wettstreit und den damit verbundenen Konkurrenzgefühlen bitte entgegen.

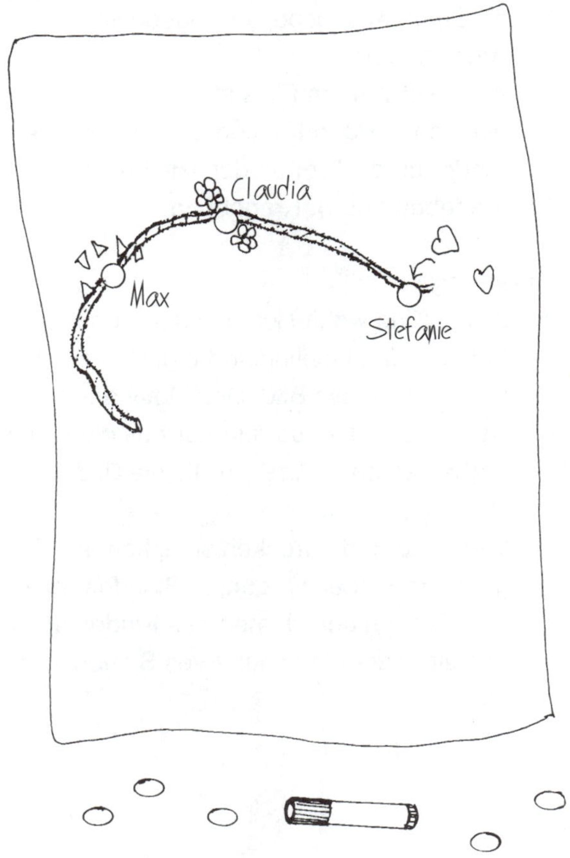

5+

Lieblingsfarben

Grafisches Darstellen
Malen

„Was ist deine Lieblingsfarbe?“ ist eine altbekannte Frage. Die Antwort dient als Grundlage für eine farbenfrohen Aktivität, bei der die Kinder Bilder aus ihren Lieblingsfarben so aufhängen, dass sie erste Erfahrungen mit dem Konzept der grafischen Darstellung sammeln können.

Material

- weißes Papier (DIN A4)
- Wasser- oder Temperafarben (die Lieblingsfarbe eines jeden Kindes sollte dabei sein)
- Pinsel in verschiedenen Größen
- eine mit Zeitungspapier abgedeckte Arbeitsfläche
- einen schwarzen Filzstift
- eine lange Bahn Packpapier (in Höhe der Kinder an die Wand oder Tafel geklebt)
- Klebeband (z. B. Kreppband)

Anleitung

1. Jedes Kind wählt sich aus den Temperafarben seine Lieblingsfarbe und malt mit dieser Farbe ein Bild. Das Motiv des Bildes ist beliebig, aber es darf nur aus dieser einen Farbe bestehen. Lassen Sie die Bilder über Nacht trocknen.
2. Wenn die Bilder trocken sind, können sie gekennzeichnet werden, z. B. indem man mit dem Filzstift den Namen des Kindes darauf schreibt oder ein bestimmtes Symbol darauf malt.
3. Dann hängen die Kinder ein Bild nach dem anderen mit Klebeband an das Papier an der Wand. Sollten mehrere Kinder die gleiche Lieblingsfarbe haben, kleben sie ihre Bilder übereinander (s. Abb.).
4. Wenn alle Bilder neben- und übereinander geklebt sind, können Sie mit den Kindern darüber sprechen, welche Farbe die beliebteste ist und welche die am wenigsten beliebte ist. Überlegen Sie mit den Kindern auch, woran man dies erkennen kann.
   Sie können auch alle Lieblingsfarben, die nur einmal vorkommen, zählen und dann untersuchen, ob diese Zahl höher ist als die Anzahl der Bilder mit der beliebtesten Lieblingsfarbe.

Hinweis

Einige Kinder werden vielleicht zu ermitteln versuchen, welches Bild das beste ist, wessen Lieblingsfarbe von den meisten geliebt wird, wer der beste ist usw. Das ist zwar natürlich, achten Sie aber darauf, dass sich niemenad ausgegrenzt fühlt.

Variation

- Die Kinder können auch eine kleinere Version dieser Art der grafischen Darstellung anfertigen, indem sie Vierecke oder andere Formen aus Buntpapier auf weißes Papier kleben und die gleichfarbigen „Säulen“ je nach persönlicher „Zuneigung“ zu den Farben unterschiedlich hoch machen.

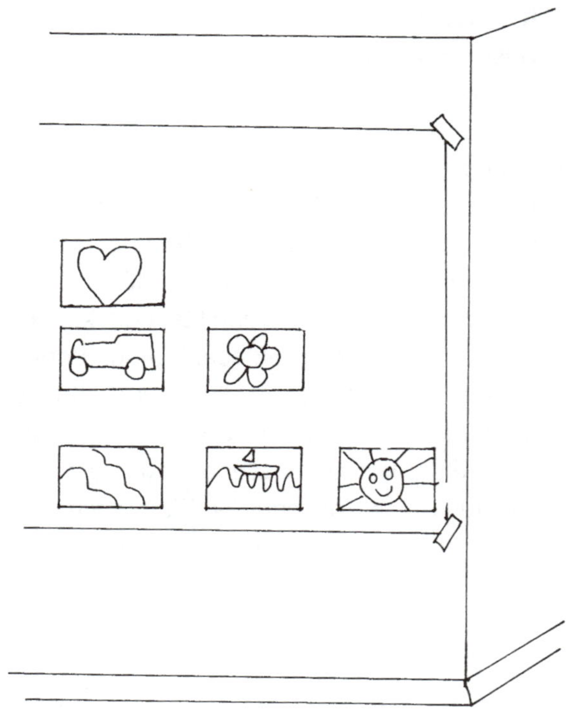

Weniger und mehr

5+

Grafisches Darstellen
Collage

Die Kinder fertigen auf verschiedenen Holzbrettern eine kleine und eine große Collage an und können dabei „wenig“ und „viel“ sinnlich erfahren.

Material

- Holzbretter in verschiedenen Größen
- Klebstoff
- Collagematerialien, die man zählen kann, z. B. Wattebäusche, Korken, Knöpfe, Perlen
- eine mit Zeitungspapier abgedeckte Arbeitsfläche

Anleitung

1. Die Holzbretter werden auf den Tisch gelegt. Die Kinder vergleichen sie und suchen ein kleines und ein großes Brett heraus.
2. Die zählbaren Gegenstände werden ausgebreitet. Die Kinder suchen einige Gegenstände für die Collagen heraus.
3. Nun kleben sie jeweils so viele Gegenstände wie möglich nebeneinander auf das kleine und auf das große Brett. Die Gegenstände müssen gut antrocknen.
4. Dann können Sie mit den Kindern überlegen, welches Brett mehr und welches weniger Gegenstände enthält.

Variation

- Die Kinder bekleben jeweils eine Seite mehrerer unterschiedlich großer Holzstücke mit Collagematerialien. Diese können dann für denselben Vergleich herangezogen werden. Wenn man möchte, kann man die Holzstücke noch auf ein großes Holzbrett aufkleben, auch in einer bestimmten Ordnung, z. B. vom kürzesten zum längsten Holzstück oder von dem mit den wenigsten zu dem mit den meisten Materialien.

Keksgraph

Grafisches Darstellen
Collage

Mit selbst modellierten „Keksen" fertigen die Kinder eine grafische Darstellung an. Dabei werden einige weitere mathematische Fähigkeiten benötigt und gefördert, insbesondere das Zählen, Vergleichen, Sortieren und Messen. Für die Herstellung des Keksgraphen müssen Sie zwei Tage veranschlagen.

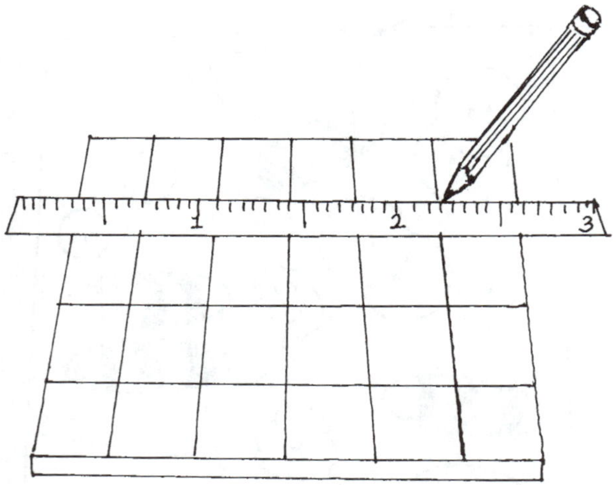

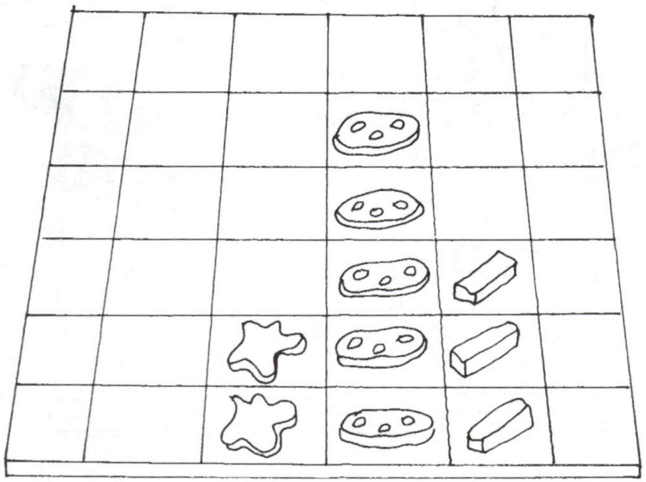

Material

- Modelliermasse
- Collagematerialien zum Verzieren der Kekse (nicht unbedingt notwendig)
- ein großes Stück Packpapier oder Pappe
- Lineal und Filzstift
- Klebstoff
- Buntstifte oder Buntpapier (nicht unbedingt notwendig)

Anleitung

Die „Kekse" herstellen

Einen oder mehrere Tage, bevor die „grafische Aktivität" stattfinden soll, stellen die Kinder eine große Auswahl unterschiedlich geformter „Kekse" aus Modelliermasse her. Die Kekse können vor dem Backen mit Collagematerialien verziert oder nach dem Abkühlen angemalt werden.

Den „Keksgraphen" anfertigen

1. Mit Lineal und Filzstift zeichnet ein Erwachsener ein Gittermuster aus Quadraten (z. B. 10 x 10 cm groß) auf das Papier. Das ganze Papier soll mit diesem Gittermuster bedeckt sein.
2. Die Kinder sortieren die Kekse nach Gemeinsamkeiten und Unterschieden, z. B. nach Formen oder anderen Eigenschaften.
3. Wenn die Kekse in Gruppen eingeordnet sind, kleben die Kinder die erste Gruppe auf das Papier und zwar in einer Reihe. In jedes Quadrat kommt ein Keks.
4. Auf diese Weise werden nacheinander alle Kekssorten auf das Papier geklebt, jede in eine eigene Reihe. Die Reihen werden unterschiedlich lang werden, je nachdem, wie viele Kekse in jeder Gruppe sind (s. Abb.). Der Klebstoff muss gut antrocknen.
5. Wenn alle Keksgruppen aufgeklebt sind, betrachten Sie mit den Kindern das Gesamtbild. Welche Keksgruppe enthält die meisten Kekse? Welche die wenigsten? Woran kann man dies erkennen?
6. Anschließend können die Kinder noch die weißgebliebenen Quadrate mit bunten Farben anmalen oder mit Buntpapier bekleben. Man sollte darauf achten, dass die unterschiedlichen Höhen der Reihen gut erkennbar bleiben.

Musikgraph

5+

Die Kinder stellen mit buntem Krepppapier die hohen und tiefen Töne in einer Melodie grafisch dar. Diese Matheaktivität mit Musik und Bewegung macht viel Spaß!

Grafisches Darstellen
Collage

Material

- Krepppapier in verschiedenen Farben
- eine Schere
- Klebeband, z. B. Krepp- oder Teppichband
- eine freie Wand oder eine Tafel
- ein „Musikinstrument", mit dem man einen hohen und einen tiefen Ton spielen kann, z. B. zwei Klangstäbe, ein Xylophon, zwei mit unterschiedlich viel Wasser gefüllte Gläser und einen Löffel, eine Blockflöte

Anleitung

1. Schneiden Sie Streifen von dem Krepppapier ab. Jedes Kind sollte eine andere Farbe bekommen (wenn einige Kinder die gleiche haben, macht dies aber auch nichts).
2. An jeden Krepp-Streifen kommt ein Stück Klebeband, sodass die Kinder ihn später an die Wand kleben können.
3. Spielen Sie den Kindern nun eine kurze Melodie aus zwei verschiedenen Tönen, einem hohen und einem tiefen, vor. Die Kinder hören sich die Melodie mehrmals an, wobei Sie jedes Mal dieselbe Tonabfolge spielen.
4. Wenn die Kinder mit der Melodie genügend vertraut sind, kleben sie während des erneuten Hörens bei jedem hohen Ton ein Stück Krepppapier hoch oben an die Wand und bei jedem tiefen Ton ein Papierstück tief unten. Die Kinder können sich abwechseln oder auch alle gleichzeitig kleben.
5. Anschließend können Sie den „Krepppapiergraphen", der die Höhen und Tiefen in der Melodie anzeigt, mit den Kindern betrachten. Hat die Melodie mehr hohe oder mehr tiefe Töne?
6. Zum Schluss spielen Sie den Kindern die Melodie noch einmal vor und diese können dabei den Graphen anschauen.

Variationen

- Für geübtere Kinder kann die Melodie aus mehr als zwei Tönen bestehen, z. B. einem hohen, einem tiefen und einem mittleren.
- Die Kinder können auch einen kleineren Graphen herstellen. Dazu kleben sie Buntpapier oder Garn auf ein auf dem Tisch ausgebreitetes Blatt Papier oder malen Punkte auf einen Papierbogen.

5+

Papierkettengraph

Grafisches Darstellen
Basteln

Die Kinder stellen mit unterschiedlich langen Papierketten eine graphische Darstellung her und bekommen so eine konkrete Vorstellung von größeren und kleineren Mengen.

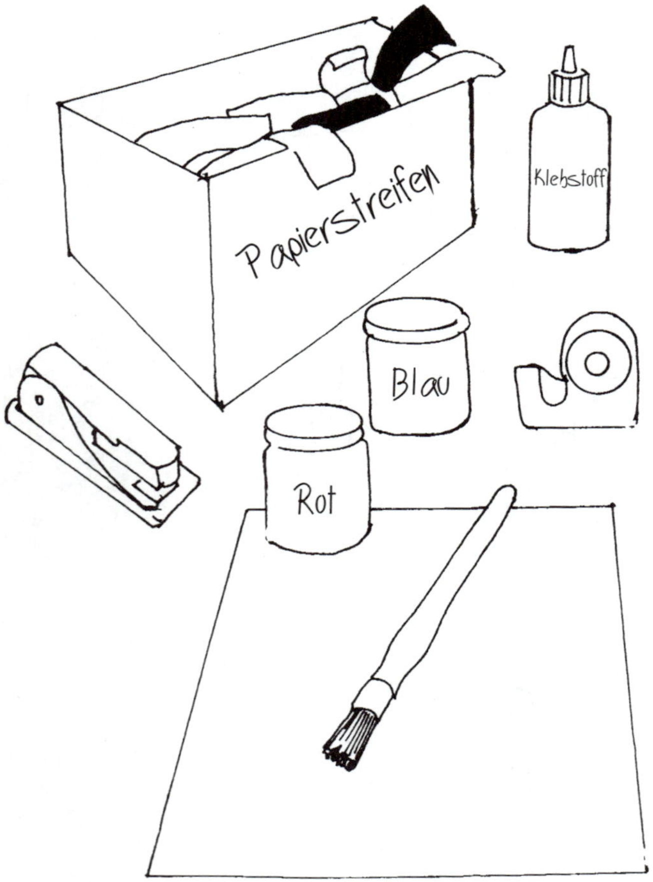

Material

- verschiedenfarbige Papierstreifen (alle in derselben Länge)
- eine Schachtel
- Klebeband, Klebstoff oder einen Hefter
- Plakatkarton als Untergrund
- Wasserfarben und Pinsel

Anleitung

1. Ein Erwachsener füllt bunte Papierstreifen mit ungefähr gleicher Länge (z. B. 10 cm) in die Schachtel. Es sollten insgesamt nicht mehr als zwanzig Streifen einer Farbe und nicht mehr als fünf Farben sein. Achten Sie darauf, dass von jeder Farbe unterschiedlich viele Streifen vorhanden sind. Zählen Sie z. B. fünf rote Streifen, vierzehn gelbe, zwei blaue und zehn grüne Streifen ab. Die Kinder können die Zahlen auch vorgeben.
2. Dann sortieren die Kinder die Papierstreifen und legen sie nach ihren Farben geordnet auf den Tisch.
3. Nun stellen die Kinder aus jeder Farbe eine Papierkette her. Dazu werden die Streifen zu ineinander hängenden Schlaufen zusammengeklebt oder -geheftet.
4. Die Kinder kleben die fertigen Ketten an den oberen Rand des Plakatkartons. Wenn die Ketten herabhängen, werden ihre unterschiedlichen Längen deutlich sichtbar. **Hinweis:** Die Ketten können auch der Länge nach sortiert werden, bevor die Kinder sie aufkleben.
5. Anschließend können die Kinder die Zwischenräume zwischen den Ketten noch anmalen.
6. Betrachten Sie den Kettengraphen mit den Kindern und finden Sie heraus, welche Ketten die meisten oder wenigsten Glieder haben.

Variationen

- Anstelle von Ketten können die Kinder die Streifen auch nach Farben sortiert in einer anderen (immer gleichen) Anordnung auf den Karton kleben. Auch so kann man die Anzahl der Streifen jeder Farbe vergleichen.
- Die Kinder stellen Graphen aus anderen vorher abgezählten Materialien her, z. B. aus Buntpapier, Wattebäuschen, Blättern, Tannenzapfen, Kieseln, Aufklebern und Etiketten.

Zeitzählbild

5+

Zeit
Malen

Wenn Kinder bis zu einer bestimmten Zahl zählen können (nicht unbedingt bis zehn), dann können sie damit Zeitspannen vergleichen. Hier wird auf dieser Grundlage ein „Zeitzählbild“ angefertigt.

Material

- Buntstifte
- große Bögen Zeichenpapier
- Klebeband

Anleitung

1. Die Kinder arbeiten in Paaren. Kleben Sie für jedes Paar ein großes Blatt Zeichenpapier auf den Tisch.
2. Nach „Achtung, fertig, los!“ beginnt das jüngere Kind, mit den Buntstiften zu kritzeln oder zu malen, während der Partner in normaler Geschwindigkeit bis zehn zählt.
3. Wenn der Partner bei zehn angekommen ist, sagt er: „Die Zeit ist um!“ und das Kind hört mit dem Malen auf.
4. Dann können die Rollen getauscht werden, und das zweite Kind malt das Bild weiter oder ein eigenes Bild, während das erste Kind bis zehn zählt.
5. Die Kinder können sich noch beliebig oft abwechseln, bis sie mit ihrem „Zeitzählbild“ zufrieden sind.

Variationen

- Wenn das eine Kind nicht bis zehn zählen kann, nehmen Sie die Zahl, bis zu der es zählen kann. Das Kind kann auch mehrere Male bis zu dieser Zahl zählen.
- Wenn ein Kind nicht aufhören will zu zeichnen, nachdem die Zeit abgelaufen ist, können längere Zeitspannen ausgemacht werden Die Kinder können auch vereinbaren, dass in einem solchen Fall einfach weiter gezählt wird. Schließlich soll die Aktivität Spaß machen!
- Die Kinder können weitere Techniken mit dem „Zeitzählen“ verbinden, z. B. malen mit Wasserfarben, modellieren, eine Skulptur basteln usw.

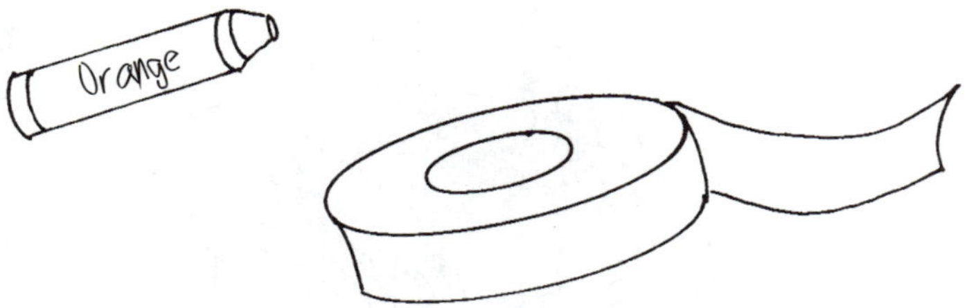

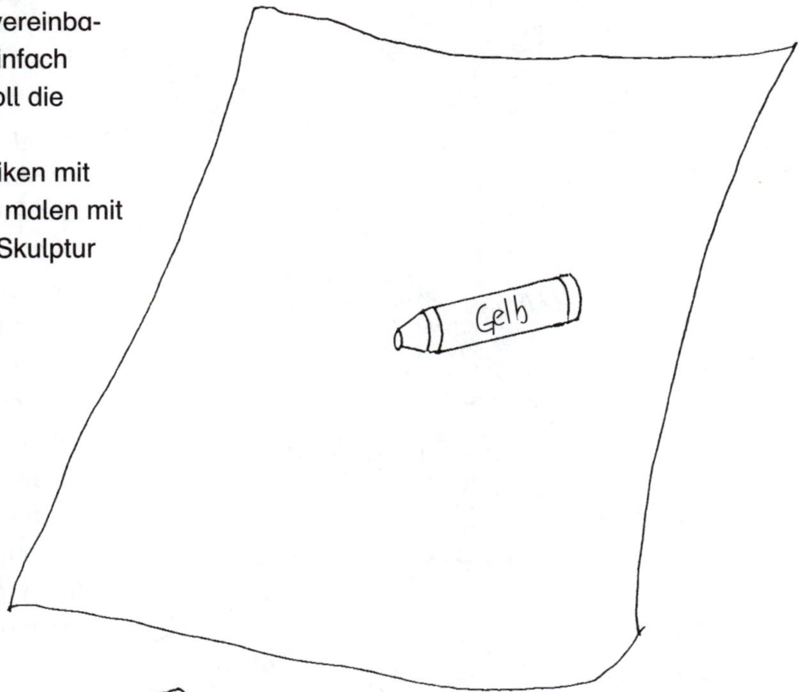

5+

Zeit
Basteln

Portfolio mit Bildern

In einem selbst gestalteten Portfolio können die Kinder ihre Zeichnungen und Bilder über einen längeren Zeitraum hinweg sammeln und sehen, wie sich ihre künstlerischen Fähigkeiten entwickeln. Gleichzeitig haben sie eine bleibende Erinnerung an die Erlebnisse und Erfahrungen, die sie auf den Bildern dargestellt haben.

Material

- eine Pappschachtel mit Deckel (z. B. ein Schuhkarton)
- einzelne große Pappstücke
- große Etiketten
- Bilder und Zeichnungen, die im Portfolio gesammelt werden sollen
- Aufkleber (nicht unbedingt notwendig)
- Bunt- oder Filzstifte
- Klebstoff

Anleitung

1. Die Kinder können die Schachtel mit Bildern oder Aufklebern verzieren oder auch Papierdekorationen oder Zeichnungen aufkleben. Dann werden die Schachteln zunächst beiseite gestellt.
2. Nun breiten die Kinder die Bilder aus, die in das Portfolio hinein sollen.
3. Auf die Rückseite jedes Bildes wird ein Etikett geklebt, auf dem notiert wird, in welchem Alter oder zu welchem Zeitpunkt das Bild angefertigt wurde.
   Wenn möglich, sollten die Kinder diese Information selbst auf das Etikett schreiben.
4. Dann werden die Bilder geordnet: z. B. das älteste an den Anfang, das neueste ans Ende (oder umgekehrt).
5. Nun werden die Pappstücke so zurechtgeschnitten, dass sie als Trennwände in das Portfolio passen. Die Kinder (oder ein Erwachsener) schreiben auf die einzelnen Pappstücke die verschiedenen Altersstufen. Danach können die Pappstücke noch verziert werden.
6. Die Trennwände werden in die Schachtel gesteckt und die Bilder in die entsprechenden Abteilungen hineingelegt.
7. Mit der Zeit können die Kinder weitere Abteilungen mit Bildern hinzufügen und immer wieder zurückblicken und sich an den Fortschritten, an den Erinnerungen und auch ganz einfach an den Bildern erfreuen.

Variationen

- Die Kinder benutzen für das Portfolio ein Album und kleben die Bilder auf die verschiedenen Seiten.
- Sie fotografieren die Bilder und die Kinder sammeln die Fotos in ihrem Portfolio.

Bild durch dick und dünn

Zeit
Malen

Die Kinder stellen Bilder her, indem sie Farbe durch Löcher in Pappbechern auf das Papier tropfen lassen. Dabei können sie Erfahrungen mit der unterschiedlichen Dauer von Ereignissen sammeln.

Material

- Zeitungspapier und Klebeband zum Abdecken der Arbeitsfläche
- Pappbecher
- verdünnte Temperafarben in kleinen Behältern (Schul-Tempera)
- Geräte zum Stechen unterschiedlich großer Löcher, z. B. Stopfnadeln, Bleistifte, Zahnstocher, Holzspieße
- Papier
- eine Eieruhr
- eine Plastikschüssel oder -wanne

Anleitung

1. Bedecken Sie die Arbeitsfläche mit Zeitungspapier. Kleben Sie das Papier am Tisch fest, damit es nicht rutscht.
2. Vermischen Sie die Temperafarben in kleinen Behältern mit Wasser, bis sie sehr dünnflüssig sind. Mischen Sie so viele Farben, wie die Kinder mögen.
3. Nun nehmen die Kinder drei Pappbecher und bohren in den Boden jeweils ein Loch (dabei kann ein Erwachsener helfen). Die drei Löcher sollten verschiedene Größen haben. Dies erreicht man z. B., wenn man eine Stopfnadel, einen Zahnstocher und einen Bleistift nimmt.
4. Auf der Außenseite der Becher wird Klebeband über die Löcher geklebt.
5. Dann gießen die Kinder in jeden Becher etwas Farbe. Alle Becher sollten die gleiche Menge Farbe enthalten, aber nicht unbedingt die gleiche Farbe.
6. Auf den Tisch kommen nun eine Eieruhr, ein Blatt Papier für das Bild und einer der Farbbecher. Ein Erwachsener stellt die Eieruhr für den Anfang auf drei Minuten ein.
7. Die Kinder entfernen das Klebeband und lassen die Farbe aus dem Loch laufen, während sie den Becher hoch über dem Papier hin- und herbewegen. Wenn die Eieruhr klingelt, rufen die Kinder „Die Zeit ist um!“ und stellen den Becher in die Schüssel.
8. Die Kinder können nun zunächst betrachten, wie viel Farbe ausgelaufen ist und welches Bild daraus entstanden ist.

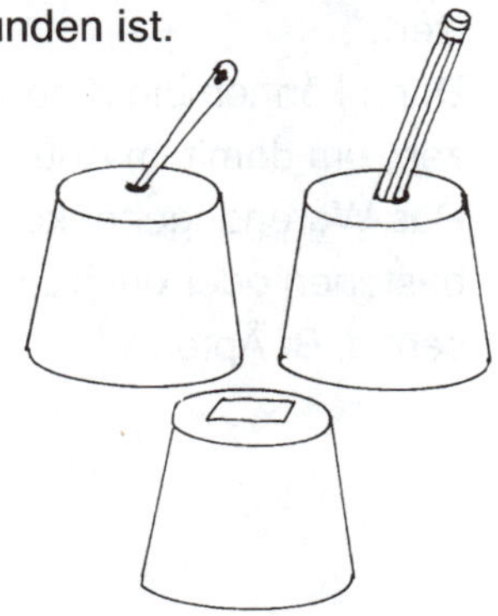

9. Anschließend wiederholen sie diesen Vorgang mit den anderen Pappbechern. Für jeden Becher benötigt man ein neues Blatt Papier.
10. Wenn die Kinder jeden Pappbecher benutzt haben, vergleichen sie die Bilder. Dabei können sie auch überlegen, welchen Einfluss der unterschiedliche Durchmesser der Löcher hat.

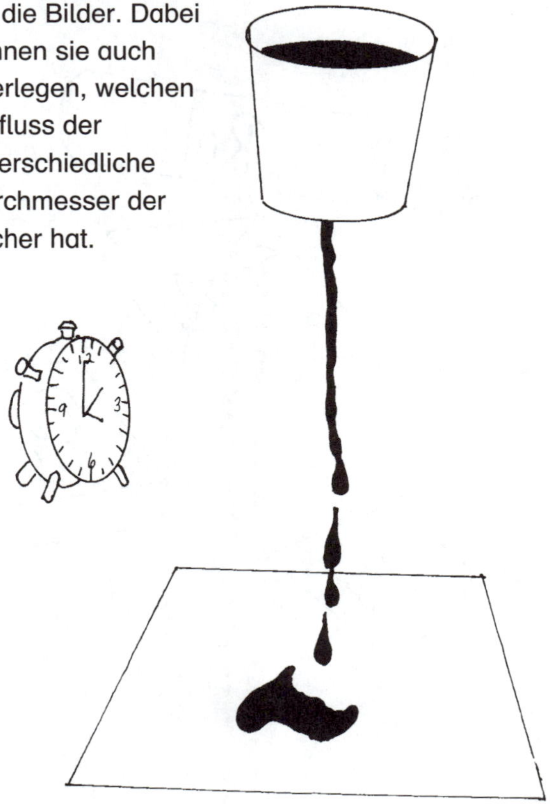

5+

Geld
Malen

Leichtes Geld

Die Kinder basteln aus Fliesen eigenes Geld, mit dem sie im Kaufladen einkaufen können. Sie vollziehen einen wichtigen Schritt, wenn sie erkennen, dass es nicht unbedingt darauf ankommt, möglichst viele Fliesen zu haben, sondern dass deren Wert die entscheidende Rolle spielt.

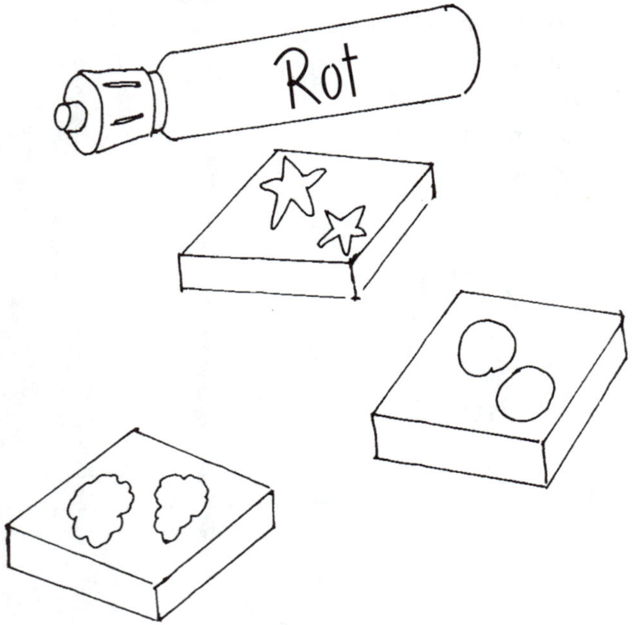

Material

- kleine Fliesen (ca. 3 x 3 cm groß)
- wasserfeste Filzstifte
- eine mit Zeitungspapier abgedeckte Arbeitsfläche
- eine Schachtel, einen Korb oder eine Tasche zum Aufbewahren des Geldes
- einen Kaufladen

Anleitung

1. Breiten Sie die Fliesen auf dem Tisch aus.
2. Die Kinder bemalen jede Fliese mit Symbolen, die ihren Wert angeben. Wenn ein Kind z. B. zwei Punkte auf eine Fliese malt, ist sie zwei Mark wert. Wenn es zwei Sterne malt, ist sie ebenfalls zwei Mark wert. Wenn es drei rote Kreise darauf malt oder drei blaue Vierecke, dann ist sie drei Mark wert.
3. Dann können die Kinder die Fliesen benutzen, um damit im Kaufladen einzukaufen. Das Warenangebot kann aus Spielzeug bestehen oder auch „echte Produkte“ umfassen, z. B. Äpfel.

Variation

- Die Kinder stellen Spielzeuggeld aus Modelliermasse her. Sie können es im Kaufladen benutzen, sobald es gebacken oder luftgetrocknet ist.

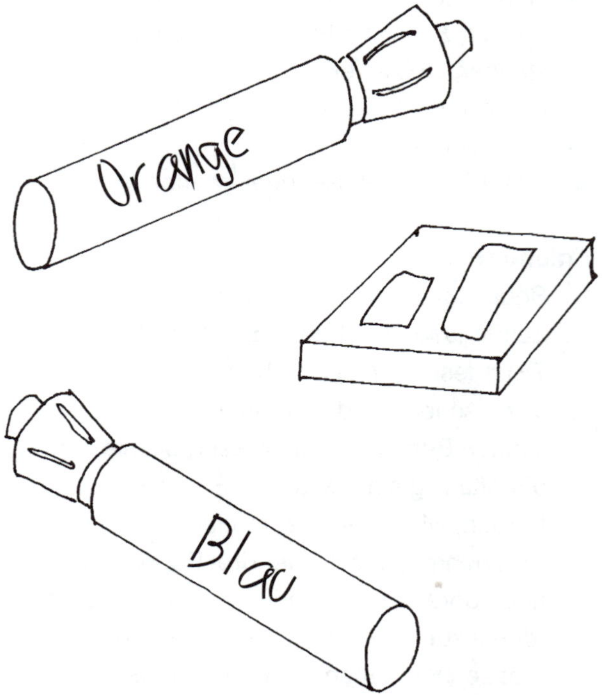

Münzen-Rubbelbild

5+

Geld
Rubbeln

Die Kinder fertigen von Münzen Rubbelbilder an, die anschließend auf einem Fotokopierer vergrößert werden. So sehen die Kinder die Münzen in neuer Detailgenauigkeit.

Material

- unterschiedliche Münzen (in- und ausländische)
- dicke Buntstifte
- weißes Papier
- Klebeband
- einen Fotokopierer

Anleitung

1. Die Kinder kleben eine Münze mit der Unterseite auf den Tisch – entweder mit Teppichklebeband oder mit normalem Klebeband, das sie vorher zu einer Schlaufe gelegt haben.
2. Dann legen sie ein weißes Blatt Papier über die Münze, auch dieses können sie am Tisch festkleben.
3. Nun tasten die Kinder, wo die Münze liegt, und rubbeln dort mit einem Buntstift über das Papier. Sie sollten vorsichtig und sorgfältig rubbeln, damit der Wert und der Rand der Münze deutlich sichtbar werden.
4. Anschließend heben die Kinder das Papier an und entfernen die Münze. Dann legen sie eine andere Münze auf den Tisch und das Papier darüber, aber so, dass das neue Rubbelbild nicht über dem alten erscheint. Nun fertigen sie ein Rubbelbild der zweiten Münze an.
5. Die Kinder rubbeln weitere Münzen auf ihr Bild, bis sie damit zufrieden sind.
6. Nun wird das Münzrubbelbild in verschiedenen Vergrößerungsstufen fotokopiert.

Hinweis

Es kann passieren, dass das Papier beim ersten Rubbelversuch reißt, aber mit etwas Übung geschieht dies nicht mehr.

Variationen

- Die Kinder schneiden die Münzen aus und kleben sie auf Buntpapier.
- Die Kinder malen die kopierten Münzen farbig an und schneiden sie dann aus.
- Die Kinder schneiden die gerubbelten Münzen aus und verwenden sie für eine Collage, die den Wert der Münzen, ihre Gestaltung oder ihre Herkunftsländer zum Thema hat.

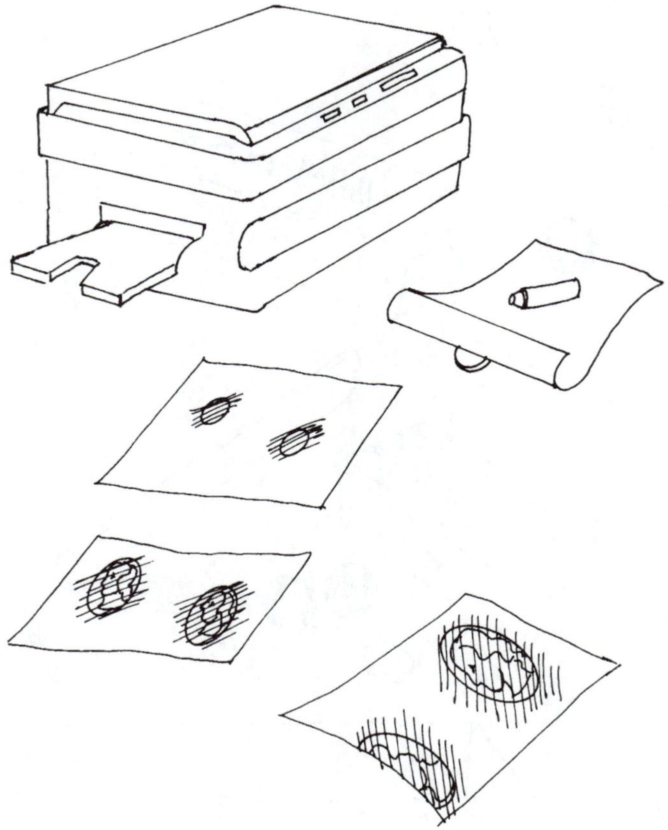

Geld Modellieren

Krabbelgeld

Mit dieser Aktivität macht das Erlernen des Umgangs mit Geld Spaß, weil die Kinder ihr eigenes Geld zum Üben entwerfen. Sie legen fest, wie das Geld aussieht, in welche Einheiten es eingeteilt ist und wie die „Tauschkurse“ zwischen den Einheiten sind. Zusätzlich bestimmen sie die Preise für die Artikel in einem Naturladen.

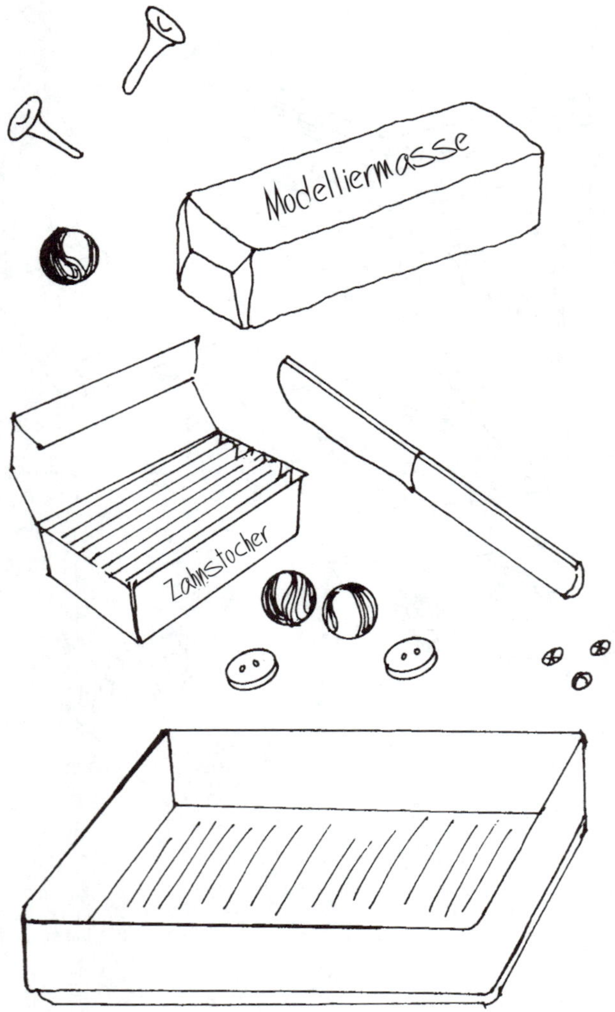

Material

- Modelliermasse (z. B. Fimo)
- einen Ofen
- eine gläserne Auflaufform oder ein Backblech
- Plastikmesser
- Zahnstocher oder Holzspieße
- Naturmaterialien (draußen gesammelt)

Anleitung

Das „Krabbelgeld“ basteln:

1. Die Kinder nehmen kleine Stücke Modelliermasse, rollen sie zu Kugeln und legen sie auf den Tisch. Sie sollten Modelliermasse in drei bis fünf verschiedenen Farben verwenden.
2. Wenn sie viele, kleine Kugeln zusammen haben, sortieren sie sie nach der Farbe.
3. Dann verwandeln sie die Modelliermassekugeln in kleine Tiere, z.B. in Igel, Käfer, Würmer oder Raupen, indem sie Beine, Fühler, Flügel u.Ä. ergänzen oder auch mehrere Kugeln aneinander drücken. Sie können auch mit einem Zahnstocher Zeichnungen in die Kugeln ritzen.
4. Die Tiere werden nach Gebrauchsanweisung gebacken.

Den Geldwert festlegen:

Nun entscheiden die Kinder, welchen Wert jede einzelne Münzsorte (d. h. Tierart) haben soll. Die Werte und Tauschkurse können auch auf einer Liste festgehalten werden, z. B.

2 Käfer = 1 Wurm
2 Igel = 1 Käfer
(4 Igel = 2 Käfer = 1 Wurm)
2 Raupen = 1 Igel
(8 Raupen = 4 Igel = 2 Käfer = Wurm)

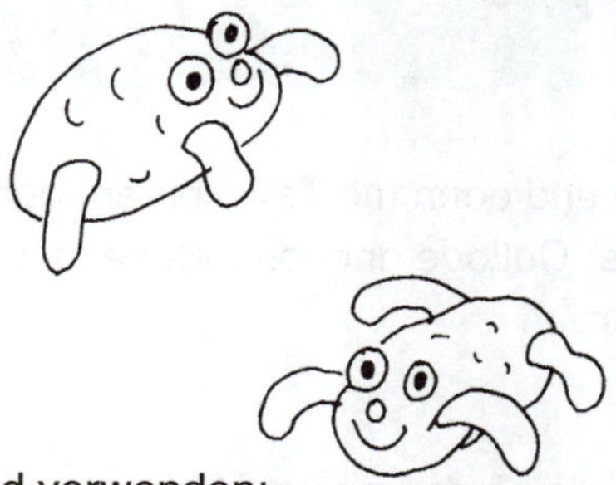

Das Geld verwenden:

1. Die Kinder eröffnen ein kleines Geschäft, in dem sie mit ihrem „Geld“ Dinge erwerben können, die sie draußen gesammelt haben, z. B. Tannenzapfen, gepresste Blätter, Kiesel, Steine, Gräser, getrocknete Blumen, Muscheln.
2. Dann entwerfen die Kinder Preisschildchen, indem sie Symbole des Geldes auf kleine Anhänger malen. Eine Muschel z. B. könnte zwei Käfer oder einen Wurm kosten.
3. Jeder sollte eine Schachtel oder ein Glas haben, um darin sein Geld in den Laden mitzunehmen.

Variationen

- Anstatt die verschiedenen Tierfiguren komplett zu modellieren, können die Kinder sie auch nur mit Zahnstochern in „Taler“ aus Modelliermasse einritzen. Dieses Geld hat den Vorteil, dass es nicht so leicht auseinanderbricht.
- Eine einfachere Aktivität ist es, nur die Münzen zu entwerfen und dann direkt „Einkaufen“ zu spielen, ohne den einzelnen Geldstücken verschiedene Werte zuzuweisen. Dabei kann auch mit Produkten gehandelt werden, die nur in der Vorstellung der Kinder vorhanden sind.

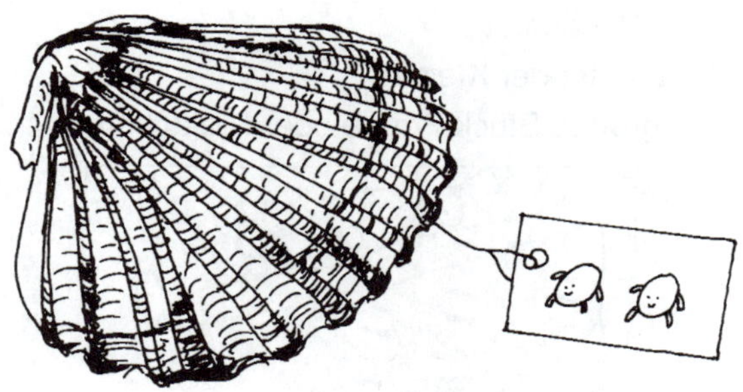

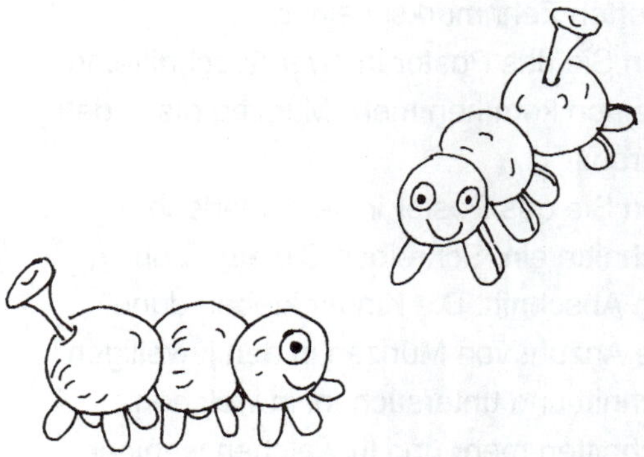

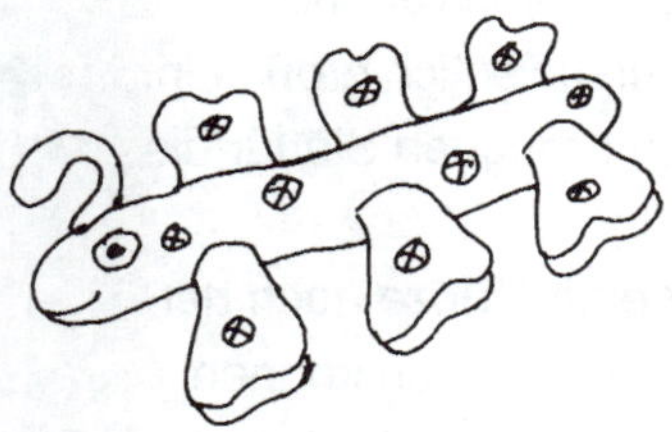

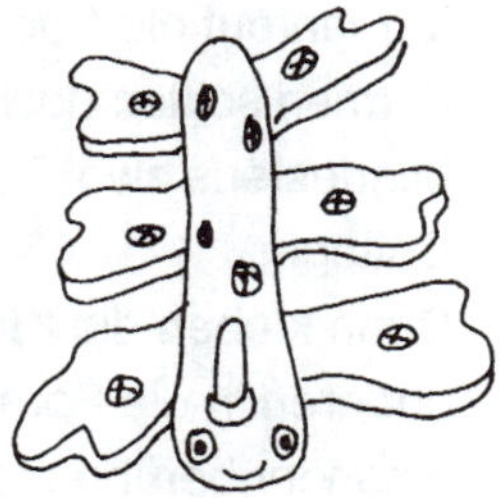

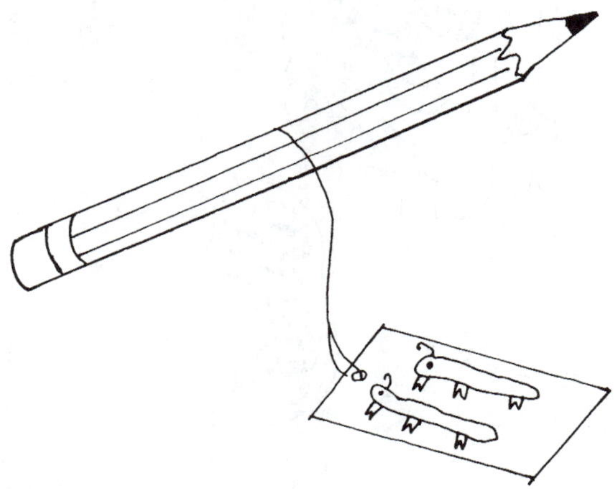

Die Geldcollage

Geld Collage

Vergrößerte Kopien von Münzen können leicht ausgeschnitten und dann mit Textmarkern oder Buntstiften angemalt werden. Anschließend werden sie zu einer Collage angeordnet, bei der es darum geht, unterschiedliche Mengen von Münzen darzustellen.

Material

- Münzen
- einen Fotokopierer (wenn möglich mit Vergrößerungsfunktion)
- Textmarker, Filz- und Buntstifte
- Scheren
- eine Schachtel
- Klebstoff oder Kleister
- ein großes Stück Pappe oder Plakatkarton

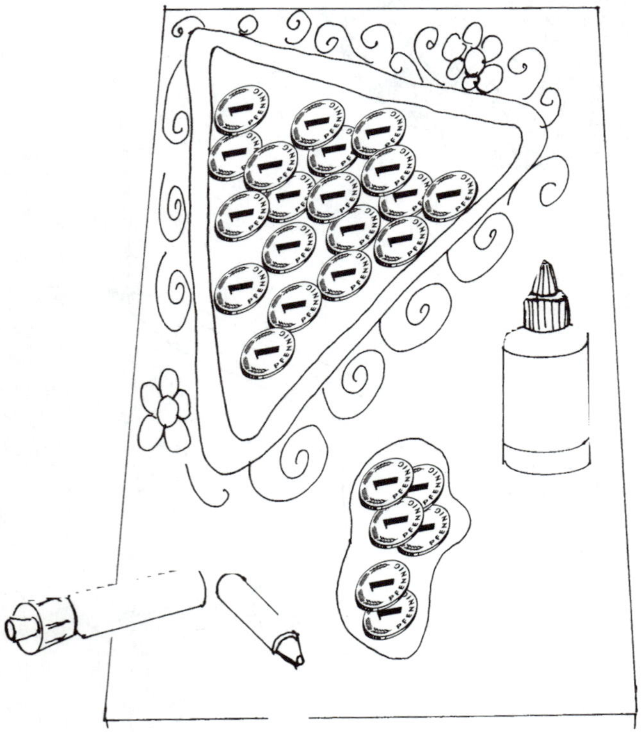

Anleitung

1. Ein Erwachsener fertigt auf dem Fotokopierer Vergrößerungen von Münzen an (eine Vergrößerung um 12 % eignet sich am besten). Wenn Sie keinen Fotokopierer haben, ziehen Sie die Umrisse von Gläserdeckeln auf einem Blatt Papier nach und schreiben groß 1 Pf in jeden Kreis. Die Münzen können zwar auch in normaler Größe fotokopiert werden, es ist für die Kinder dann aber schwieriger, sie auszuschneiden.
2. Anschließend malen die Kinder die vergrößeren Münzen mit Textmarkern, Bunt- oder Filzstiften an. Je mehr Münzen sie anmalen, desto lebhafter und bunter wird die Collage.
3. Die Kinder schneiden die bunten Münzen aus und legen sie in die Schachtel.
4. Breiten Sie die Pappe auf dem Boden aus.
5. Die Kinder (oder Sie) zeichnen große Formen wie Kreise, Vierecke, Dreiecke oder Fantasieformen auf die Pappe. Die verschiedenen Formen sollten auch unterschiedlich groß sein. Mindestens zwei Formen brauchen Sie für die Collage.
6. Dann kleben die Kinder eine Münze nach der anderen in die Formen. Die Münzen können einander berühren oder ein wenig überlappen. Sie sollten versuchen, die Formen vollständig zu füllen.
7. Wenn die Kinder mit der Münzcollage zufrieden sind, zählen sie die Münzen in den einzelnen Formen.
8. Dann malen sie mit den Textmarkern (oder mit anderen Stiften oder Farbe und Pinsel) bunte Bilder und Muster um die Formen, in die sie die Münzen geklebt haben. Große Formen mit vielen Münzen sollten mit einer großen Zahl an Bildern verziert sein, kleine Formen mit wenig Münzen entsprechend mit weniger Bildern.
9. Das Münzenposter zeigt das Konzept von Weniger und Mehr auf deutliche und kreative Weise.

Variationen

- Die Kinder gestalten ein Poster mit vergrößerten Zehnmarkscheinen.
- Teilen Sie das Poster in zwei Abschnitte. In den einen kommen mehr Münzen als in den anderen.
- Teilen Sie das Poster in verschiedene Abschnitte ein. Schreiben Sie eine Zahl in jeden Abschnitt. Die Kinder kleben dann diese Anzahl von Münzen in den jeweiligen Abschnitt und untersuchen, in welchen Abschnitten mehr und in welchen weniger Münzen sind.

Index der Materialien